东盟

■ 申 韬 主编

国家金融业
纵横与演进

DONGMENG GUOJIA
JINRONGYE ZONGHENG YU YANJIN

中国金融出版社

责任编辑：赵晨子
责任校对：刘　明
责任印制：陈晓川

图书在版编目（CIP）数据

东盟国家金融业：纵横与演进／申韬主编． —— 北京：中国金融出版社，
2024.8． —— ISBN 978 - 7 - 5220 - 2532 - 2

Ⅰ．F833.3

中国国家版本馆 CIP 数据核字第 2024SZ0154 号

东盟国家金融业：纵横与演进
DONGMENG GUOJIA JINRONGYE：ZONGHENG YU YANJIN

出版
发行　中国金融出版社

社址　北京市丰台区益泽路 2 号
市场开发部　（010）66024766，63805472，63439533（传真）
网 上 书 店　www.cfph.cn
　　　　　　　（010）66024766，63372837（传真）
读者服务部　（010）66070833，62568380
邮编　100071
经销　新华书店
印刷　北京七彩京通数码快印有限公司
尺寸　185 毫米 × 260 毫米
印张　20.5
字数　407 千
版次　2024 年 8 月第 1 版
印次　2024 年 8 月第 1 次印刷
定价　86.00 元
ISBN 978 - 7 - 5220 - 2532 - 2
如出现印装错误本社负责调换　联系电话（010）63263947

《东盟国家金融业：纵横与演进》编写组

成员名单

组长：申 韬

组员（依姓氏字母顺序排列，不分先后）：

李佳洋　李尚儒　李小依

彭　江　张凯童

前　言

　　东南亚国家是中国的近邻，与中国山水相连或隔海相望。据中国史籍记载，至迟在公元前 3 世纪左右，中国与东南亚地区就开始互通往来，在长期的交往过程中，两地关系虽有曲折往复，但两地的人民往来和文化交流可谓源远流长。

　　自古以来，东南亚地区因其地理位置的特殊性，是海上通道的重要枢纽，成为古代中国西南地区与陆上丝绸之路连接的必经之路。时至今日，东南亚地区国家在联通今天的"21 世纪海上丝绸之路"和"丝绸之路经济带"中持续发挥着重要的枢纽作用。自 1991 年中国与东盟正式开启对话进程以来，中国与东盟的文化交流、经贸往来日益密切。2022 年，中国—东盟贸易额再创历史新高，达到 9753 亿美元，贸易额同比增长 11.2%。① 自 2009 年起，中国已连续 14 年保持着东盟第一大贸易伙伴的纪录，东盟也连续 3 年成为中国第一大贸易伙伴，中国和东盟互为最大贸易伙伴地位进一步得到巩固。

　　在中国—东盟经贸的强劲发展势头下，中国与东盟共同推动区域全面经济伙伴关系协定（RCEP）签署实施，合力共建全球最大规模的自贸区，开放联动发展迈上新台阶，促进了成员国之间的贸易增长，进一步推动了区域经济融合，区域内金融业也随之快速发展。由于历史文化、社会发展等原因，东盟各国的经济发展存在较大差异，金融业的发达程度和鲜明特色也不尽相同，倘若能更好地了解东盟国家的金融业，深入分析比较东盟各国金融业发展的异同点，并且归纳双边或多边金融合作现状和问题，将有助于更好地推动未来中国—东盟金融合作。因此，本书总括性梳理东盟国家的金融业发展历程，把握各国金融业发展的脉络和变化态势，探讨各国金融业所独具的国别特色，深入了解中国与东盟国家金融领域合作历程，这将能够帮助读者们全面了解和掌握近 10 年来东盟国家金融业发展基本情况，对探讨未来

---

① 资料来源：中华人民共和国商务部（http://www.mofcom.gov.cn）。

中国与东盟国家金融合作的可行空间、难题破解和现实路径等相关问题提供了一定的启发和借鉴，进而为中国—东盟金融合作持续注入新动能，增添新活力。

本书紧密围绕东盟国家金融业展开，首先从宏观视角把握东盟的整体情况，再从中观视角的历史发展、经济社会、资源环境三个维度描述东盟十国的基本国情，然后按照新加坡、马来西亚、泰国、印度尼西亚、菲律宾、文莱、越南、柬埔寨、缅甸和老挝的国别顺序，依次详尽地阐述分析各国近10年的金融业发展情况，最后深度探讨东盟国家金融业在伊斯兰金融、绿色金融、金融科技等领域的共性和特性。本书编撰具有以下两大显著特点：

一是本书阐释东盟国家金融业情况时，所涉及数据均为近10年来的最新数据，能够对东盟国家金融业发展近况予以充分、具体的概括，极具实践指导性和参考借鉴意义。因此，无论是各层次在校学生抑或是从事中国—东盟金融研究的学者或实践部门从业人员，都能够从本书中洞悉关于东盟国家金融业全面、翔实且客观的历史渊源、演进历程和发展现状。

二是本书系统地梳理了中国—东盟国家金融合作的历史往来、前沿热点和合作成效，在当前中国—东盟金融合作正处于不断深化的阶段，回望过去，总结经验，推陈出新，亟须一份详尽分析中国—东盟金融合作情况的合集。本书兼具时代性、体系性与价值性，适逢其时地提供了最好的实践经验，充分诠释着对东盟国家各领域持续开放合作的"中国方案""中国智慧""中国经验"。

当前，国际形势剧烈变化，美联储加息引发全球经济动荡，俄乌冲突持续升级，美欧国家对俄罗斯采取金融制裁引发一系列连锁反应，越来越多的国家和地区开始全方位重新审视以美元为主导的国际金融体系对本国产生的深刻影响。当前，东南亚国家的战略地位越发凸显，中国与东盟关系正在不断地向纵深予以拓展，处于双边、多边和区域合作的第二个黄金时期，未来中国—东盟金融合作需要关注的重点、面临的难点也将与时俱进地产生变化。如果本书基于纵横与演进视角，所述及的东盟国家金融业相关内容能够给予读者们拓宽视野、启发思辨、提升能力，更为积极、理性地思考和展望中国—东盟金融合作的前景，笔者将不胜欣慰。

在此，要特别感谢编写组成员张凯童、李小依、彭江、李佳洋和李尚儒等，其中概述篇和国别篇第一章至第四章由李佳洋负责，国别篇第五章、第六章和番外篇

第十四章由李尚儒负责，国别篇第七章至第九章由李小依负责，第十章至第十三章由彭江负责，番外篇第十五章、第十六章由张凯童负责。中国金融出版社的肖丽敏、赵晨子编辑为本书的顺利出版付出了辛勤的劳动，前期工作中还得到广西大学工商管理学院朱帮助院长的大力支持，在此谨向他们表示诚挚的感谢！受限于资料数据和能力水平，书中难免存在疏漏、缺憾之处，恳请各位专家和广大读者批评指正。

目　　录

概述篇

[第一章]

东盟由来

　　东盟是东南亚十国组成的国家联盟，总人口约为 6.6 亿，总面积约为 449 万平方公里。2022 年，东盟的 GDP 总量达 3.6 万亿美元，占世界 GDP 的 3.6%，是亚洲第三大经济体和世界第六大经济体①。自中国—东盟建立对话关系以来，双方合作始终向好发展。目前，中国和东盟已建立全面战略伙伴关系，中国—东盟的金融合作也必将持续深化。深刻了解东盟十国的基本国情，有利于理解后续章节对东盟各国金融业的逐一刻画。

　　东南亚国家联盟，简称东盟（ASEAN），是东南亚地区的一个区域性组织。成员国包括新加坡、马来西亚、泰国、印度尼西亚、菲律宾、文莱、越南、柬埔寨、缅甸和老挝。

　　东盟自 1967 年发表《曼谷宣言》正式成立后，从五国到十国，不断增强自身的统一性，力争地区架构的中心地位（见表 1-1）。东盟的宗旨和目标是本着平等与合作精神，共同促进本地区的经济增长、社会进步和文化发展，为建立一个繁荣、和平的东南亚国家共同体奠定基础，以促进本地区的和平与稳定。东盟的 10 个对话伙伴分别是中国、日本、韩国、澳大利亚、加拿大、欧盟、印度、新西兰、俄罗斯和美国。

表 1-1　　　　　　　　　　　　东盟形成发展大事记

时间	事件
1961 年 7 月 31 日	马来西亚、菲律宾和泰国成立东南亚联盟
1967 年 8 月 8 日	印度尼西亚、泰国、新加坡、菲律宾和马来西亚发表《曼谷宣言》
1995 年 7 月 28 日	越南加入东盟
1997 年 7 月 23 日	老挝和缅甸加入东盟
1984 年 1 月 7 日	文莱加入东盟

---

　　① 资料来源：世界银行，https://data.worldbank.org.cn。

续表

时间	事件
1999 年 4 月 30 日	柬埔寨加入东盟
2007 年 11 月 20 日	东盟成员国领导人签署《东盟宪章》
2008 年 12 月 15 日	《东盟宪章》正式生效
2015 年 12 月 31 日	东盟共同体成立，并通过愿景文件《东盟 2025：携手前行》，为东盟未来 10 年的发展指明方向
2022 年 11 月 11 日	东盟国家领导人在第 40 届和第 41 届东盟峰会上宣布，东盟接纳东帝汶成为第 11 个成员国

[第二章]
中国—东盟对话关系

自古以来，中国与东盟国家土壤相接、商贸相通，历史源远流长。时至今日，中国与东盟的密切交流仍在续写着历史的篇章。自 1991 年中国和东盟正式开启对话进程，双方政治互信不断增强（见表 2 - 1）。32 年来，中国与东盟携手前行，双方关系实现跨越式发展，战略伙伴关系内涵不断丰富，政治安全、经济贸易、社会人文三大领域的合作硕果累累，成为最大规模的贸易伙伴、最富内涵的合作伙伴、最具活力的战略伙伴。站在承上启下、继往开来的历史新起点上，中国和东盟将着眼于共同打造更高水平的中国—东盟战略伙伴关系，构建更为紧密的命运共同体。

表 2 - 1 　　　　　　　　　　　中国—东盟对话关系发展历程

时间	事件
1991 年	中国—东盟正式启动对话进程
2003 年	建立战略伙伴关系
2009 年	中国连续 13 年保持东盟第一大贸易伙伴
2018 年	中国与东盟关系已经从快速发展的成长期迈入提质升级的成熟期，中国—东盟关系进入全方位发展的新阶段
2019 年	中国—东盟合作基金管理团队成立仪式在雅加达东盟秘书处举行
2020 年	东盟首次成为中国最大的贸易伙伴，双方贸易额超过中国对外贸易总额的七分之一
2021 年	中国—东盟正式宣布建立全面战略伙伴关系
2022 年	中国科技部官网发布《中国—东盟建设面向未来更加紧密的科技创新伙伴关系行动计划（2021—2025 年）》

2010—2022 年，中国对东盟的直接投资总额整体呈现出上升趋势。与此同时，中国对东盟的直接投资占比不断扩大，其中 2017 年投资额最高，超过 180 万亿美元，且中国对东盟的投资高达东盟外国投资总额的 12%（见图 2 - 1 和图 2 - 2）。

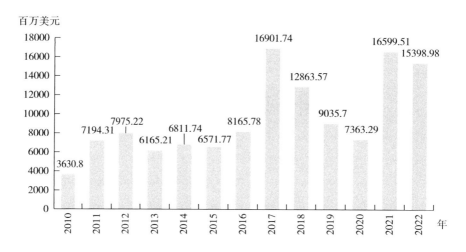

图 2-1　2010—2022 年中国对东盟的直接投资总额

（资料来源：AESANstats，https：//www. aseanstats. org）

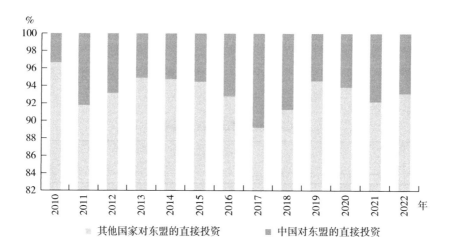

图 2-2　2010—2022 年中国、其他国家对东盟的直接投资占比

（资料来源：AESANstats，https：//www. aseanstats. org）

　　近年来，东盟的进出口贸易总额呈现上升趋势，且出口总额一直略高于进口总额。中国成为东盟国家的主要贸易伙伴，中国参与东盟进出口贸易的比重正在不断扩大，截至2022年，在东盟国家进口贸易中，22.90% 来源于中国出口，而 14.81% 的东盟货物出口到中国（见图 2-3）。

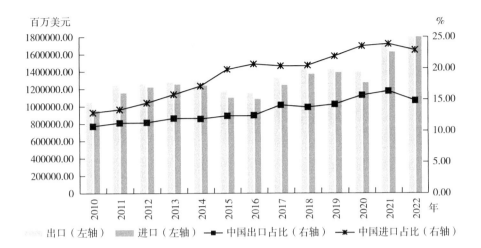

图 2 - 3　2010—2022 年东盟进出口贸易总额

（资料来源：AESANstats，https：//www. aseanstats. org）

［第三章］
东盟十国基本国情

一、基本情况

东盟是亚洲第三大经济体，总面积约449万平方公里，总人口约6.8亿。由图3-1可知，东盟十国中，印度尼西亚的国土面积最大，是排名居于第二的缅甸的3倍，同时，印度尼西亚也是居世界第四位的人口大国。而新加坡的国土面积最小，仅有不到中国香港特别行政区2/3的面积，人口密度却高居世界前列。

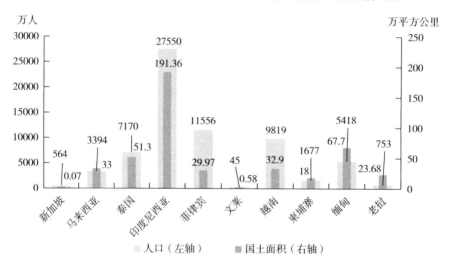

图3-1　东盟十国的国土面积及人口总数（截至2022年）

［资料来源：中华人民共和国外交部（http：//infogate.fmprc.gov.cn）

和世界银行（https：//data.worldbank.org.cn）］

二、经济现状

东盟各国人均GDP差距悬殊，2022年新加坡和文莱人均GDP水平极高，与其他东盟国家拉开巨大差距，属于第一梯队国家，马来西亚和泰国人均GDP则略高于东盟国家的平均水平，而后加入东盟的老挝、柬埔寨、缅甸三国的排名靠后（见图3－2）。

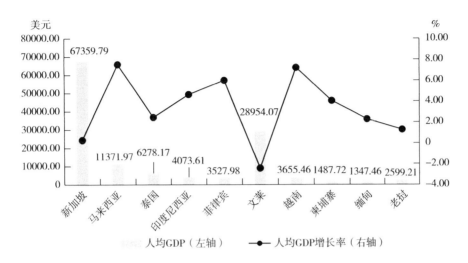

图3－2　2022年东盟十国的人均GDP及其增长率

（资料来源：世界银行，https：//data.worldbank.org.cn）

三、营商环境

2020年，在世界银行发布的《全球营商环境报告2020》中，根据营商便利度的5个维度共计12个指标，对全球190个国家和地区进行衡量，得出营商环境（Doing Business）得分，以此判断该地监管法规是否有助于推动或是限制商业活动（见表3－1）。

表3－1　　　　　　　　世界银行的营商便利度测量维度和指标

测量维度	指标
创业	开办企业、雇用员工
选址	办理建筑许可、获得电力、产权登记
获得融资	获得信贷、保护中小投资者
日常运营	纳税、跨国贸易、与政府签订合同（即将推出）
安全的营商环境	执行合同、办理破产

2020年，新加坡营商环境全球排名第二，成为外国投资者的投资天堂；马来西亚、泰国也名列前茅，对外来资本极具吸引力；印度尼西亚、菲律宾、文莱、越南四国营商环境处于中等水平；而柬埔寨、老挝、缅甸三国则又居于末位（见表3－2）。

表 3 - 2 　　　　　　　　　2020 年东盟国家的全球营商环境排名

序号	国家	排名	得分	序号	国家	排名	得分
1	新加坡	2	86.2	6	印度尼西亚	73	69.6
2	马来西亚	12	81.5	7	菲律宾	95	62.8
3	泰国	21	80.1	8	柬埔寨	144	53.8
4	文莱	66	70.1	9	老挝	154	50.8
5	越南	70	69.8	10	缅甸	165	46.8

资料来源：世界银行《全球营商环境报告 2020》。

四、就业情况

近十年来，东盟国家的就业情况差距较为悬殊。图 3 - 3 显示，文莱的失业总人数占劳动力总人数（失业率）7% 以上；印度尼西亚、马来西亚、新加坡、菲律宾和老挝五国的失业率均在 2% ~5% 浮动；越南、缅甸、泰国和柬埔寨四国的失业率则均低于 2%，其中柬埔寨呈现显著的下降趋稳之势，成为东盟国家中失业率最低的国家。

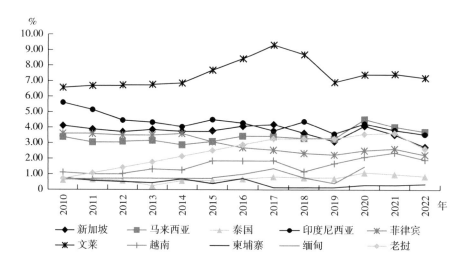

图 3 - 3　2010—2022 年东盟国家的失业总人数/劳动力总数

[资料来源：世界银行（https://data.worldbank.org.cn）]

五、基本国情

（一）新加坡

1. 历史回顾

新加坡早期名为淡马锡，在 8 世纪归属室利佛逝王朝，18 世纪至 19 世纪则隶属于马来的柔佛王国。1819年，英国的史丹福·莱佛士来到这里，并与柔佛苏丹签订协议，建立了一个贸易基地。1824年，英国正式将新加坡纳入其殖民版图。1942年，日本军队占据新加坡，但在1945年日本宣告投降之后，英国重新开始了对新加坡的殖民统治，随后将其列为直辖殖民地。1959年，新加坡获得自治权，成为自治邦。1963年9月，新加坡与马来西亚、沙巴和沙捞越共同组成马来西亚联邦。但在1965年8月9日，新加坡从马来西亚联邦独立，宣告成为新加坡共和国。同年9月成为联合国成员国，10月加入英联邦。

2. 经济社会

新加坡是亚洲发达的资本主义国家，曾被誉为"亚洲四小龙"之一。新加坡属于外贸驱动型经济，服务业是新加坡的支柱产业，占GDP的60%以上。工业以制造业和建筑业为主。

新加坡的经济发达，在东盟国家中也位居前列。2010—2022年，新加坡的GDP基本保持着上升趋势，但增长速度逐渐放缓，新加坡2022年的GDP是2010年的近1.5倍，人均GDP以67359.79美元位居东盟国家的第一。[①] 由于新冠疫情的暴发及蔓延，2020年新加坡经济受到较大打击，GDP负增长4.1%，创历史新低。为了减轻新冠疫情对经济的负面影响，新加坡政府采取了针对家庭和企业的综合援助措施，有效缓解了新冠疫情的负面影响，促使2021年经济逐渐复苏，经济增长状况明显好转，GDP增长率达8.88%，再创历史新高（见图3-4）。

图3-4　2010—2022年新加坡的GDP及其增长率

（资料来源：世界银行，https://data.worldbank.org.cn）

---

① 资料来源：世界银行（https://data.worldbank.org.cn）。

新加坡属于多宗教国，信仰的宗教包括佛教、道教、伊斯兰教、印度教、基督教等，佛教是全国第一大宗教。作为一个移民国家，截至 2022 年，新加坡华人占 74% 左右，其余为马来人、印度人和其他种族。[①]

在《2023 年全球和平指数》报告中，新加坡为亚洲第一、全球第六，拥有着世界上最安全国家之一的美誉（见表 3-3）。

表 3-3　　　　　　　　　《2023 年全球和平指数》排名位居前十的国家

排名	国家	得分	排名	国家	得分
1	冰岛	1.124	6	新加坡	1.332
2	丹麦	1.310	7	葡萄牙	1.333
3	爱尔兰	1.312	8	斯洛文尼亚	1.334
4	新西兰	1.313	9	日本	1.336
5	奥地利	1.316	10	瑞士	1.339

注：和平指数介于 1 至 5，1 代表最和平，5 代表最不和平。

3. 资源环境

新加坡位于马来半岛南端、马六甲海峡出入口，北隔柔佛海峡与马来西亚相邻，南隔新加坡海峡与印度尼西亚相望。新加坡属热带海洋性气候，常年高温潮湿多雨，年平均气温在 24℃~32℃。

新加坡资源比较匮乏，主要工业原料、生活必需品都需要进口。新加坡的淡水也主要依赖进口，从马来西亚的柔佛州提取的非饮用水，通过管道输送方式运送至新加坡。

（二）马来西亚

1. 历史回顾

公元初，马来半岛有羯荼、狼牙修等古国。15 世纪初以马六甲为中心的满刺加王国统一了马来半岛的大部分区域。16 世纪开始，马来西亚先后被葡萄牙、荷兰、英国占领，20 世纪初完全沦为英国殖民地。历史上，加里曼丹岛沙捞越、沙巴属文莱，1888 年两地也沦为英国保护地。第二次世界大战中，马来半岛、沙捞越、沙巴被日本占领，战后英国恢复殖民统治。1957 年 8 月 31 日，马来西亚联合邦宣布独立。1963 年 9 月 16 日，马来西亚联合邦同新加坡、沙捞越、沙巴合并组成马来西亚（1965 年 8 月 9 日新加坡退出）。

2. 经济社会

马来西亚属于开放型经济体，支柱产业为服务业，服务业产值占 GDP 比重超过

[①]　资料来源：国家国际发展合作署（http://www.cidca.gov.cn/）。

50%，其他主要产业为农业、采矿业、制造业和建筑业。

马来西亚的经济水平在东盟国家中处于较为前列的位置，2022 年马来西亚人均GDP 为 11371.97 美元，是东盟国家中少数几个人均 GDP 超过万美元的国家之一。① 2010—2022 年，马来西亚的 GDP 增长率趋于稳定，2020 年受新冠疫情影响出现负增长，次年又恢复到 3.1%，但是距离疫情之前的水平仍然存在一定差距（见图 3 - 5）。

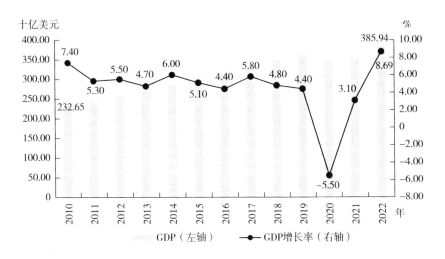

图 3 - 5 2010—2022 年马来西亚的 GDP 及其增长率

（资料来源：世界银行，https：//data. worldbank. org. cn）

伊斯兰教是马来西亚的国教，主要属逊尼派。此外，马来西亚还有佛教、道教、印度教、基督教、锡克教等。截至 2022 年，马来西亚总人口约为 3270 万，其中马来人约占 69.4%，华人占 23.2%。②

2022 年，马来西亚全国大选首度出现无任何一方获得议席过半的"悬持国会"，新政府的组建一度陷入僵局。新上台的安瓦尔政府能否平稳过渡、维持稳定局面尚存在着较大的不确定性，马来西亚的政局也将在未来一段时间内处于不稳定状态。

3. 资源环境

马来西亚的国土被南海分隔为东、西两部分。西马位于马来半岛南部，东马位于加里曼丹岛北部。马来西亚属热带雨林气候，内地山区年均气温为 22 ~ 28℃，沿海平原为 25 ~ 30℃。

马来西亚的自然资源非常丰富。橡胶、棕油和胡椒的产量和出口量居于世界前

---

① 资料来源：世界银行（https：//data. worldbank. org. cn）。

② 资料来源：国家国际发展合作署（http：//www. cidca. gov. cn/）。

列，石油储量非常丰富。此外，马来西亚还有铁、金、钨等丰富矿产，曾是世界著名的产锡大国，但是近年来产量却呈现逐年减少的趋势。

（三）泰国

1. 历史回顾

泰国原名暹罗，在公元 1238 年形成较为统一的国家，先后经历素可泰王朝、大城王朝、吞武里王朝和曼谷王朝。16 世纪，葡萄牙、荷兰、英国、法国等殖民主义者先后入侵暹罗。1896 年，英法签订条约，规定暹罗为英属缅甸和法属印度支那间的缓冲国，暹罗成为东南亚唯一没有沦为殖民地的国家。19 世纪末，拉玛四世王开始实行对外开放，拉玛五世王借鉴西方国家经验进行社会改革。1932 年 6 月，暹罗人民党发动政变，改君主专制为君主立宪制。1938 年，銮披汶执政，1939 年 6 月更名为泰国，寓意为"自由之地"。1941 年被日本占领后，泰国宣布加入轴心国。1945 年，恢复暹罗国名。1949 年，正式定名泰国。

2. 经济社会

泰国秉持开放式经济策略，一直严重依赖于中、美、日等外部市场。农业在泰国经济中占据核心地位，该国的耕作区域大约有 1500 万公顷，占国土总面积的 31%。此外，泰国是全球知名的度假胜地，旅游业十分发达，新冠疫情前旅游收入约占其 GDP 的 20%，而中国游客是其最主要的游客来源。

泰国的经济水平在东盟国家中处于较为前列的位置。如图 3 - 6 所示，2010—2022 年泰国 GDP 基本保持增长趋势，其间经济增长率波动较大，尤其是 2020 年，曾由于新冠疫情原因出现较大幅度的负增长，增长率仅为 - 6.2%。2022 年 GDP 为 2010 年的 1.3 倍，呈现出较大涨幅。

泰国逾 90% 的居民信奉佛教。佛教是泰国的国教，是泰国宗教和文化的重要组成部分，享有崇高地位，深刻地影响着该国的文化、政策、经济、社会和艺术。泰国共有 30 多个民族，泰族为主要民族，约占人口总数的 40%。[①]

泰国实行君主立宪体制。自"二战"结束后，军方一直对政权具有深远的影响，政府一度更迭频繁。然而，进入 20 世纪 90 年代，军方的政治影响逐渐减弱。如今，泰国政局依然风云多变，军事政变也颇为频繁，王室、军方、民选政党等多方势力错综复杂，不稳定性强。

3. 资源环境

泰国位于中南半岛中南部，与柬埔寨、老挝、缅甸、马来西亚等国接壤。泰国属热带季风气候，全年分为热、雨、凉三季，年均气温为 27℃。

---

① 资料来源：国家国际发展合作署（http://www.cidca.gov.cn/）。

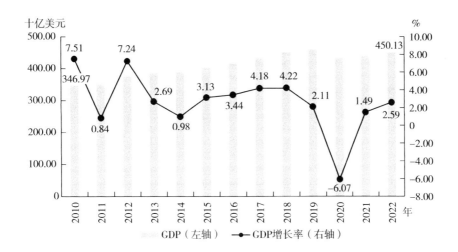

图 3-6 2010—2022 年泰国的 GDP 及其增长率

[资料来源：世界银行（https：//data. worldbank. org. cn）]

泰国拥有丰富的矿产、生物等自然资源。泰国的矿产资源主要有钾盐、锡、钨、锑、铅、铁、锌，还有重晶石、宝石、石油、天然气等。其中，钾盐储量居世界首位，橡胶、棕油和胡椒的产量和出口量居于世界前列，野生动物种类也非常丰富。

（四）印度尼西亚

1. 历史回顾

印度尼西亚（以下简称印尼）社会长期处于封建割据状态，先后可分为印度教王国和伊斯兰教王国两个时期。16 世纪尾声，印尼开始沦为荷兰殖民地。1942 年，日本占领印尼。1945 年日本战败后，印尼爆发了"八月革命"。同年 8 月 17 日苏加诺宣布独立，建立印度尼西亚共和国，先后武装抵抗英国、荷兰的入侵，其间曾被迫改称为印度尼西亚联邦共和国，并加入荷印联邦。1950 年 8 月，重新恢复为印度尼西亚共和国，1954 年 8 月脱离荷印联邦。

2. 经济社会

印尼是东盟国家中最大的经济体，农业、工业、服务业均在国民经济中发挥着十分重要的作用。农业作为印尼的传统产业，占 GDP 比重较大，近几年，第三产业增长也十分迅猛，已成为政府关注发展的重点产业。

2010—2022 年，印尼的 GDP 保持着持续增长态势，2022 年的 GDP 为 11222.9 亿美元，相比于 2010 年涨幅达 4000 亿美元，成为东盟国家中首个 GDP 突破万亿美元的国家（见图 3-7）。

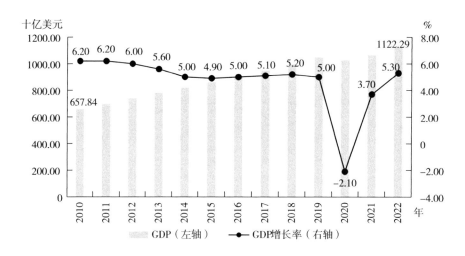

图 3-7　2010—2022 年印度尼西亚的 GDP 及其增长率

[资料来源：世界银行（https：//data. worldbank. org. cn）]

印尼是世界排名第四的人口大国，民族数量达数百个，其中爪哇族人口占 45%，还有巽他族、马都拉族、马来族等。同时，印尼也是一个多民族且宗教复杂的国家，约 87% 的人口信奉伊斯兰教，是世界上穆斯林人口最多的国家。①

印尼恐怖主义威胁较为严重。过去十年来，虽然印尼政府不断地加强反恐措施，但恐怖主义仍然成为威胁国家安全稳定的主要风险之一。

3. 资源环境

印度尼西亚位于亚洲东南部，地跨赤道，约由 17508 个岛屿组成，是全世界最大的群岛国家，疆域横跨亚洲及大洋洲，属于多火山、多地震的国家。印尼地处热带，全年气候温暖湿润，平均气温为 25～27℃。

印尼自然资源丰富，盛产棕榈油、橡胶等农林产品，其中棕榈油产量居世界第一位，天然橡胶产量居世界第二位，富含石油、天然气等矿产资源，也是世界上生物资源最为丰富的国家之一。

（五）菲律宾

1. 历史回顾

14 世纪前后，菲律宾出现了由土著部落和马来族移民构成的一些割据王国，其中最为著名的是 14 世纪 70 年代兴起的苏禄王国。1521 年，麦哲伦率领西班牙远征队抵达菲律宾群岛，此后，西班牙逐步侵占菲律宾，并开始长达 300 多年的殖民统治。1898 年 6 月 12 日，菲律宾宣告独立，成立菲律宾共和国。同年，美国根据西班

① 资料来源：国家国际发展合作署（http：//www. cidca. gov. cn/）。

牙战争后签订的《巴黎条约》占领菲律宾。1942 年，菲律宾被日本占领。第二次世界大战结束后，菲律宾再次沦为美国殖民地。1946 年 7 月 4 日，美国同意菲律宾独立。

2. 经济社会

菲律宾属于出口导向型经济，对外部市场依赖性较大。杜特尔特总统执政后，通过加大基础设施建设和农业领域的投入，推进税制改革，国民经济保持高速增长，但同时也面临着通货膨胀高企、政府财力不足、腐败严重等影响经济发展的一系列棘手问题。

2010—2022 年，菲律宾的 GDP 一直保持着增长趋势，2022 年的 GDP 相比于2010 年增长将近 2000 亿美元。同时，GDP 的增长速度也较为平稳，基本保持在 6%左右，虽然深受新冠疫情影响，2020 年 GDP 跌至 - 9.5%，但次年又迅速回升至5.7%（见图 3 - 8）。

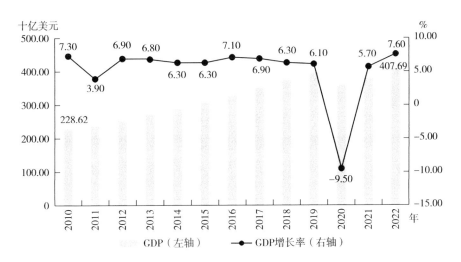

图 3 - 8　2010—2022 年菲律宾的 GDP 及其增长率

（资料来源：世界银行，https：//data. worldbank. org. cn）

菲律宾民众约 85% 信奉天主教，4.9% 信奉伊斯兰教，少数人信奉独立教和基督教新教，华人多信奉佛教，原住民多信奉原始宗教。截至 2022 年，菲律宾人口约为1.1 亿，其中马来裔占全国人口规模的 85% 以上[①]。

菲律宾南部的极端主义、恐怖主义滋生，不断发生具有武装叛乱性质的恐怖袭击。此外，菲律宾境内枪支可以合法交易和公开售卖，增加了社会治安的不确定性。

————————

① 资料来源：国家国际发展合作署（http：//www. cidca. gov. cn/）。

3. 资源环境

菲律宾位于亚洲东南部，共有大小岛屿约 7000 多个，其中吕宋岛、棉兰佬岛、萨马岛等 11 个主要岛屿占全国总面积的 96%。菲律宾属于典型的季风型热带雨林气候，高温多雨、湿度大、台风多，年平均气温 27℃。

菲律宾拥有丰富的生物资源和矿产资源。根据菲律宾矿业和地质局（MGB）统计，2010 年，菲律宾金属矿储备约 145 亿公吨，非金属矿产储备约 676.6 亿公吨，全国 30% 的土地（900 万公顷）藏有金属矿产。根据菲律宾的澳大利亚新西兰商会统计，菲律宾的金属矿藏估值达到 1387 万亿美元。

（六）文莱

1. 历史回顾

文莱古称浡泥，14 世纪中叶伊斯兰教传入，建立苏丹国。16 世纪初国力处于最强盛时期。自 16 世纪中期起，葡萄牙、西班牙、荷兰、英国等相继入侵文莱。1888 年，文莱沦为英国的保护国，1941 年被日本占领，1946 年英国恢复对文莱控制。1971 年，文莱与英国签约，获得除外交和国防事务外的自治权。1984 年 1 月 1 日，文莱实现完全独立。

2. 经济社会

文莱经济以石油、天然气产业为支柱，非油气产业均不发达。为摆脱单一经济束缚，近年来，文莱大力发展油气下游产业、伊斯兰金融及清真产业等，持续加大对农、林、渔业以及基础设施建设投入，积极吸引外资，逐步推动经济向多元化方向发展。

文莱的经济水平处于东盟国家前列，2022 年文莱的 GDP 为 130 亿美元，人均 GDP 为 28954.07 美元[1]，处于东盟十国第二位。2013—2016 年，受国际原油价格走低影响，油气产业备受打击，导致文莱经济增长低于预期目标，GDP 呈现负增长态势，直至 2017 年才逐渐恢复正增长（见图 3－9）。

文莱为君主专制的伊斯兰教国家，具有较为独特的宗教文化和风俗习惯。《伊斯兰刑法》对宗教管理做出严格规定。截至 2022 年，文莱人口约 44.4 万，其中马来人占比 69.3%，华人占比 10.8%，其他种族占比 19.9%。[2] 文莱素来有"和平之邦"的美誉，犯罪率较低，社会治安较为稳定。

3. 资源环境

文莱位于加里曼丹岛西北部，北濒南海，东南西三面与马来西亚的沙捞越州接

---

① 资料来源：世界银行（https：//data. worldbank. org. cn）。

② 资料来源：国家国际发展合作署（http：//www. cidca. gov. cn/2023－04/05/c_ 1211964622. htm）。

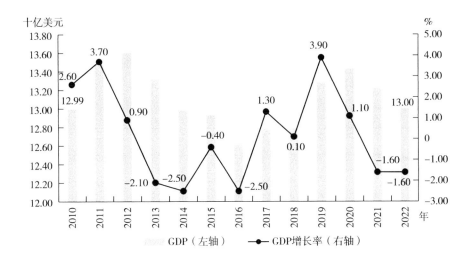

图 3 – 9　2010—2022 年文莱的 GDP 及其增长率

（资料来源：世界银行，https：//data. worldbank. org. cn）

壤，并被沙捞越州的林梦地区（林梦地区原属于文莱，后面又归属于沙捞越州）分隔为东西两部分。文莱共有 33 个岛屿，沿海多为平原，内地则多为山地，属热带雨林气候，终年炎热多雨，年平均气温 28℃。

文莱拥有着丰富的自然资源，石油储量位列亚洲第三位，天然气储量更是位列世界第四位，属于一个非常富裕的"袖珍"小国。

（七）越南

1. 历史回顾

从秦朝至公元 10 世纪，越南一直在中国古代不同政权的直接统治之下。公元 968 年，出现了越南历史上第一个独立朝代——李朝越南，越南开始步入一个政治统一、国家强盛的发展阶段。此后，越南历经多个封建王朝，但历朝历代均为藩属国。

1884 年，越南沦为法国的保护国，第二次世界大战中又被日本侵占。越南人民经过长期艰苦的斗争，1945 年 8 月，"八月革命"取得胜利，9 月 2 日，胡志明主席发表《独立宣言》，宣布越南民主共和国成立，后法国再次入侵越南。1954 年 5 月，越南取得"奠边府大捷"，法国被迫在日内瓦签订了关于恢复印度支那和平的协定，越南北方获得解放，南方仍由法国（后成立由美国扶植的南越政权）统治。1961 年，越南人民在胡志明主席的领导下展开了为解放南方、统一祖国的抗美救国战争。1973 年 1 月，越美签订关于结束战争、恢复和平的《巴黎协定》，同年 3 月，美军从越南南方撤走。1975 年 5 月，越南南方全部解放，抗美救国战争赢得彻底胜利。1976 年 7 月，越南南北实现统一，定国名为越南社会主义共和国。

2. 经济社会

自革新开放以来，越南经济保持较快增长，经济总量不断扩大，三产结构趋向协调，对外开放水平不断提高，基本形成了以国有经济为主导、多种经济成分共同发展的格局（见表3-4）。

表3-4 越南经济发展历程

年份	重要事项
1986	实行革新开放
1996	越共八大提出大力推进国家工业化
2001	越共九大确定建立社会主义定向的市场经济体制
2006	越共十大提出全面推进革新事业
2016	越共十二大通过了《2016—2020年经济社会发展战略》
2021	越共十三大通过了《2016—2020年经济社会发展任务实施评估和2021—2025年经济社会发展方向、任务的报告》

资料来源：中华人民共和国外交部，http://infogate.fmprc.gov.cn。

越南的经济居于东盟国家中等水平，由图3-10可知，2010—2022年越南的GDP持续保持增长态势，2022年的GDP为3589.2亿美元，是2010年的近2倍。GDP增长率也长期稳定在6%左右，虽然与其他东盟国家一样，2020年出现了断崖式下跌，但仍维持着正增长水平。

图3-10 2010—2022年越南的GDP及其增长率

（资料来源：世界银行，https://data.worldbank.org.cn）

越南的宗教主要有佛教、天主教、好教和高台教等，其中以佛教为主体。传统儒家思想和东方价值观在社会意识形态中占据主导地位。截至2022年底，越南人口约为9847万，共计54个民族，其中京族占总人口规模的86%。[①]

一直以来，越南的恐怖主义风险较低，但是近年来社会矛盾逐渐凸显，不稳定性因素增多，河内、胡志明等城市"飞车抢劫"事件频发。由于靠近金三角地区，部分当地人会铤而走险，通过贩卖毒品获取非法利益。

3. 资源环境

越南位于中南半岛东部，北与中国接壤，西与老挝、柬埔寨交界，东面和南面临南海。越南地形狭长，南北长为1600公里，东西最窄处为50公里。越南地势西高东低，境内四分之三为山地和高原，森林面积约1000万公顷。越南属于典型的热带季风气候，高温多雨，年平均气温在24℃左右。

越南盛产大米、玉米、橡胶、椰子、胡椒、腰果、咖啡和水果等作物。越南渔业资源非常丰富，中部沿海、南部东区沿海和暹罗湾等海域，每年的海鱼产量都可达到数十万吨。

（八）柬埔寨

1. 历史回顾

柬埔寨古称高棉，是一个历史悠久的文明古国，早在1世纪就建立起统一的王国。9—14世纪的吴哥王朝，是柬埔寨历史上最辉煌的时代。1863年，柬埔寨沦为法国保护国，1940年9月，又被日本侵占。1953年11月9日，柬埔寨宣布独立。从20世纪70年代开始，柬埔寨经历了长期的战争。1993年，随着国家权力机构相继成立和实现民族和解，柬埔寨进入和平与发展的新时期。

2. 经济社会

柬埔寨属于传统的农业国家，工业基础薄弱，实行对外开放和自由市场经济政策，主要依赖外援、外资。贫困人口约占总人口的28%。[②]

2010—2022年柬埔寨GDP基本保持着持续增长态势，2021年的GDP为249.5亿美元，是2010年的1倍有余。GDP增长率则长期稳定在6%以上，虽然2020年首次出现负增长3.1%，但次年立即小幅回升为3.03%，2022年继续保持增长之势至5.20%（见图3-11）。

柬埔寨的国教为佛教（小乘佛教），信仰小乘佛教的人占全国人口的85%以上，其余为基督教、伊斯兰教等。

---

① 资料来源：中华人民共和国外交部（https://www.mfa.gov.cn/）。
② 资料来源：中华人民共和国商务部（http://mofcom.gov.cn）。

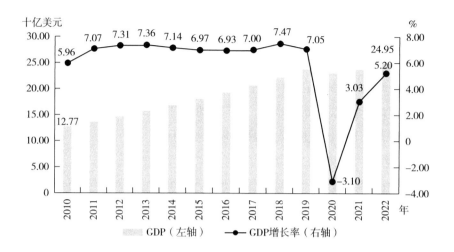

图 3-11　2010—2022 年柬埔寨的 GDP 及其增长率

（资料来源：世界银行，https：//data. worldbank. org. cn）

柬埔寨是毒品流向国际市场的主要过境国之一，在这一中转过程中，一部分毒品也流入柬埔寨国内。在此背景下，柬埔寨旅游业衍生出非法性交易、人口贩卖，甚至是更为严重的制毒贩毒行为，成为影响社会治安的不确定性因素。

3. 资源环境

坐落于中南半岛的柬埔寨，其西部和西北部分别与泰国相邻，东北接壤老挝，而东部和东南部则与越南相连，南侧面向泰国湾。作为一个处于热带季风气候带的低纬度国家，柬埔寨的气候深受季风的影响，全年平均气温在 29 ~ 30℃。

柬埔寨以其丰富的高级木材著称，包括柚木、铁木、紫檀等，其木材储备估计超过 11 亿立方米。森林覆盖率达到 61.4%，主要集中在东部、北部和西部的山区。此外，柬埔寨也拥有丰富的水资源，其中洞里萨湖是东南亚最大的天然淡水湖，被誉为"鱼湖"。该国西南沿海地区亦有众多重要的渔场，盛产各类鱼虾。但近年，由于生态失衡和过度捕捞，该地区的水产资源正在逐渐减少。

（九）缅甸

1. 历史回顾

缅甸先后经历了蒲甘王朝、东吁王朝和贡榜王朝，最终形成了统一国家。1824—1885 年，英国先后发动了三次英缅战争，并占领了缅甸，1886 年，英国将缅甸划为英属印度的一个省。1948 年 1 月，缅甸脱离英联邦宣布独立，成立缅甸联邦。1974 年 1 月，改称为缅甸联邦社会主义共和国。1988 年 9 月，以国防部长苏貌为首的军人接管政权，改名为"缅甸联邦"。2008 年 5 月，新宪法规定实行总统制。2011 年 2 月，缅甸国会推选吴登盛为缅甸第一任总统。2016 年 3 月，缅甸联邦议会选出吴廷觉为总统，是半个多世纪以来缅甸首位民选产生且没有军方背景的总统。

2. 经济社会

缅甸自然条件优越，农业资源非常丰富。农业是缅甸的支柱性产业，农业产值约占其国民生产总值的40%，因此，农产品成为出口战略中的优先出口产品，但却受到农业技术落后、基础设施配套完善程度较低等问题的制约。缅甸的工业发展较为滞后，整体发展水平较低。

2010—2022年，缅甸GDP总体保持着上涨趋势，但是增长率的波动幅度较大。在新冠疫情、军事政变等多重冲击叠加之下，2021年缅甸经济遭受较大打击，GDP增长率骤降为－17.91%（见图3－12）。

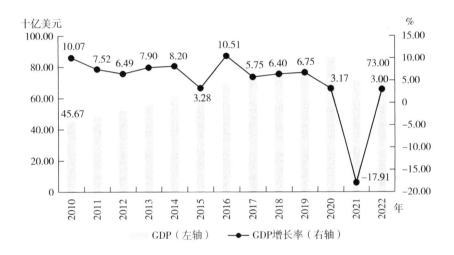

图3－12　2010—2022年缅甸的GDP及其增长率

（资料来源：世界银行，https：//data. worldbank. org. cn）

缅甸85%以上的人信奉佛教，约8%的人信奉伊斯兰教。佛教传入缅甸已有上千年历史，宗教思想已深入到社会生活的各个角落，形成缅甸人民根深蒂固的思想体系。截至2022年，缅甸共有135个民族，总人口约为5418万，缅族约占总人口的65%。①

2020年，民盟在缅甸选举中获得压倒性胜利，但民盟的连续执政引起了军方的警惕，为了重新获得政治的掌控权，2021年2月，军人集团发动政变，拘留了昂山素季等民盟领导人，军方势力再次强势回归政治舞台。军方势力、民盟和少数民族政党等三方政治力量的较量，导致政局处于动荡之中。

_____

① 资料来源：中华人民共和国外交部（http：//www. mfa. gov. cn/）。

3. 资源环境

缅甸位于中南半岛西部，东北与中国毗邻，西北与印度、孟加拉国相接，东南与老挝、泰国交界，西南濒临孟加拉湾和安达曼海。缅甸属于热带季风性气候，年平均气温为 27℃。

缅甸的自然资源主要为矿产、石油和天然气、林业、水利、渔业和海洋资源，宝石和玉石在世界范围内都享有盛誉。其中水利资源尤为丰富，占东盟国家水利资源总量的 40%，但是由于水利基础设施建设长期缺少投入，尚未获得充分利用。

（十）老挝

1. 历史回顾

公元 1353 年澜沧王国建立，为老挝历史上的鼎盛时期。1893 年，老挝沦为法国保护国；1940 年 9 月，被日本占领；1945 年 10 月 12 日，宣布独立。1946 年，法国再次入侵老挝，1954 年 7 月，在签署了关于恢复印度支那和平的各种协议后，法国从老挝撤军，然而，不久之后，美国取而代之。1962 年，签订《关于老挝问题的日内瓦协议》，老挝成立以富马亲王为首相、苏发努冯亲王为副首相的联合政府。1964 年，美国支持亲美势力破坏联合政府，进攻解放区。1973 年 2 月，老挝各方共同签署了《关于在老挝恢复和平与民族和睦的协定》，又称《万象协定》。1974 年 4 月，成立了以富马为首相的新联合政府和以苏发努冯为主席的政治联合委员会。1975 年 12 月，宣布废除君主制，成立老挝人民民主共和国。

2. 经济社会

老挝以农业为主，工业基础薄弱。1997 年后，老挝经济受到亚洲金融危机严重冲击，政府采取加强宏观经济调控、整顿金融秩序、扩大农业生产等一系列措施，基本保持了国内的社会安定和经济稳定。

老挝经济在东盟国家中处于相对落后水平，2010—2022 年老挝 GDP 保持着稳定增长态势，但增长速度却明显放缓。2022 年 GDP 为 195.7 亿美元，相比于 2010 年增加 1 倍有余（见图 3-13）。

佛教是老挝的国教，约有 65% 的老挝人信奉佛教。截至 2022 年，老挝共有 50 个民族，约为 753 万人口。①

老挝国内民风淳朴，恐怖主义风险较小，但作为世界上第三大罂粟生产国，涉及跨国毒品和走私活动猖獗，给社会治安带来严重隐患。

---

① 资料来源：中华人民共和国外交部，http://infogate.fmprc.gov.cn。

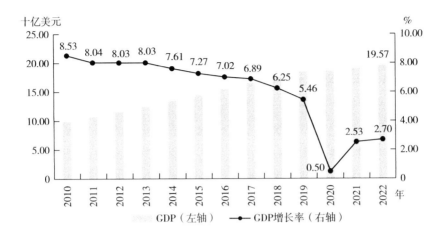

十亿美元

%

图 3 - 13   2010—2022 年老挝的 GDP 及其增长率

（资料来源：世界银行，https://data.worldbank.org.cn）

3. 资源环境

作为位于中南半岛北部的内陆国家，老挝北邻中国，南接柬埔寨，东临越南，西北达缅甸，西南毗连泰国。老挝属于热带、亚热带季风气候，每年 5 月至 10 月为雨季，从 11 月至次年 4 月为旱季，老挝的年平均气温约为 26℃。

老挝的水利资源丰富，森林覆盖率高。矿产资源也异常丰富，目前已发现有铁、金、铜、铅等 20 余种矿产。已批准的矿产项目占国土面积的 21%，但其中仅有 3% 被开采利用。

小结

东盟自 1961 年马来西亚、菲律宾和泰国成立的东南亚联盟（东盟前身）开始萌芽，至 1967 年，印度尼西亚、泰国、新加坡、菲律宾和马来西亚等联合发表《曼谷宣言》宣布成立。经过数十年的发展，东盟已经发展为总人口超过 6 亿，面积达 450 万平方公里，几乎覆盖着整个东南亚的十国联盟，成为当前世界范围内最富有影响力的区域性国家联盟之一。

东盟成员国的政治体制、宗教信仰、文化背景等不尽相同，但东南亚地区深受儒家文化、佛教文化以及伊斯兰文化的影响，因此，东盟国家之间具有较强的文化联盟属性。东盟成员国的经济发展水平非均衡性表现十分突出，既有已栖身于发达国家之列的新加坡，也有仍处于高速发展阶段的越南、柬埔寨，还有仍为世界最不发达国家的缅甸、老挝。尽管东盟成员国之间在各方面均存在不小的差异性，但是东盟各国之间求同存异、抱团取暖、兼容并蓄地抵御来自域外的挑战，共同维护东南亚地区和平与稳定的初衷是一致的。

"金融是现代经济的核心。"2019 年 2 月 22 日，习近平主持中共中央政治局第十三次集体学习时提出，"金融活，经济活；金融稳，经济稳。经济兴，金融兴；经济强，金融强。"中国与东盟建立对话关系已 30 年有余，中国与东盟将站在新的历史起点，携手建立更为紧密的中国—东盟命运共同体。借此契机，客观认知和科学探索近年来东盟各国金融业发展情况，全方位地了解其历史发展、国别特色等，将有助于未来中国—东盟金融合作进一步深化。第一章至第三章全面概述东盟由来、中国—东盟对话关系和东盟十国基本国情，为后续基于国别视角，深入探究东盟十国的金融业发展情况和进行国别对比分析夯实基础。

国別篇

[第四章]

新加坡金融业

2022 年，新加坡的人均 GDP 为 67359.79 美元，位居东盟国家的榜首。[①] 新加坡是东盟十国中唯一的发达国家，金融服务业是该国的支柱性产业，占 GDP 的 60% 以上。经过多年的繁荣发展，新加坡的金融体系逐渐完善，金融市场的规模日益扩大。时至今日，新加坡已成为全球知名的国际金融中心、世界第三大外汇交易中心，其离岸金融市场也成为独树一帜的存在。

第一节　新加坡金融业：并驾齐驱，各显其能

一、全球财富管理中心地位的崛起

20 世纪末，伴随着亚洲财富管理业务的迅速增长，中国香港、新加坡、日本、韩国等区域性财富管理中心逐渐形成。目前，新加坡已经成长为全球主要的财富管理中心之一，全球富豪的热门之选。新加坡究竟是如何崛起的呢？

得益于新加坡政府的前瞻规划和大力支持，新加坡财富管理中心历经数十年发展不断壮大（见表 4 - 1）。20 世纪七八十年代，整个东盟范围内的金融赛道全部属于新加坡。通过废除非居民利息预扣税，所有的亚元存款都无须符合法定流动资产和储备规定等一系列政策，新加坡吸引了全世界国际金融机构的瞩目，逐步发展成为亚洲最重要的银行业金融中心。90 年代初，新加坡外汇市场居于全球第四位，仅次于纽约、伦敦和东京三大城市。

---

① 资料来源：世界银行，https://data.worldbank.org.cn。

表 4 - 1   新加坡财富管理中心的发展历程

时间	主要事项
1968 年	设立"亚洲货币单位"，开始经营以美元为主的国际离岸金融业务
1978 年	全面开放外汇管制，实现国际资本自由流动，又因为许多亚洲国家尤其是中国的崛起，成为外国投资的物流和金融中心
1984 年	新加坡黄金交易所扩大营业范围，成立金融交易所，并开始交易欧洲美元利率期货合约，不久扩大到欧洲日元期货合约
1998 年	政府公布了要建设世界级金融中心的蓝图，为此，新加坡金管局内部成立"金融促进厅"和金融业发展咨询委员会（FSRG）
2000 年	新加坡金管局宣布全面放开保险业
2004 年	颁布实施新的《信托法》，规定在新加坡进行信托投资的外国人可以不受"法定继承权比例"限制； 受托人有权不公开披露与委托人及信托资产有关的信息，并保障委托人 100 年内对信托资产的控制权和决定权
2008 年	抓住次贷危机带来的"弯道超车"机遇，鼓励金融创新，成功从区域金融中心转型升级为国际主要金融中心，成为世界上第三大外汇交易中心，全球第四大金融中心，在管资产的 75% 来自新加坡之外

经过二十多年发展，新加坡吸引了几乎所有知名的财富管理机构进驻，全球 1200 多家银行、保险等金融机构总部均设在新加坡，众多全球知名金融机构在新加坡设有区域总部，如淡马锡、挪威央行投资管理局、韩国国家养老金等。《2021 年德勤国际财富中心排名报告》显示，作为中立的国际金融中心，新加坡是全球竞争力排名第二的跨境财富管理中心，排名全球第三，仅次于瑞士、中国香港。

作为全世界最大的离岸财富中心和"避税天堂"，素来奉行中立外交政策的瑞士，在俄乌冲突下，却宣布将参与欧盟对俄罗斯的制裁计划，冻结俄罗斯有关个人和机构在瑞士的资产，禁止瑞士公司与被制裁对象进行业务往来。此次的反制举动引发顶级富豪的不安，也开始寻找其他的安全"钱匣子"，因此将目光转而投向中国香港、新加坡。

过去，中国、东南亚富豪配置资产的首选地多为中国香港，但近年来新加坡逐步显现出赶超之势。中国香港的财富管理市场规模远远大于新加坡，但增速却逐渐放缓。2021 年，新加坡财富管理规模环比增速为 16.35%，遥遥领先于中国香港的 1.95%。[①] 新加坡政府通过不断地推进产业政策、税收政策、移民制度等领域的一系列改革，大力支持财富管理行业发展。花旗银行将在新加坡设立全球最大的财富中

---

① 资料来源：深度丨香港与新加坡财富管理发展对比分析，https://zhuanlan.zhihu.com/p/586622715，2022 - 11 - 25。

心，印度第二大富豪穆克什·安巴尼在新加坡设立家族办公室，移民新加坡的富豪越来越多……由以上一系列消息可知，新加坡作为全球财富管理中心的地位正在进一步得以加强。

二、结构合理的金融体系

经过二十几载，新加坡迅速发展成为一个高度开放的经济体，堪称"亚洲奇迹"。新加坡的斐然成就，既得益于不断开放的金融政策，也离不开结构合理的金融体系。新加坡的金融机构数量众多、金融体系齐全、结构合理，整体上可以划分为三个层次，如表4-2所示。

表4-2 新加坡的金融体系层次

层次	名称	主要机构
第一层次	中央银行	货币局和金融管理局（MAS）
第二层次	营业性金融机构	商业银行、证券银行、保险公司、国际货币经纪行、托收信贷行、股票交易所、股票经纪行、国际金融期货交易所和期货经纪行
第三层次	金融市场	本地货币市场、亚元市场、外汇市场、债券市场、期货市场和黄金市场

新加坡由金融管理局和货币局共同履行中央银行职能，金融机构主要包括商业银行、金融公司、证券银行、邮政储蓄银行、保险公司以及中央公积金。

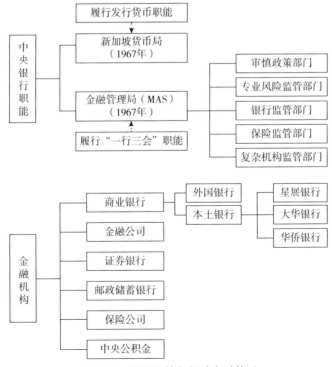

图4-1 现阶段的新加坡金融体系

（一）新加坡金融管理局（MAS）

MAS是新加坡行使中央银行职能的金融机构。该局成立于1971年，归财政部所属。除不发行货币外，全面行使一般中央银行的各项职权，包括指导金融业、监督银行的各项经营行为。

（二）货币局

货币局的主要职能是负责发行现钞和硬币，并确保发行的新元有100%或以上的外汇或黄金作为后盾。

（三）中央公积金

新加坡中央公积金制度是一种独具特色的社会保障制度。这种"退休基金社会主义"的福利制度，实际上是一种强制性的长期储蓄。政府通过这一制度有效调控消费基金，解决职工购买住房和退休后的养老问题。

（四）新加坡证券交易所

新加坡证券交易所（英文缩写：SGX，以下简称新交所）于1973年5月24日正式成立，它的历史可以追溯到1930年的新加坡经纪人协会。经过数十年的持续发展，新加坡证券市场已经崭露头角，成为亚洲最主要的证券交易场所，同时也是亚洲首个实现完全电子化和无场地交易的证券交易平台。

新交所目前有两个交易板——第一股市（"主板"，Mainboard）及凯利板（"创业板"，Catalist）。2007年11月26日，新交所正式发布了凯利板（Catalist），主要面向那些仍在成长中且利润规模相对较小的公司。凯利板同样采纳了伦敦AIM的保荐人机制，公司是否能够上市以及上市后的监督都是由保荐人直接决策的。

截至2022年11月，新交所的上市公司数目达654家（见图4-2），但近十年来，鉴于上市公司的数量在逐渐减少，新交所正在紧锣密鼓地与那些希望在美国或中国香港之外上市，以及希望在东南亚提升知名度的中国公司展开对话，以积极推动中资企业在新加坡挂牌上市。

从2010—2022年11月开始，新交所的总市值持续上下波动，2022年11月与2010年相比，增幅不大，而2017年是新交所总市值近十年的峰值，突破了1万亿美元（见图4-3）。

从2022年11月新交所各板块总市值分布中可以发现，主板占据绝大部分，凯利板市值仅为1%左右（见表4-3）。

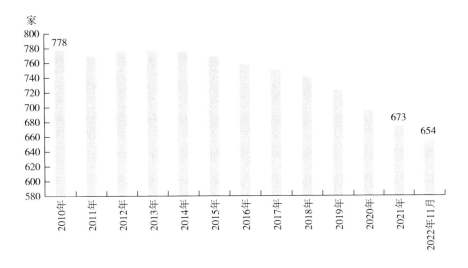

图 4 - 2　2010 年至 2022 年 11 月新交所的上市公司总数

（资料来源：新加坡金融管理局，https：//www. mas. gov. sg/）

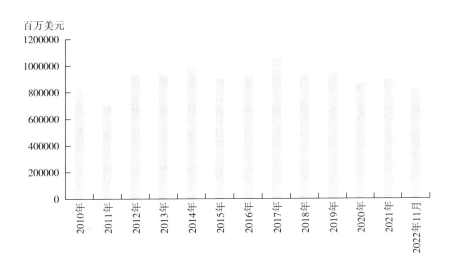

图 4 - 3　2010 年至 2022 年 11 月新交所的总市值

（资料来源：新加坡金融管理局，https：//www. mas. gov. sg/）

表 4 - 3　　　　　　　　　**2022 年 11 月新交所各板块总市值及占比情况**

板块	总市值（百万美元）	市值占比（％）
主板	823993. 00	99
凯利板	9249. 40	1

资料来源：新加坡金融管理局，https：//www. mas. gov. sg/。

三、"先外后内"的银行业

（一）新加坡银行业的发展历程

新加坡现有银行业体系是按"先外后内"，即"先发展外国银行，后发展本国银行"的顺序逐步发展而成。

1968 年，新加坡政府成立了国有发展银行，为国有企业提供融资和担保。彼时，与市场上的欧美银行相比，本地银行的规模和经营都相对较为落后，主要服务于本地居民和本地企业，在新加坡银行市场上的表现并未十分突出。

20 世纪 60 年代至 70 年代，新加坡主张"打开大门"引进外资。在这一阶段，新加坡政府对外国资本和外国银行予以充分的支持和扶植，允许外国银行从事本地银行进行的所有业务。但是，新加坡政府很快发现，以上所执行的方针政策并未有利于本地银行的生存和发展。

为了既能保护方兴未艾的本土银行业，又能继续扩大外资、引进外国银行，在 1999 年，新加坡金融管理局（MAS）推出了一个为期五年的计划，该计划着重于通过激烈的竞争来增强本地银行业的稳健性，并进一步增强新加坡金融业的深度与提高市场竞争力。MAS 不愿意盲目地、不加区分地对本地零售市场进行开放，它只对那些经营稳定、管理出色并承诺在新加坡扩展业务的外国银行开放。新加坡银行业开放的标志性事件为向 6 家国际性银行——荷兰银行 ABN AMRO、巴黎国民银行、花旗银行、渣打银行、汇丰银行以及马来亚银行颁发了新类别牌照"特准全面牌照"（Qualifying Full Bank）。

2001 年，在 MAS 的五年发展计划中，为了满足某些外国银行扩展新元批发银行业务的需求，而不仅仅是扩展本地的零售业务，受限制的银行数量从 13 家增加到了 18 家。在新元批发业务上，离岸银行被赋予了更大的灵活性。获得 MAS 许可的合格离岸银行的贷款上限已从 3 亿新元提升到 10 亿新元，并且还允许进行新元互换的业务活动。其他离岸银行的贷款限额增至 5 亿新元，也允许这些离岸银行从事与其管理的新元债券有关的新元互换业务。

在开放计划下，MAS 同样寻求强化本地银行，鼓励本地银行通过并购或结成联盟进行整合。截至 2004 年，7 家本地银行集团合并成为 3 家，分别为星展银行、华侨银行和大华银行。MAS 同时放松了 1971 年制定的外资机构入股本地银行比例不超过 40% 的限制，任何自然人股东或关联股东经 MAS 批准可增资超过 5%、12% 或 20% 股权。

从 2005 年开始，一系列深化对外开放的具体措施出台：一是允许持特准全面牌照的银行设立 25 个服务网点（包括分行或离行式 ATM）。二是颁发一定数量的批发银行牌照（Wholesale Bank，WB）以替代之前的受限银行牌照，除新元零售银行业务之外，批发银行可从事与全面牌照银行同等的银行业务。三是允许全面牌照银行与本地银行合作，使持卡人可通过 ATM 网络取现及预付款。

（二）新加坡银行业的发展现状

国际化银行体系是新加坡金融市场发展的基石，目前，新加坡共有 6 家本地银行和 117 家外国银行（见图 4 - 4）。

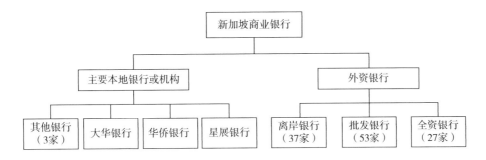

图 4 - 4　现阶段新加坡商业银行的类型

（资料来源：各商业银行官网及新加坡金融管理局，https：//www.mas.gov.sg）

截至 2022 年 10 月，新加坡商业银行的总资产已累计达近 34200 亿新元，为 2010 年的近 4 倍。2010—2020 年，新加坡商业银行的总资产保持稳定增长态势，但在 2021 年却突然陡增近 1 倍，2022 年增长趋势再次恢复平稳。

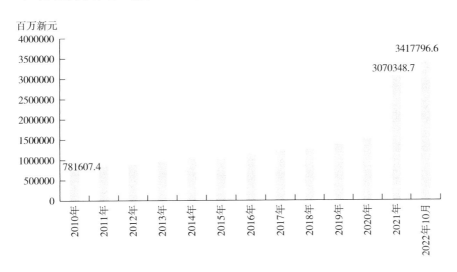

图 4 - 5　2010 年至 2022 年 10 月新加坡商业银行的总资产

（资料来源：新加坡金融管理局，https：//www.mas.gov.sg）

截至 2022 年 10 月，在新加坡商业银行发放的企业贷款中，居民获得企业贷款为 51142890 万新元，比非居民多近 8%（见表 4 - 4）。其中，在居民企业贷款中，建筑和施工以及金融和保险的占比最高，分别为 33% 和 24%（见图 4 - 6），而在非居民企业贷款中，金融和保险占比近半，为 47%（见图 4 - 7）。

表 4 - 4 　　　　　　2022 年 10 月新加坡商业银行的企业贷款占比情况　单位：百万新元,%

部门	企业贷款	占比
居民	511428.9	54
非居民	428540.0	46

资料来源：新加坡金融管理局，https：//www.mas.gov.sg。

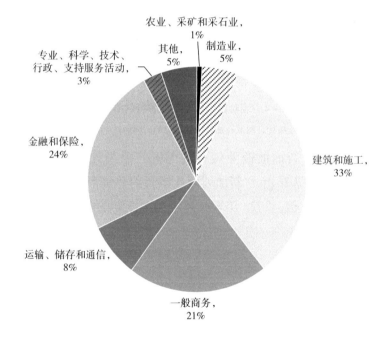

图 4 - 6　2022 年 10 月新加坡居民企业贷款的各行业占比情况

（资料来源：新加坡金融管理局，https：//www.mas.gov.sg）

四、辐射东南亚的保险业

（一）保险业的发展历程

新加坡保险市场高度繁荣，市场主体林立，国外保险公司以新加坡为区域中心向东南亚辐射。

1998 年颁布的政策包括放宽保险公司投资限制，针对海事保险及其他方面的财政刺激计划。

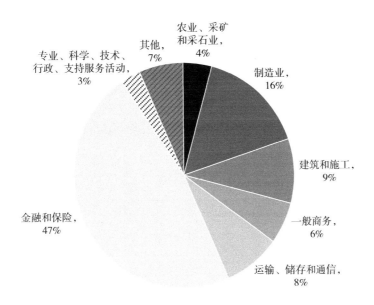

图 4 - 7　2022 年 10 月新加坡非居民企业贷款的各行业占比情况

（资料来源：新加坡金融管理局，https：//www.mas.gov.sg）

2000 年 3 月，新加坡的直接寿险和普通保险开放。MAS 大幅度开放当时几乎完全封闭的保险行业，一改 1990 年以来对保险公司准入采取的闭门政策（特别保险业务超过现有保险公司专业水平和能力除外）。除开放国内直接保险公司和保险经纪公司市场外，外资参股本地保险公司 49% 的比例限制也被取消。2000 年的这些行动使得新加坡保险业能够实现完全的对外开放。

MAS 寻求提高保险销售的质量和效率，鼓励包括银行保险、直接营销及互联网等销售渠道发展，同时提高产品及费用的信息披露要求。MAS 加强了营销监管，提高了保险咨询公司的专业性。MAS 致力于加强保险公司的公司治理，同时力图促进专业人才的业务能力提升，另类风险转移、再保险以及离岸保险等业务发展。

（二）保险业发展现状

截至 2023 年，新加坡共有保险公司 387 家，包括 76 家直接保险公司、104 家注册保险经纪和 41 家豁免保险经纪，还有 51 家再保险公司、831 家专属保险公司/自保公司、7 家授权再保险公司，以及 3 家金融控股公司（保险）[1]。另外，劳合社（亚洲）在新加坡共设立了 22 家劳合社辛迪加。一直以来，新加坡保险业拥有较为健全的行业协会组织体系，包括财产险行业协会、寿险行业协会、再保险行业协会、保险经纪行业协会和代理人协会。

---

① 资料来源：新加坡金融管理局，https：//www.mas.gov.sg。

2010—2021 年，新加坡保险公司的总资产持续增长，从 2010 年的近 1400 亿新元增加至 2021 年的近 3700 亿新元，增加近 1.6 倍（见图 4-8）。

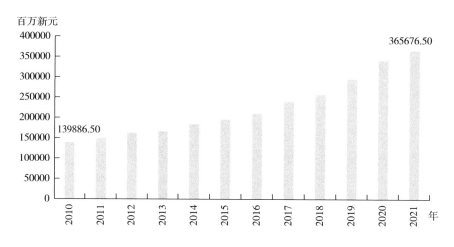

图 4-8　2010—2021 年新加坡保险公司的总资产

（资料来源：新加坡金融管理局，https：//www.mas.gov.sg/）

图 4-9 显示，2010—2021 年，新加坡的人均保费总体呈现上升趋势，其中人寿保险的人均保费上升幅度较大，2021 年的人均保费为 2010 年的近 3 倍。而一般保险的人均保费上升趋势非常平缓，2021 年较 2010 年略微上升。

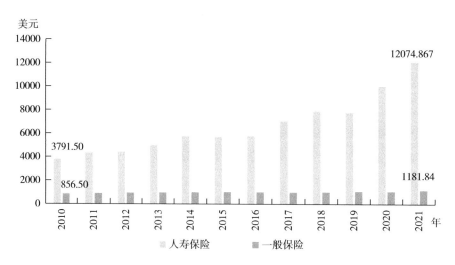

图 4-9　2010—2021 年新加坡人寿保险和一般保险的人均保费

（资料来源：新加坡金融管理局，https：//www.mas.gov.sg/）

（三）新加坡保险的优势

一是政治长期稳定。高净值人士购买海外保险主要是出于考量"资产配置、分散风险"，而新加坡繁荣的国家经济、相对稳定的政治环境，使得在新加坡进行资产配置能够实现有效分散风险、保证财产安全的目的。二是保险公司实力强。新加坡的保险行业拥有深厚的历史底蕴，并受到严格的法律监管，使其在全球经济自由竞争中具备了更强的竞争力，能够向客户提供多样化的保险产品和组合，助力客户进行有效的财富管理和投资决策。三是实行严格的资格认证。新加坡的保险持牌人必须经过严格的资格认证考试（最少四门全英文考试），需要持续地更新自身知识体系，以提供更专业化的服务吸引国内外客户。四是客户隐私保护严格。根据新加坡《PDPA（个人资料隐私条例）》，所有保险公司必须对客户信息严格保密，因此购买新加坡的人寿保险无须担心隐私泄露，这使得新加坡的保险产品成为全球离岸资产保障的首选。五是保险费用低廉，投资回报率高。海外用户在新加坡购买保险时，可以享受到与本地居民相同的保费价格，同时获得的红利回报率是国内保险的 2～3 倍①。

五、平地崛起的证券业

（一）发展历程

作为亚洲的金融中心之一，新加坡证券交易市场是在发展中国家和地区中一个具有典型代表性的证券市场。新加坡证券业在从无到有（见表 4－5），自 1973 年正式以独立交易所营业后，发展非常迅速，至今一直引领着整个东盟国家证券业发展的进程。

表 4－5　　　　　　　　　　新加坡证券业的发展历程

时间	主要事件
1965 年 8 月	新加坡共和国正式成立初期，与马来西亚共用证券市场
1973 年 5 月	马来西亚政府决定中止两国货币互换，证券市场一分为二
1973 年 6 月	作为一个独立交易所正式营业，新加坡证券交易所开启了资本市场发展道路

（二）发展现状

截至 2022 年，新加坡共发放资本市场服务许可 1119 家（见图 4－10），由于资本市场服务持牌数据包含被授予"资本市场服务许可"的被监管的全部活动，可能存在持有多种许可的机构，因此，资本市场服务持牌数据的组成部分相加不为总和。除了资本市场持牌机构外，截至 2016 年 3 月底，获许信托公司 53 家，注册基金管理公司 273 家。②

① 资料来源：《【新加坡保险专题】（一）新加坡保险业概况｜新加坡保险公司对比》，https://www.sohu.com/a/601347311_121250247，2022－10－31。

② 资料来源：新加坡金融管理局（https://www.mas.gov.sg）。

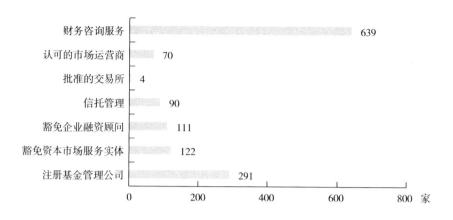

图 4－10　新加坡资本市场的持牌机构数量

（资料来源：新加坡金融管理局，https：//www.mas.gov.sg）

近十年来，新加坡证券银行（Merchant Banks）总资产规模呈现持续的上下波动趋势，2021 年总资产为 10092710 万新元，与 2010 年相比存在小幅度的增长（见图4－11）。

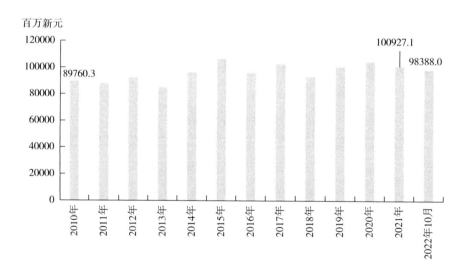

图 4－11　2010 年至 2022 年 10 月新加坡证券银行的总资产规模

（资料来源：新加坡金融管理局，https：//www.mas.gov.sg）

2012 年、2013 年新加坡期权市场交易数量呈现明显增长，均是前年的 2 倍有余，此后，期权交易数量处于持续波动状态。而新加坡期货市场交易数量却上升趋势明显，截至 2022 年 11 月期货交易数量为 2010 年的近 4 倍（见图4－12）。

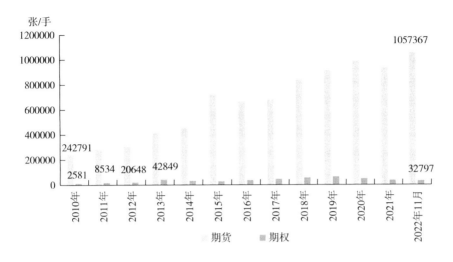

图 4 - 12　2010 年至 2022 年 11 月新加坡期权交易、期货交易规模

（资料来源：新加坡金融管理局，https：//www. mas. gov. sg）

第二节　新加坡离岸金融市场：得天独厚，另辟蹊径

离岸金融市场（Offshore Finance Market），又称境外金融市场，指以自由兑换货币为交易媒介，主要为非居民提供境外货币借贷、投资、贸易结算、外汇买卖、黄金买卖、保险服务、证券交易以及其他衍生工具交易等金融服务，且不受市场所在国以及货币发行国金融法规管制的国际金融市场。

一、新加坡离岸金融市场的发展历程

全球金融市场的演变和增长主要遵循两个模式：第一种是自然渐进式，这通常开始于一个国家的地区性金融中心逐步发展成为全国性中心，最终通过国际化成为全球知名的金融枢纽，例如，伦敦、纽约、东京等国际金融中心。第二种则是基于地理优势和政策优惠，在短时间内快速形成和发展为国际离岸金融市场，比如新加坡、巴哈马和开曼群岛等地。

建设离岸金融市场能够吸引众多外国银行参与，从而显著促进东道国的经济发展、国际贸易及金融进步，但同时要求东道国实行金融对外开放政策，这会对东道国的资本流动和金融市场的稳定性产生一定的负面影响。在全球金融市场日益国际化的趋势中，如何在推动金融市场的国际化与维护国内经济金融稳定之间找到平衡，已成为许多国家共同面临的挑战。在这个议题上，新加坡是一个成功的典型代表。该国政府采取积极的金融开放政策和谨慎的金融监管措施，成功地将新加坡发展成

为一个全球性国际金融中心，为中国、东盟成员国和世界其他国家在金融市场开放方面提供了宝贵的经验。

新加坡离岸金融市场的发展共历经了四个阶段。

第一阶段（1968—1970 年）：在这一期间，新加坡政府陆续批准了 16 家金融机构从事非居民的境外美元存贷款业务，设立专门账户管理离岸金融业务，与国内银行业务严格区分，以便稳定金融市场，并将该期间吸收境外美元存款的 97% 以短期形式投向西欧或北美同业银行。

第二阶段（1971—1975 年）：新加坡政府通过采取健全金融法规、完善管理制度、营造宽松的金融环境等各项措施进一步推动离岸金融市场发展，促使新加坡的离岸业务经营机构从 16 家快速增加到 66 家，存款总额也由 10.63 亿美元增加为 125.97 亿美元，年增速高达 85.5%，相当于 1975 年 GDP 的 2.5 倍[1]。同期，亚洲美元债券开始逐步兴起，1972 年新加坡开始涉足国际银团贷款，以充分分散离岸资金流向的风险。

第三阶段（1976—1997 年）：这一时期新加坡采取了一系列金融改革措施，加快金融改革步伐（见表 4-6）。

表 4-6　　　　　　　　　　新加坡政府出台的优惠政策

时间	具体内容
1976 年	放宽了外汇管制，允许东盟各国与之自由通汇及在其境内发行证券
1978 年	全面开放外汇市场，取消外汇管制
1981 年	离岸业务机构可以通过货币互换安排获得新加坡币
1990 年	外国人持有新加坡本地银行股权的限制由 20% 放宽至 40%
1992 年	放宽离岸银行的新元贷款额度限制，将其上限由 5000 万新元提高至 7000 万新元

到 20 世纪 90 年代末，新加坡作为亚洲美元交易中心，其外资银行资产规模已占银行业总资产比重的 80%，亚洲货币单位增加到 100 多家。在此期间，新加坡的亚洲美元债券业务也开始拥有长足发展，累计发行 361 笔，金额为 20.54 亿美元。[2]此外，新加坡发行了大量的浮动利率美元存款证，外汇交易也呈现出突飞猛进之势，成为继伦敦、纽约和东京之后的世界第四大外汇交易中心。同时，新加坡政府还积极推出离岸保险业务。

第四阶段（1998 年至今）：金融业突飞猛进的发展带动了新加坡整体经济的腾

---

[1]　资料来源：《新加坡离岸金融的形成与发展》，https://www.sohu.com/a/359446272_120179382，2019-12-10。

[2]　资料来源：《新加坡如何成为全球离岸金融市场中心》，https://www.shicheng.news/v/9Nror，2019-07-23。

飞，使东南亚其他国家也开始竞相向发展国际金融中心的目标努力。周边国家相继出台了更为开放、自由的金融改革政策，影响了新加坡离岸金融的进一步拓展，新加坡金融管理局制定了详尽的政策规划应对挑战。1999年，新加坡金融管理局公布了十多年来最为彻底的银行业改革计划，计划内容包括：取消外资在本地银行不可拥有40%以上股权的上限，废除银行股双轨制，放宽符合资格离岸银行的新元贷款额上限等。从2000年1月起，政府逐步放松对交易佣金的管制，鼓励外国证券进入新加坡，在新加坡证券交易所上市，并采取一系列措施，持续提升新加坡资本市场对东南亚国家及其金融市场的影响力度。

2022年10月28日新加坡金融管理局（MAS）宣布，新加坡的外汇（FX）日均交易量（ADTV）在2022年4月上升至9290亿美元，比2019年4月增长约45%。新加坡继续保持其作为仅次于英国、美国的世界第三大外汇中心的地位，成为世界上具有举足轻重地位的离岸金融中心。

二、新加坡离岸金融市场的运作模式

在离岸金融市场建立之初，新加坡选择了内外分离型模式。虽然商业银行、金融公司等金融机构可以兼营离岸业务，但必须另立单独账户进行分开管理，通过这种方式实现离岸业务和在岸业务相互隔离的目的，有效地防止了资本频繁出入本国市场以及离岸金融交易活动影响或冲击到本国货币政策的顺利实施。

在新加坡离岸金融市场发展过程中，虽然其业务种类不断扩大，相关政策也有所调整，但以下五大特点一直贯穿于离岸市场整个发展过程之中，并至今仍对新加坡离岸市场的繁荣发展发挥着十分重要的作用。

一是以亚洲美元为主要币种。新加坡尽管已开放资本项目，但对新元一直实行严格管制；另外，为使新加坡成为区域和国际金融中心，政府积极鼓励和支持离岸金融业务不断创新。

二是对新元使用严格管制。虽然新加坡大力发展金融衍生产品业务，但在1998年前却是禁止任何形式的新元金融衍生产品交易，此后也制定了完整、配套的相关规定，禁止开展无实际经济背景的新元投机业务。此外，实施分类许可证制度，严格限制外资银行经营新元业务。

三是确保所有金融机构的新元账户与非新元账户完全分离。新加坡离岸金融市场属于典型的内外分离型，有利于实现资金避险功能。例如，利用电子支付系统MEPS等现代化科技手段，实时监测所有经营新元银行的新元账户（包括新元政府证券），实时监控新元的流动情况，严格遵守关于新元非国际化的法律规定，并在必要时主动介入市场，采取适当措施进行干预。

四是不断推出税收优惠政策。在建立国际金融中心的过程中，新加坡政府以促进金融业全面发展为基础，重点推动离岸业务发展，不断出台相关税收优惠政策。

五是对金融业实施严格、高标准的监管。在新加坡，政府一方面积极地推出各类非新元的新型金融衍生产品交易品种，致力于提供更优质、更全面的服务；另一方面，政府也高度重视监管体系的持续改进，努力提高监管的效率和成效。

三、新加坡离岸人民币市场

（一）发展现状

2009 年，新加坡正式启动人民币跨境贸易结算业务。2013 年 5 月，中国工商银行新加坡分行作为首家人民币清算行正式启动离岸人民币清算业务，与此同时，国际著名的金融机构汇丰控股和渣打银行在新加坡发行了首笔人民币离岸债券。以上两大事件标志着新加坡人民币离岸中心建设进入一个新的发展阶段，将在可以预期的未来成为重要的人民币离岸中心。

环球银行间金融通信协会（SWIFT）人民币追踪指针显示，2022 年 8 月人民币交易使用比重由前月的 2.20% 上升至 2.31%，[①] 全球交易使用量排名第五。与中国香港、伦敦等主要离岸人民币市场相比，新加坡离岸人民币市场整体上仍然存在一定的提升空间（见图 4 - 13）。

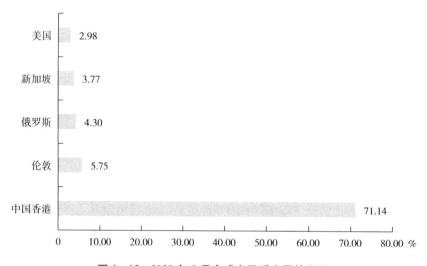

图 4 - 13　2022 年 8 月全球人民币交易的比重

（资料来源：光明网. SWIFT 统计显示：人民币全球使用量稳步提升，

https：//world. gmw. cn/2022 - 09/25/content_ 36047141. htm，2022 - 09 - 25）

---

① 光明网：《SWIFT 统计显示：人民币全球使用量稳步提升》，https：//world. gmw. cn/2022 - 09/25/content_ 36047141. htm，2022 - 09 - 25。

为了维持一流金融中心的实力，新加坡一直以来向纵深挖掘更多的人民币业务机会，持续创造新的市场生态，全力提升绝对优势，确保离岸人民币市场业务成为未来金融业发展和创新的关键所在。

近年来，新加坡人民币存款额持续上下波动，2014 年更是达到近年来的峰值，高达 230 亿元，但在此之后，总体发展趋势呈现下滑状态，从 2019 年起，人民币存款开始出现缓慢回升趋势，2021 年回升至 175 亿元（见图 4 - 14）。

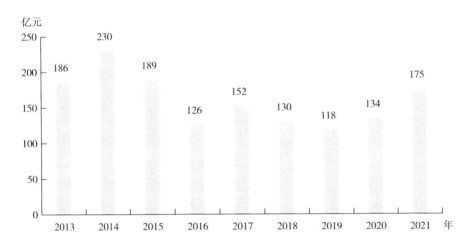

图 4 - 14 2013—2021 年新加坡人民币存款额

（资料来源：新加坡金融管理局，https：//www. mas. gov. sg）

（二）新加坡人民币市场的优势

随着中国经济成长和人民币国际化进程加快，全球各大金融中心对建立人民币离岸业务、成为人民币离岸中心大多表示出非常强烈的兴趣。中国政府显然会优先选择中国香港、新加坡。香港是中国的特别行政区，也是具有全球影响的国际金融中心，将香港作为人民币离岸中心的首选，不仅能够强化内地与香港的经贸联系，而且能够提升香港国际金融中心的全球地位，保持香港经济的长期繁荣发展，既合情又合理。而将新加坡培育成为第二个人民币离岸中心，主要源于新加坡在地缘、制度和市场三个方面所具有的得天独厚的优势。

首先，地缘优势。一方面，基于中国与新加坡、东盟紧密的经贸联系。新加坡虽然是一个小国，但却是东盟十国中最重要的成员国，其全球影响力远胜于东盟区域内的其他国家。而中国已连续 10 年成为东盟的最大贸易伙伴，东盟也是中国对外直接投资的主要市场。另一方面，新加坡金融中心具有强大的辐射力。作为全球最有影响力的资金集散中心，新加坡的影响力不仅仅局限于东盟区域内部，已经广泛辐射至南亚、西亚、澳大利亚、新西兰等地。随着中国与全世界其他国家经贸往来的日益加强，新加坡的"桥梁作用"将更为凸显，其人民币离岸中心地位将进一步予以巩固。

其次，制度优势。区别于纽约、伦敦这类由市场主导而逐步形成的国际金融中心，新加坡是一个典型的由政府主导的国际金融中心。新加坡金融管理局强调金融自由化与纪律化并重，效率高、执法严，有效地营造了廉洁、高效的金融环境，确保了金融机构的健全发展。更为重要的是，新加坡金管局提供了税负和管理上的各种优惠，直至最后完全解除外汇管制等措施吸引了大量外资涌入。自 2009 年以来，新加坡政府一直对建设人民币离岸中心具有高度热情，并表示将给予离岸人民币市场更多的制度保障和政策优惠。

最后，市场优势。新加坡离岸市场不断发展完善，目前已经建立起包括亚洲外汇市场、亚洲美元市场、亚洲债券市场、离岸金融衍生产品市场等在内的完整的离岸金融市场体系，这将非常有助于人民币离岸中心的建设。

（三）新加坡人民币市场发展所面临的挑战

一是中国香港和伦敦的竞争。就现阶段而言，离岸人民币的存量和结算量主要来源于迅速增长的人民币贸易结算，而除联系紧密度、交易习惯差异之外，仅仅在于其与中国内地贸易量级方面，新加坡、中国香港之间差异甚多。同时，由于新加坡与中国香港的地理位置接近、时区相同，新加坡与中国香港在人民币业务方面难免存在着"不相伯仲"的现象。

二是中国境内市场快速发展的影响。近年来，中国境内市场的交易规模和流动性获得快速提升，市场也趋于开放、透明。境内市场的快速崛起，有效推动了海外市场人民币业务的进一步发展，从而使人民币业务总体规模呈现持续扩大趋势，但与此同时也会对在离岸市场的落地业务方面形成一定的替代作用。以上两种效应叠加之下，不同地区所产生的效果也不尽相同。相对而言，拥有某些绝对优势条件的金融中心所遭受到的冲击则会比较小，但若其业务具有较强的可替代性，则相对更容易受到深刻影响。因此，从这一角度看，新加坡比伦敦、中国香港更容易受到冲击。

第三节　新加坡绿色金融业：正当其时，勃勃生机

一、新加坡绿色金融业的萌芽

新加坡作为东南亚地区唯一的发达国家，是位居美国纽约、英国伦敦、中国香港之后的第四大国际金融中心。当全世界围绕着碳减排、可持续发展发力时，与全

球其他国家的能源变革路径不同，新加坡交出的是一份"绿色金融"答卷。

2019年11月，新加坡金融管理局启动了绿色金融行动计划，该计划详细地说明了新加坡的绿色金融愿景和发展战略，并提出了绿色金融发展的四个主要支柱——增强抵御环境风险的能力、发展绿色金融解决方案和市场、有效利用科技、增强绿色金融能力建设。在该计划发布后，新加坡金融管理局又陆续出台一系列政策，通过以上四个方面协同推动绿色金融业发展。

（一）调动资金来源

早在2017年，为了刺激新加坡绿色债券市场的发展，新加坡金融管理局发布了有效期至2023年5月31日的可持续债券资助计划。在该计划下，可持续债券的发行人可以使用债券资助赠款来支付外部审查的早期费用，赠款额度最多可达到10万美元。

2019年，新加坡金融管理局宣布设立总额为20亿美元的绿色投资计划（GIP），旨在投资绿色公共市场。这些资金由资产管理公司负责管理，致力于推动新加坡及以外的区域绿色发展，协助新加坡金融管理局实施绿色市场发展及环境风险管理等其他绿色金融举措。

2021年1月1日，新加坡出台的绿色和可持续性挂钩贷款津贴计划（GSLS）生效，这是世界范围内此类计划的首次尝试。该计划帮助为寻求绿色贷款的各类行业和规模的企业支付第三方绿色贷款认证费用。同时，该计划还鼓励银行制定与绿色、可持续挂钩的贷款框架，帮助中小企业获得绿色融资。

（二）完善绿色金融框架

为贯彻落实绿色行动计划、完善绿色金融框架，新加坡制定了环境风险管理准则、绿色分类法、环境风险管理手册、金融机构气候相关披露文件及其他各类绿色金融文件。

同时，新加坡金融管理局为了更好地部署绿色金融战略，率先召集成立了绿色金融行业工作组（GFIT）。该小组由金融机构、企业、非政府组织和金融行业协会代表组成，主要任务是通过制定绿色分类法、加强金融机构环境风险管理实践、改进环境相关风险披露、促进绿色金融解决方案实施、开展对外绿色金融合作五项关键举措加速新加坡绿色金融发展（见表4-7）。

表4-7 绿色金融行业工作组的重要举措

举措	具体内容
绿色分类法	制定绿色分类法，以鉴别哪些是绿色或向绿色转型的活动
环境相关风险披露	发布了《金融机构气候金融相关信息披露指导文件》，概述了银行业、保险公司和资产管理部门的具体披露办法，包括各个部门可以采取的不同方式

续表

举措	具体内容
金融机构环境风险管理	发布了环境风险管理手册，该手册适用于各类规模的金融机构，旨在促进环境风险管理准则（ENRM）在治理和战略、风险管理实践和环境风险信息披露三个关键领域的实施与运作
促进绿色金融解决方案	1. 发布了帮助银行评估绿色贸易的指导框架； 2. 发布了关于房地产、基础设施、基金管理和转型部门的绿色金融规模升级的白皮书，为这些行业的绿色金融发展提供了指导建议，并规划了发展绿色金融的方向
对外绿色金融合作	1. 宣布和中国人民银行成立中新绿色金融工作组； 2. 计划与中方在可持续金融国际平台（IPSF）下开展标准融合工作，共同推动中欧《可持续金融共同分类目录》的推广应用； 3. 尝试在中新两地发行和双向互认的债券产品，建立绿债互融互通机制； 4. 由新加坡元宇宙绿色交易所（MVGX）和北京绿色交易所共同主持，研究运用数字科技支持绿色金融和碳市场发展

资料来源：根据新加坡绿色金融发展历程及给"一带一路"国家的经验启示和网上资料整理，https://finance. sina. com. cn/esg/investment/2021 - 06 - 28/doc - ikqcfnca3666669. shtml（2021 - 06 - 28）。

（三）加强能力建设

2020 年 10 月 13 日，新加坡金融管理局在金融时报主办的"投资亚洲网络论坛"上，宣布将联手 9 个创始合作伙伴建立新加坡绿色金融中心（SGFC），整合各方优势资源，共同将新加坡打造成为亚洲"绿色金融"中心。

新加坡绿色金融中心由新加坡管理大学设立，同时中国银行、法国巴黎银行、富勒顿基金管理公司、高盛集团、汇丰银行、施罗德银行、渣打银行、三井住友银行和瑞银集团等成为九个合作创始伙伴，是新加坡第一个致力于绿色金融研究和人才培养的研究机构。

此外，绿色金融行业工作组也提供了多项能力建设活动。2021 年 5 月至 2022 年 4 月，工作组为各金融机构和企业推出了一系列研讨会与线上学习活动，旨在加强银行、保险公司和资产管理公司在环境风险管理方面的能力，同时提高其环境相关信息披露水平，加深其对绿色金融工具的了解，使得金融机构和企业能够为转型部门提供针对性绿色融资解决方案。

（四）发展绿色金融科技

新加坡金融管理局鼓励金融科技企业和金融机构发展绿色金融技术解决方案，并在绿色金融行动计划下推出了多项重点利用金融技术的举措。

2020 年 12 月，新加坡金融管理局宣布实施 Greenprint 项目，这是一个旨在通过绿色金融技术促进绿色金融生态系统发展的科技平台。该平台可在供应链的不同阶段部署不同技术，以更好地监测各阶段是否满足绿色标准及要求。例如，可在项目现场使用物联网设备，以便直接捕获及评估能源及水消耗等相关实时数据。该平台还可以探索人工智能和其他技术在第三方数据源上的应用，以便于量化潜在投资和贷款组合在 ESG[1] 方面的影响。

在私营部门领域，也有一些金融科技创业公司开始将 ESG 标准纳入其业务流程。例如，2021 年，为金融业服务的区块链开发及技术解决方案公司 Hashstacs 与德意志银行合作开展一个与数字资产相关的项目，探索数码资产的流动性和跨境连接性的技术实践可行性，探索智能合约模板的开发，支持以可持续发展为主题的数字债券。穆迪 ESG 解决方案事业部在新加坡设立新的办事处，新办事处将利用该事业部的 ESG 和气候风险解决方案综合套件及深入的专业知识，支持区域可持续债券和贷款创新，推动亚太地区的可持续发展金融，其中主要举措包括设立聚焦 ESG 的创新实验室和科技加速器、与当地金融科技公司一起制订 ESG 分析解决方案和评估工具。

二、新加坡绿色金融业的发展现状

2021 年，新加坡 GSS 债券[2]达到 136 亿美元的发行量，相比于 2020 年的 49 亿美元，增加了近两倍。其中，新加坡可持续发展相关工具显著增长，占该国累计 GSS 债务的 57%，紧随其后的是 40% 的绿色债务（债券和贷款）和 3% 的可持续发展债券。[3]

目前，新加坡的绿色债券市场已经趋于成熟。相比于越南、印尼和菲律宾倾向于以美元发行绿色债券，泰国和马来西亚倾向于用本国货币，新加坡是发行货币种类最丰富的国家。其中，以新加坡元发行的债券占比最多，超 150 亿美元，其次是美元，近 4 亿美元。[4] 区别于其他东盟国家将 Uop[5] 主要投资于能源领域，新加坡的债券发行人将大部分 Uop 投资于建筑公司，占比近 80%。[6]

经过数年发展，新加坡在东盟绿色债券市场中已经处于领导者的地位，而这一业绩的取得离不开新加坡政府在推进绿色金融议程和服务区域绿色金融需求方面所发挥的积极作用。随着绿色经济发展的迫切性增强，新加坡加快了绿色金融的推进进程，以支持新加坡绿色经济的快速发展，进一步强化新加坡的区域绿色金融中心定位。

---

① ESG 为 Environmental，Social and Governance 的缩写，意为环境、社会、公司治理。
② 绿色债券（Green bond）、社会责任债券（Social bond）、可持续发展债券（Sustainability bond）被统称为 GSS 债券。
③ 资料来源：《东盟可持续金融市场 2021 年状况报告》。
④ 资料来源：《东盟可持续金融市场 2021 年状况报告》。
⑤ 由债券收益资助的项目/资产/活动。
⑥ 资料来源：《东盟可持续金融市场 2021 年状况报告》。

三、新加坡绿色金融业的前景展望

（一）新加坡 2030 绿色计划

2021 年 2 月，为强化在联合国 2030 年可持续发展议程和《巴黎协定》下作出的承诺，实现长期净零排放的目标，新加坡政府出台了《新加坡 2030 绿色发展蓝图》，旨在通过发起更大胆和集体性的行动应对未来 10 年间的气候变化。

在绿色经济方面，新加坡政府概述了其绿色金融发展的雄心：2019 年新加坡政府通过了碳定价法案，对每吨温室气体排放征收 5 美元的碳税，政府将利用征收碳税获得的资金投资于有价值的绿色项目，帮助企业减少温室气体排放；新加坡政府将推出一项新的企业可持续发展项目，帮助以中小企业为首的各类企业提高可持续发展能力；新加坡旨在成为全球领先的碳交易和服务中心：2021 年 5 月，星展银行、新交所、渣打银行和新加坡淡马锡公司在新加坡建立了气候影响交易所（CIX），该交易所将成为全球碳交易市场，为公司提供高质量的碳抵消信用；新加坡还将在《2025 年研究、创新和企业计划》的框架下促进本土企业创新，吸引外资企业在新加坡开展研发活动，为亚洲地区和全世界提供新的可持续发展解决方案，其中包括碳捕捉、利用和存储，低碳氢能的脱碳技术，以及提高能源效率、促进循环经济的方案。

（二）绿色发展蓝图行动案例：绿色国债

2021 年 2 月，新加坡财政部长在发布预算时宣布，政府将为公共基础设施建设项目发行绿色国债。绿色国债的标准、框架及收益率等指标都将作为新加坡绿色债券市场的标杆，同时绿色国债的发行还能够加强新加坡在东南亚地区充当绿色金融枢纽的地位。

2021 年 9 月，新加坡国家环境局（The National Environment Agency）首次发行绿色债券，其中 16.5 亿新加坡元的债券被拆分为 10 年期至 30 年期，Uop 被指定用于可持续的废物管理系统项目。第一个符合条件的项目是 Tuas Nexus 综合废物管理设施，其中包括可焚烧和食品垃圾、家庭可回收物、脱水污泥和废水处理系统。

第四节　中新金融合作："双向奔赴"，共同发展

长期以来，中国与新加坡互为重要的服务贸易合作伙伴。拥有优越位置的新加坡吸引了一大批中国企业投资、上市，而中国作为世界第二大经济体，同样吸引着一大批新加坡投资者将投资目的地聚焦于中国。2018 年，中国政府和新加坡政府在联合声明中表示，中国和新加坡继续遵循之前达成的共识，在"一带一路"框架下，

继续加强两国之间的金融合作和互联互通，继续加强跨境金融风险监管合作和双边金融服务合作。作为东西方贸易交流的关键通道，新加坡同时也是中国推动"一带一路"建设中海上丝绸之路（Maritime Silk Road）建设的重要支点，因此，助力各领域、全方位建设的中新金融合作尤为重要。

一、银行业合作

银行业在中新金融业中均占据主导地位，互设分支机构成为中新银行业合作的一个重要方式。早在1936年，中国银行便在新加坡设立第一家分支机构，此后，随着中新外交关系的建立，以及新加坡在银行业多项优惠政策的实施，中国部分大型商业银行前往新加坡投资、设立新加坡分行、提供金融服务，双方金融往来及合作日益增加（见表4-8）。

表4-8　　　　　　　截至2023年5月中国—新加坡互设分支银行情况

中国	新加坡
中国银行（1936年）	星展银行（2007年）
工商银行（1993年）	
农业银行（1995年）	
交通银行（1996年）	华侨银行（2007年）
建设银行（1998年）	
中信银行（2010年）	
招商银行（2013年）	大华银行（2007年）
民生银行（2015年）	
浦发银行（2017年）	

资料来源：国家金融监督管理总局，http://www.cbirc.gov.cn。

中国和新加坡在银行业合作方面，除互设分支机构外，主要还有以下具体合作事项，如表4-9所示。

表4-9　　　　　　　　　　中新银行业其他合作事项

时间	具体事项
2011年	中信银行国际推出跨领域私人银行服务
2012年	1. 新加坡授予中国银行、中国工商银行新加坡分行特许全面牌照； 2. 中国人民银行批准新加坡金融管理局在华设立代表处
2013年	中国工商银行新加坡分行成为新加坡人民币业务清算行
2017年	1. 中国建设银行在新加坡设立私人银行中心、全球基础设施建设服务中心； 2. 中国银行、招商银行等在新加坡设立私人银行中心
2020年	浦发银行在新加坡分行成立财富管理部门，正式启动财富管理业务

二、保险业合作

中新保险业合作历史悠久，不同发展阶段的重大合作事项如表4-10所示。

表4-10　　　　　　　　　　　中新保险业合作历程

时间	具体事项
1938 年	中国太平洋保险公司于新加坡开设分公司，标志着中新保险行业的第一次合作开始
2006 年	双边共同成立中新大东方人寿保险有限公司
2012 年	双边签署再保险协议
2015 年	中国人寿成功入驻新加坡市场，在新加坡开展保险业务
2016 年	1. 中国成为新加坡第二大离岸再保险市场主角； 2. 中国再保险集团分支机构正式在新加坡市场开展保险业务
2017 年	1. "一带一路"保险联合体成立，由新加坡分公司和中国再保险集团联合管理； 2. "一带一路"倡议的推动下，中国新加坡保险业务的合作日益密切

三、证券业合作

中国和新加坡证券业合作的渊源深厚。截至2022年6月末，中国对新加坡的证券投资资产额达105.4亿美元，其中债务证券投资资产占比超过90%（见表4-11）。

表4-11　　　　　　2018年至2022年6月末中国对新加坡的证券投资资产　　　　单位：亿美元

时间	合计	股本证券	债务证券		
			长期	短期	合计
2018 年末	59.9	9.9	30.8	19.1	49.9
2019 年末	74.9	11.7	42.8	20.4	63.2
2020 年末	65.5	11.0	41.8	12.7	54.5
2021 年末	111.7	13.5	52.4	45.8	98.2
2022 年6 月末	105.5	10.5	59.2	35.8	95.0

资料来源：国家外汇管理局，https：//www.safe.gov.cn。

根据彭博的统计，在新交所的上市企业中，超过40%的市值来自新加坡境外企业，且以大中华区占比最高。根据2022年5月20日Wind数据库统计数据，以"新加坡中国股"为关键词的搜索结果显示，目前新交所共有63只中国股，其中7只在凯利板上市（见表4-12和图4-15）。

表 4 - 12 截至 2022 年 5 月凯利板上市的中国股情况

公司名称	所处行业
中新果业 ZHONGXIN FRUIT AND JUICE	软饮料
上海实业环境控制 SIIC Environment Holdings	环境与设施服务
大西洋航运控股 ATLANTIC NAVIGATION HOLDINGS	机械
恒阳石化物流 Hengyang Petrochemical Logistics	石油与天然气的储存和运输
中闽百汇 Zhongmin Baihui Retail Group	百货商店
新开集团 SINCAP	贸易公司与工业品经销商
奥新全民口腔 AOXIN Q & M DENTAL GRP	保健护理服务

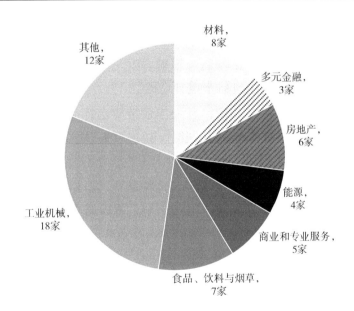

图 4 - 15 截至 2023 年 5 月新交所上市的中国企业行业分布情况

（资料来源：金杜律师事务所，美港之外新选择——中国企业新加坡上市之路，https：//www. kwm. com/cn/zh/
insights/latest - thinking/the - way - for - chinese - enterprises - to - list - in - Singapore. html，2022 - 05 - 24）

进入 20 世纪 80 年代，中新两国证券业在不同层次、不同领域继续保持着友好
的合作关系，具体如表 4 - 13 所示。

表 4 – 13 中新证券业合作历程

时间	具体合作事项
1985 年	双边签署了证券和期货活动的相关合作、信息互换备忘录，开启两国证券合作新征程
2013 年	中国金融期货交易所与新交所签署了谅解备忘录，在金融衍生品领域的友好合作上建立有效的沟通机制
2015 年	中国和新加坡通过协商，确定双方定期开展证券期货监管机构中高层对话
2018 年	新交所和中国浙江省企业家协会、中国期货协会签署了谅解备忘录，进一步加强中国和新加坡的合作关系
2021 年	中新两国证券监管机构签订深新 ETF 产品互通的合作谅解备忘录，深交所和新交所稳步推进深新 ETF 互通项目

本章小结

新加坡的经济发展水平不仅在东盟国家中位居前列，在亚洲也处于领先水平。自 20 世纪 70 年代至今，新加坡不断地推出更为自由、更为开放的经济金融政策，吸引全球资本不断涌入，金融业获得进一步的繁荣和发展。

新加坡属于市场主导型金融体系，银行业集中度较高，且具有"先内后外"的鲜明发展特点。新加坡保险业高度发达，辐射力度至整个东南亚地区，而证券业则在短期内从无到有、异军突起，发展至现有规模。

在新加坡金融业茁壮发展过程中，金融体系结构也日益趋于合理化，成功为新加坡金融业的顺利发展保驾护航。与此同时，新加坡通过放松外汇管制。给予税务优惠、营造一种宽松的金融环境、不断鼓励离岸金融市场发展等一系列举措，形成金融业发展与实体经济发展的良性循环业。时至今日，新加坡离岸金融市场开始逐步由分离型向内外一体型发展，成为该国乃至全世界金融业中独树一帜，且不可或缺的一个重要构成部分，在新加坡经济发展中占据重要地位。

在国际金融市场动荡不断的大背景下，美国硅谷银行倒闭、瑞士信贷银行暴雷等事件，频繁引发市场恐慌。新加坡借此契机，凭借独特优势，财富管理业在短期内获得进一步扩张，全球财富管理中心的地位进一步得以强化。随着新加坡在东盟地区龙头地位的进一步凸显，中新金融合作将对东盟国家产生更为强烈的辐射带动作用。加强中新金融合作，不仅可以为新加坡持续拓展人民币离岸业务创造有利条件，而且能够进一步地深化中国—东盟经贸往来。

［ 第五章 ］

马来西亚金融业

"经济是肌体，金融是血脉"，金融作为现代经济的核心，对一国经济发展发挥着重要作用。2022 年，马来西亚 GDP 达到 4063.64 亿美元，规模位列东盟第五，增速位列东盟第一，人均 GDP 达到 12268 美元，位列东盟第三。[①] 马来西亚能够成为东盟国家中经济发展水平较高的国家之一，与其较为发达的金融业息息相关，尤其是全球范围内自成一家、领异标新的伊斯兰金融业，因此被誉为"伊斯兰金融的全球领导者""伊斯兰绿色金融的领头羊"。既独立于传统金融体系，又与之相容的伊斯兰金融系统受到国际社会的广泛关注和热烈讨论。

第一节　马来西亚金融业：发展历程与环境

一、马来西亚金融业发展历程

马来西亚是亚洲传统的金融中心之一，其金融领域的进展相对完善，对亚洲各国产生了深远影响。尤其从 1985 年开始，因实施了众多经济改革和金融变革措施，如放宽对外国投资和证券市场活动的限制等，马来西亚金融市场迎来快速增长阶段。尽管在亚洲金融危机期间马来西亚金融市场遭受打击，但其在危机后所实施的卓有成效的改革工作，推动着金融市场不断地趋向良性发展。

马来西亚金融体系初步形成于 1959 年——马来西亚国家银行（又称为马来西亚中央银行）成立，国家金融体系自此拥有了发展核心。此后，1973 年吉隆坡证券交易所正式成立，标志着国内资本市场初步形成。在国际伊斯兰金融运动推动下，马来西亚伊斯兰金融也开始发芽生长——1983 年马来西亚成立了第一家伊斯兰银行，

---

① 知乎：《2022 年东盟各国 GDP 增幅排名》，https：//zhuanlan.zhihu.com/p/609141314？utm_ id = 0，2023 - 02 - 24。

1990 年发行了全球第一只伊斯兰债券。亚洲金融危机爆发之前，马来西亚金融业呈现繁荣发展的势态。

亚洲金融危机爆发后，马来西亚金融体系遭受重创。1998 年，马来西亚银行业开始进行内部整顿和治理工作，部分弱势银行与强势银行合并，助力国家渡过亚洲金融危机难关，而证券业和保险业分别在 2000 年和 2005 年开始大规模地清理整顿、合并重组。以上一系列措施有效地助力马来西亚金融业顺利走出金融危机，迈向金融科技时代。2015 年，世界上最大伊斯兰商业银行之一——联昌国际银行 CIMB 在马来西亚推出金融科技孵化计划。次年，马来西亚六家伊斯兰财团共同推出伊斯兰银行业的第一个金融科技平台。目前，马来西亚金融业在东盟各国中脱颖而出，形成了自身特色——完备的伊斯兰金融业。

二、马来西亚金融业发展环境

马来西亚的经济发展历经四次危机——1997 年亚洲金融危机、2000 年互联网泡沫、2008 年国际金融危机和 2019 年新冠疫情，以上四次危机直接导致了马来西亚 GDP 呈现剧烈波动，如图 5 - 1 所示。除四次危机期以外，马来西亚历年 GDP 平均增长率都保持在 4% 以上，形成了金融业稳定向好发展的良好外部环境，如图 5 - 1 所示。

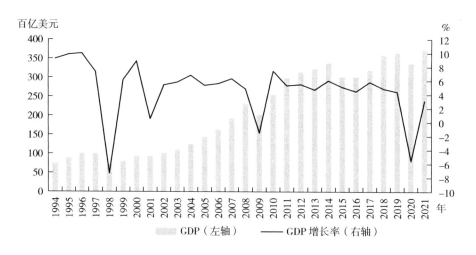

图 5 - 1　1994—2021 年马来西亚的现价 GDP 及增长率

(资料来源：世界银行，https://data.worldbank.org)

马来西亚金融化程度和金融化水平也随着经济的稳健和高速发展而逐步提升。在 1996 年之前，马来西亚呈现出强劲的经济扩张势头，如此经济繁荣同样激发了大量的金融服务需求。广义货币总量增速十分显著，从 1970 年的大约 13.5 亿美元激增为 2021 年的4431.1亿美元，扩大了328倍。① 但2008年席卷全球的国际金融危机后，广义货币增长率从2011年峰值的14.63%开始逐渐回落，直至稳定在10%以下（见图5－2）。

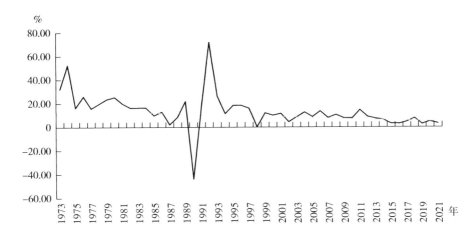

图5－2　1973—2021年马来西亚的广义货币增长率

（资料来源：世界银行，https：//data. worldbank. org）

进入21世纪，马来西亚经济整体发展平稳，除2001年、2009年以外，2002—2015年一直保持着5%以上的经济增长率，2016—2020年经济增速降低至5%以内，同时，通货膨胀率也处于相对稳定的区间，近年来通货膨胀率均维持在5%以下（见图5－3）。

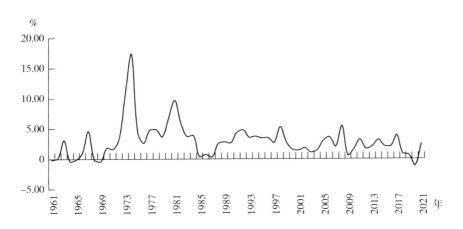

图5－3　1961—2021年马来西亚的通货膨胀率

（资料来源：世界银行，https：//data. worldbank. org）

目前，马来西亚的经济金融化程度快速上升，已超过世界平均水平。若采用

---

① 资料来源：世界银行数据库（https：//databank. worldbank. org）。

M2/GDP 指标衡量经济金融化程度，2020 年马来西亚的经济金融化已经达到 136%
左右，但该指标 1970 年时却尚未达到 50%。[①] 经济金融化程度越高，经济活动中使
用金融工具的比重越大，政府、企业、家庭和个人对金融的依赖程度就会越高，从
而全方位地助推了马来西亚金融业的快速发展。

第二节 马来西亚二元金融结构：自成一格

当前，马来西亚已建立了以商业银行为核心，同时涵盖投资银行（证券公司）、
保险公司、信托投资公司、政策性金融机构以及多种中介机构的金融体系。马来西
亚国家银行的分类体系将该国的金融机构分为四类：持牌银行机构、政策性金融机
构、核准登记的中介机构、行业协会和培训机构。由于伊斯兰宗教是马来西亚的国
教，所以其金融体系中融入了伊斯兰金融元素，从而形成了传统金融与伊斯兰金融
并存的独特"二元金融结构"，如图 5-4 所示。

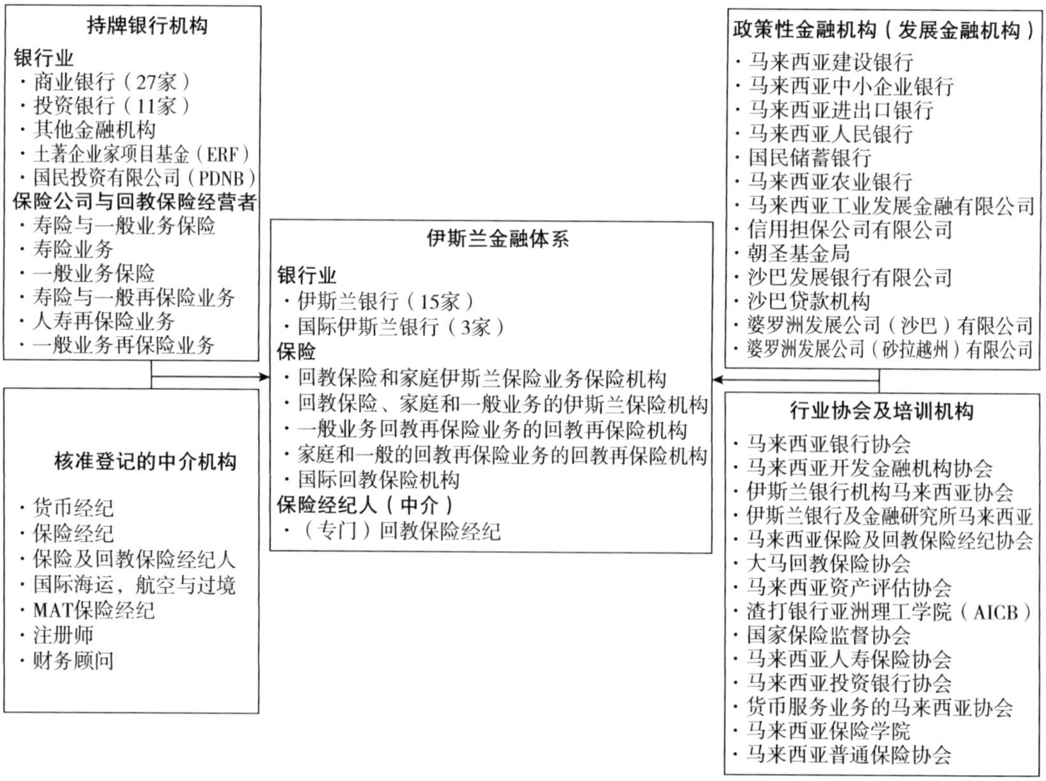

持牌银行机构

银行业
· 商业银行（27 家）
· 投资银行（11 家）
· 其他金融机构
· 土著企业家项目基金（ERF）
· 国民投资有限公司（PDNB）

保险公司与回教保险经营者
· 寿险与一般业务保险
· 寿险业务
· 一般业务保险
· 寿险与一般再保险业务
· 人寿再保险业务
· 一般业务再保险业务

核准登记的中介机构
· 货币经纪
· 保险经纪
· 保险及回教保险经纪人
· 国际海运，航空与过境
· MAT 保险经纪
· 注册师
· 财务顾问

伊斯兰金融体系

银行业
· 伊斯兰银行（15 家）
· 国际伊斯兰银行（3 家）

保险
· 回教保险和家庭伊斯兰保险业务保险机构
· 回教保险、家庭和一般业务的伊斯兰保险机构
· 一般业务回教再保险业务的回教再保险机构
· 家庭和一般的回教再保险业务的回教再保险机构
· 国际回教保险机构

保险经纪人（中介）
· （专门）回教保险经纪

政策性金融机构（发展金融机构）
· 马来西亚建设银行
· 马来西亚中小企业银行
· 马来西亚进出口银行
· 马来西亚人民银行
· 国民储蓄银行
· 马来西亚农业银行
· 马来西亚工业发展金融有限公司
· 信用担保公司有限公司
· 朝圣基金局
· 沙巴发展银行有限公司
· 沙巴贷款机构
· 婆罗洲发展公司（沙巴）有限公司
· 婆罗洲发展公司（砂拉越州）有限公司

行业协会及培训机构
· 马来西亚银行协会
· 马来西亚开发金融机构协会
· 伊斯兰银行机构马来西亚协会
· 伊斯兰银行及金融研究所马来西亚
· 马来西亚保险及回教保险经纪协会
· 大马回教保险协会
· 马来西亚资产评估协会
· 渣打银行亚洲理工学院（AICB）
· 国家保险监督协会
· 马来西亚人寿保险协会
· 马来西亚投资银行协会
· 货币服务业务的马来西亚协会
· 马来西亚保险学院
· 马来西亚普通保险协会

图 5-4 马来西亚的二元金融结构

（资料来源：马来西亚国家银行，https：//www.bnm.gov.my）

---

① 资料来源：根据世界银行数据库中马来西亚 M2 和 GDP 数据计算所得（https：//databank.worldbank.org）。

马来西亚金融业中商业银行占据着主导地位，且银行业集中度较高，但从机构数量角度来看，保险公司占据着较大份额，商业银行紧随其后，投资银行类金融机构则较少。根据马来西亚国家银行所公布的数据，2022 年，马来西亚共有保险公司60 家、商业银行26 家。[①]

一、金融业发展现状

(一) 逐步数字化的银行业

马来西亚银行业是一个以本土银行为主体、外资银行并存的银行业结构。根据马来西亚国家银行数据，截至 2022 年底，马来西亚共有 26 家商业银行（不包括伊斯兰银行），其中包括 8 家本地银行和 18 家外资银行。[②] 马来西亚商业银行具有较强的多元化业务结构，除了主要提供银行零售业务、金融工具交易、财政金融方面的服务、跨境支付服务、信托和保管业务等外，还从事金融公司业务，如消费信用、信贷融通、租赁业务和购买分期付款等。

目前，马来西亚银行业的典型特征主要体现在以下四个方面：

第一，在东南亚国家中，马来西亚属于银行系统最发达的国家之一。该国特点包括银行用户比例相对较高（45.5%[③]）、利率偏低，以及实行的是一种包含传统银行和伊斯兰银行的复合型金融体系。然而，这种发达的金融体系却与许多尚未获得充足金融服务的群体共存。

第二，推动数字银行发展，以服务于那些未完全获得传统银行金融产品和服务的群体，是马来西亚国家银行的重要战略。

第三，马来西亚网络渗透率较高，约83%的全国人口是网络用户，其中81%活跃于社交媒体，82%用户习惯使用网上购物[④]，而完善的数字经济基础设施也为数字银行普及奠定了坚实基础。新冠疫情暴发加速了马来西亚银行业的数字化进程，以居民贷款为主的收入结构和以居民存款为主的成本结构，为对居民提供更为便利化服务的数字银行发展提供了空间。

第四，马来西亚在实施数字银行牌照政策上，相较于金融体系虽成熟但市场规模较小的新加坡，展现出更为灵活的资本门槛和准入要求。这一政策使得马来西亚成为东南亚区域数字银行发展的优选试验场（见表5-1）。

---

① 资料来源：马来西亚国家银行（https：//www. bnm. gov. my）。
② 资料来源：马来西亚国家银行（https：//www. bnm. gov. my）。
③ 环球印象马来西亚事业部：《2022—2026 年马来西亚融资租赁行业投资前景及风险分析报告》，http：//www. zcqtz. com。
④ 极客网：《2023 年马来西亚 Fintech 市场监管趋势与挑战》，https：//www. fromgeek. com/daily/1044 – 522124. html，2023 – 03 – 29。

表 5 – 1 马来西亚和新加坡申请数字银行牌照要求对比分析

要求	新加坡金管局（MAS）	马来西亚纳闽金融服务局（LFSA）
背景资料	开始营业时间；业务自成立以来如何实现增长、申请单位主要业务和产品线、在其他国家运营，以及在每个国家的业绩和市场份额（如有）、过去 10 年进行任何合并或重大收购、上市地点和上市日期；详细填报股权结构、董事会成员情况、是否受到过监管处罚	两名董事信息、办公地址和两名员工信息
财务资料	提供 Excel 格式表格便于申请者填写具体财务数据	
拟议的数字银行计划	申请牌照的原因、关键业务条线、业务覆盖区域、运营职责、拟设立的数字银行与申请单位及其他企业之间的关系、董事会及管理层、说明数字银行打算服务的市场/细分市场；详细说明现有银行如何以及为何未能满足这些市场/细分市场的需求，以及资本计划和财务预测	无要求，但需要合格的商业计划书，可以联系有申请牌照经验的公司代写
风险管理计划	公司治理架构、洗钱及恐怖主义融资风险、信息技术（IT）和网络风险，以及外包方案等	
退出计划	有要求	
其他资料	包括申请单位本国的监管机构准予其在新加坡设立电子银行的许可证明，以及持股 20% 及以上股东的一系列承诺及声明	

资料来源：根据相关资料整理。

（二）"全方位经纪"的证券业

受 1997 年亚洲金融危机的冲击，2000 年 4 月马来西亚证券管理委员会发布了一项针对证券行业的改革和整顿措施，目的是提升该国证券行业的整体能力。该项改革措施主要分为两个方面：一是证券公司的整合重组，二是降低股票交易的费用。通过这次整合，证券公司数量显著减少，余下的公司被称为"全方位经纪"，即可以提供各种证券服务的证券公司，包括提供各种资本市场的服务。

根据马来西亚国家银行数据，截至 2022 年底，马来西亚共有投资银行 11 家[①]，主要涉及短期货币市场和资本增值活动，包括长短期融资、公司融资、兼并收购、股票销售和交易、资产管理、投资研究和风险投资业务。同时，投资银行也从事一部分商业银行业务，如项目融资、临时借款、循环贷款、定期贷款、发行承兑信用证、租赁、贴现和购买分期付款等。

---

① 资料来源：马来西亚国家银行，https：//www.bnm.gov.my。

（三）较成熟的保险业市场

马来西亚保险业始于 1860 年，是东盟国家中保险业较为发达的国家之一，拥有相对完善的市场参与者和较高的保险普及率。早期，马来西亚的保险市场格局分散，拥有众多小型保险企业。在 20 世纪 70 年代，保险公司数量高达 150 家左右，但在 2005 年左右，经过大批量的并购浪潮，最终稳定为 15 家大保险机构以及数家中等规模的保险公司。总体而言，马来西亚保险行业经历了初始成长、剧烈竞争及合并整合的市场演变过程。

马来西亚国家银行统计数据显示，马来西亚现有保险公司 60 家，其中寿险保险公司 15 家，一般业务保险公司 22 家，一般回教保险公司 4 家，家庭回教保险公司 11 家，一般业务伊斯兰再保险公司 5 家，回教业务伊斯兰再保险公司 2 家，人寿伊斯兰保险公司 1 家。[1]

二、金融市场结构

（一）以政府证券为主、价格稳定的货币市场结构

在工具结构方面，马来西亚货币市场交易主要以政府证券、流通存款票据、银行承兑汇票、国家银行票据为主，其中政府证券交易量占据货币市场交易量的主要部分，而国家银行票据的交易量波动较大。

在价格结构方面，马来西亚商业银行、投资银行的存贷款利率变动走势较为一致。1997 年以后，市场整体利率开始由高位向下滑落，并一直保持在各自的合理范围中，并未出现明显波动。

与商业银行、投资银行的存贷款利率不同，马来西亚的各类货币市场工具结构和价格结构的整体相似度很高，保持着强烈的变动一致性。

（二）多层次、规模稳定的资本市场结构

吉隆坡证券交易所（Kuala Lumpur Stock Ex‐change/Bursa Malaysia，KLSE），创立于 1973 年。经过半个世纪的打造，KLSE 已发展成为亚洲最大的证券交易所之一，汇集了超过 800 家上市企业，为马来西亚投资者、全世界投资者提供了一个安全、高效、投资组合多样、具有吸引力的投资目的地。2004 年，此交易所更名为马来西亚交易所（Bursa Malaysia）。

目前，资本规模较大的企业主要挂牌交易板市场，而中型企业则倾向于挂牌二板市场。从上市公司数量角度，1988—2005 年，上市公司数量不断增加，2007 年最高达到 1036 家，此后，总体规模虽有所减少，但仍然维持在 800 家以上（见图 5‐

---

① 资料来源：马来西亚国家银行，https：//www.bnm.gov.my。

5）。从多层次资本市场市值角度，以主板市场为绝对主导，约占交易所交易市值的95%以上①，二板市场、创业板市场的潜在发展空间巨大。

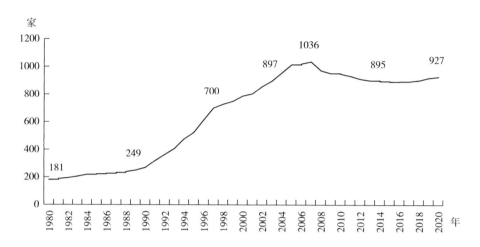

图 5 - 5　1980—2020 年马来西亚上市公司数量

（资料来源：世界银行，https：//data. worldbank. org）

马来西亚债券市场主要以政府证券、中期票据和政府投资债券发行为主。其中政府证券是马来西亚政府发行的有价债务工具，主要用于从国内资本市场筹集资金。除马来西亚政府证券外，本地企业通过发行债券、中期票据和商业票据等，充分利用债券市场实现多元化的融资目标。

三、融资结构

（一）企业融资：直接融资与间接融资并重

2007—2021 年，马来西亚直接融资占比整体有所下降，企业融资由直接融资主导，逐步转向间接融资、直接融资并重的市场结构（见图 5 - 6）。

就直接融资结构而言，表现出明显的"重债轻股"特点，除 2013 年外，其余年份的股权融资占比存在一定的波动现象，但进入 2014 年以后，股权融资占比始终保持着低于 20% 的水平，其中 2019 年、2021 年和 2022 年三年甚至出现占比低于 10% 的现象（见图 5 - 7）。

就间接融资结构而言，商业银行贷款成为企业间接融资的主要来源，占比约为50%。近年来，伊斯兰银行企业贷款占比逐渐增加，2021 年其在间接融资中的占比将近 40%（见图 5 - 8）。

---

① 资料来源：马来西亚交易所（Bursa Malaysia）官网，https：//www. bursamalaysia. com/cn。

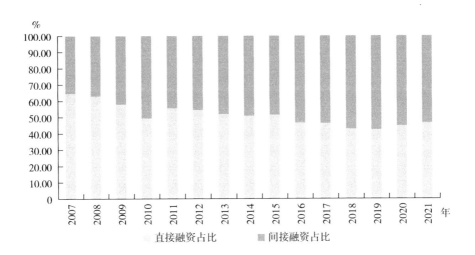

图 5 - 6   2007—2021 年马来西亚的融资结构

（资料来源：马来西亚国家银行，https：//www.bnm.gov.my）

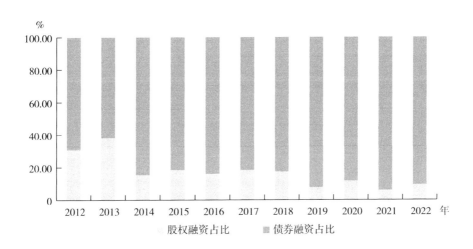

图 5 - 7   2012—2022 年马来西亚的直接融资结构

（资料来源：马来西亚国家银行，https：//www.bnm.gov.my）

（二）居民融资：资金需求趋于旺盛

通常而言，居民（家庭部门）部门属于资金供给方，资金需求弱于其他部门。但是从马来西亚贷款结构数据来看，居民部门在银行当期贷款中占据着非常重要的位置，这与马来西亚企业外源融资所表现的"直接融资与间接融资并重"特色密切相关（见图 5 -9）。

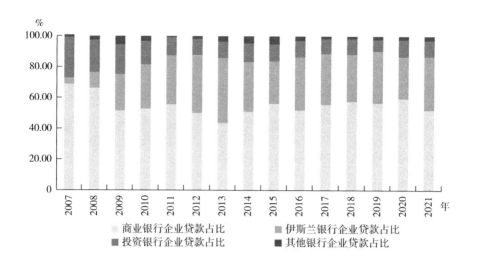

图 5－8　2007—2021 年马来西亚的企业间接融资结构

（资料来源：马来西亚国家银行，https：//www. bnm. gov. my）

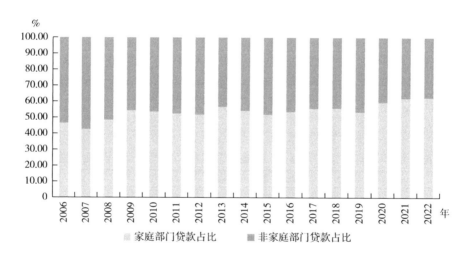

图 5－9　2006—2022 年马来西亚的家庭部门与非家庭部门的贷款结构

（资料来源：马来西亚国家银行，https：//www. bnm. gov. my）

（三）政府融资：政府债务以国内债务为主导

从内外债结构来看，马来西亚政府债务主要以国内债务为主，国内债务又主要以政府证券、投资事宜为主（见图 5－10 和图5－11）。近年来，政府证券比重呈现不断下降趋势，而投资事宜比重则不断上升，其规模已经超过政府证券发行规模，成为国内债务占比最大的构成部分（见图 5－11）。

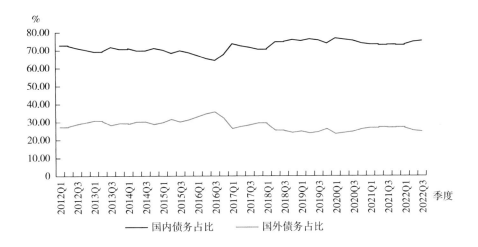

图 5－10　2012 年 Q1 至 2022 年 Q3 马来西亚债务结构

（资料来源：马来西亚国家银行，https：//www.bnm.gov.my）

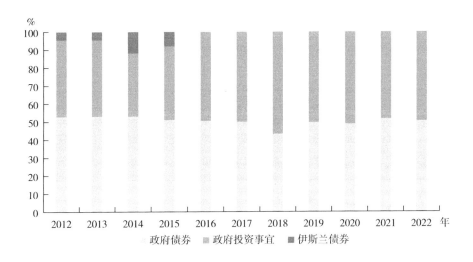

注：马来西亚政府债务中还包括伊斯兰债券等工具，但占比微小，可忽略不计。

图 5－11　2012—2022 年马来西亚政府债务结构

（资料来源：马来西亚国家银行，https：//www.bnm.gov.my）

四、开发性金融机构（Development Financial Institutions，DFIs）

马来西亚开发性金融机构属于政府设立的专业性金融机构，目的在于促进工业和农业部门的发展。开发性金融机构的主要目标是为借款者提供量身打造的长期贷款，中央政府和地方政府都以股权参与、低息贷款的形式为开发性金融机构提供资金支持。

从资产规模来看，马来西亚最大的开发性金融机构为朝圣基金局，2021 年的资产规模已经超过 800 亿林吉特（与商业性金融机构相比，资产规模高于马来西亚大华银行 494 亿林吉特），全国范围内拥有大约 900 万家储户、123 家分行和超过 1000 家网点，同时在沙特阿拉伯的吉达设立办事处，隶属于马来西亚领事馆①。由图 5-12 可知，2016—2020 年，朝圣基金局的净资产稳定增长，虽然 2018 年的总收入下降后又出现稳步减少现象，但是纯利润下降后又呈现出恢复增长的趋势。

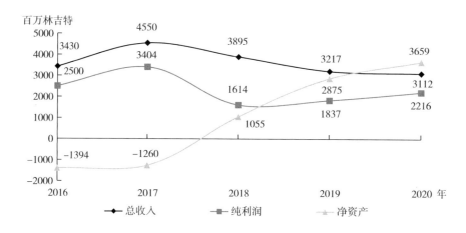

图 5-12　2016—2020 年朝圣基金局财务数据

（资料来源：朝圣基金局官网，https：//www. tabunghaji. gov. my）

2019 年，朝圣基金局的储户数和储蓄规模均出现下降现象，但又在 2020 年恢复增长趋势，这可能与新冠疫情暴发密切相关（见图 5-13）。

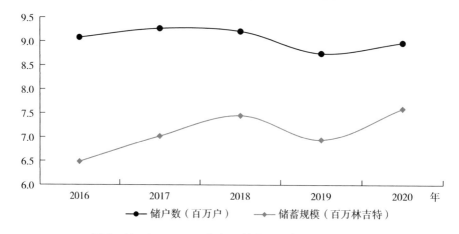

图 5-13　2016—2020 年朝圣基金局储户数和储蓄规模

（资料来源：朝圣基金局官网，https：//www. tabunghaji. gov. my）

---

① 资料来源：朝圣基金局官网（https：//www. tabunghaji. gov. my）。

在朝圣基金局成立之前，没有任何伊斯兰金融机构为马来西亚的穆斯林提供特定的朝觐储蓄和管理服务。虽然已经有几家商业银行具体运营，但穆斯林不愿意使用传统银行业务进行朝觐储蓄，因为他们希望朝觐储蓄能确保不存在高利贷现象，以便于获得朝觐。1959 年 12 月，马来西亚的一个经济学家建议成立一个服务于朝觐者的储蓄机构。1963 年，根据 1962 年第 34 号法律成立了朝圣基金局，该机构自当年 9 月 30 日起，通过设立柜台向潜在的朝觐者收取存款。而马来西亚穆斯林自幼就被教育有必要在一个符合伊斯兰教法的组织中存钱，以为朝觐进行充分准备。1963 年开始运营之初，共有 1281 名潜在朝觐者开设账户，总存款为 46610 林吉特。当时，朝觐者的主要目的在于确保储蓄拥有安全保障，不受高利贷的影响，能够实现伊斯兰教的第五支柱（Haji）——朝觐，当时完全没有考虑股息和红利因素。潜在朝圣者表现出的信心促使朝圣基金局继续升级其服务，以确保其履行集体宗教义务。

作为一家伊斯兰金融色彩颇为浓厚的开发性金融机构，朝圣基金局的最大特色在于为穆斯林提供关于朝觐的全方位金融服务，吸引更多的穆斯林使用政府提供的储蓄设施，以确保他们的储蓄是清真的、安全的。随着朝圣基金局的成立，与朝觐有关的事务变得更加简单、有序。朝圣基金局会考虑首次前往圣地的马来西亚穆斯林与朝觐有关的所有需求，其会提供包含从朝觐仪式介绍、培训课程、签证机票办理、入境申请等一系列有关朝觐活动在内的咨询服务和金融支持。此外，朝圣基金局还提供符合伊斯兰教义下的存贷服务，通过投资于符合伊斯兰教义的房地产开发及建筑、伊斯兰金融、信息技术、石油和天然气等领域获取收益。

目前，朝圣基金局的愿景是成为伊斯兰世界经济成功的支柱和卓越的朝觐（伊斯兰五项功课之一，具备条件的穆斯林应履行的宗教义务）管理者。朝圣基金局承担着六项使命：（1）增强伊斯兰民族经济；（2）积极寻求本地和全球战略投资来确保可持续增长；（3）巩固和充实存款者的资金；（4）提供优质服务；（5）促进和协助朝圣者实现朝觐；（6）提供具有竞争力的、清真的回报。

第三节　马来西亚伊斯兰金融业：独树一帜

伊斯兰金融是指符合伊斯兰教义的金融形式，包括金融机构、金融市场和金融工具 3 个组成部分。作为一种宗教信仰，伊斯兰教还是一种社会制度和生活方式。伊斯兰社会的政治、经济和生活等方面都要遵循主要源于伊斯兰教经典《古兰经》和《圣训》的伊斯兰教义（Sharia），其中也蕴含着大量的关于金融方面的教义和指导原则，包括：禁止收取和支付利息；交易不准涉足烟、酒、猪肉、武器以及经营色情、赌博等行业；强调"风险共担，利益共享"，即盈利时交易者参加分享收益，亏损时也要分担风险；禁止不当得利；禁止投机行为。早在 15 世纪以前，中东、东南亚和非洲的伊斯兰国家就开始采用伊斯兰金融制度。随着西方国家的殖民扩张，伊斯兰金融体系一度被边缘化。

在第二次世界大战结束后，随着多个伊斯兰国家获得独立，伊斯兰复兴运动开始兴起，这使金融体系遵循伊斯兰教义成为一种被重新强调的趋势。1963 年 7 月，埃及引领了建立第一家依据损益共享原则的伊斯兰银行，该银行既不收取也不支付利息，通常是直接进行投资或与其他商业和工业合作伙伴共同经营，随后与存款者共享利润与亏损。如今，绝大多数伊斯兰国家都已建立了自己的伊斯兰银行，而在英国等非伊斯兰国家和地区，伊斯兰金融业也在积极发展中。国际银行如花旗、汇丰和渣打等也纷纷开设了伊斯兰金融服务窗口。根据《2022 伊斯兰金融发展报告》，在全球伊斯兰金融资产总额构成中，银行资产占伊斯兰金融总资产的 70%，债券占 18%，基金占 6%，保险占 2%，其他金融机构资产占 4%（见图 5 - 14）。

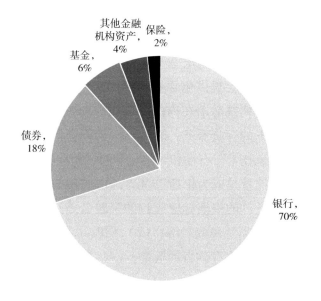

图 5 - 14 2022 年伊斯兰金融的资产总额构成情况

(资料来源：Dinar Standard 公司发布的《2022 伊斯兰金融发展报告》，

https：//www. dinarstandard. com/financial - services)

马来西亚作为伊斯兰世界中现代化成就显著、民主水平较高的国家之一，其历任政府均高度重视将伊斯兰元素融入经济发展战略中。根据全球伊斯兰经济指标，马来西亚是伊斯兰金融的全球领导者，连续 9 年在 81 个国家中排名第一。[①]

———————————

① 每日经济：《伊斯兰金融技术在东南亚的崛起》，https：//cn. dailyeconomic. com/2022/10/20/36291. html，2022 - 10 - 20。

马来西亚已发展为国际级的伊斯兰金融中心之一，建立起完善的伊斯兰金融架构，与传统的金融系统共同构成了"双系统"。在伊斯兰国家中，此种双系统是相当罕见的。在其他伊斯兰国家中，通常存在两种状况：一是完全的伊斯兰金融系统；二是传统的金融系统加上零星的伊斯兰金融机构。因此，马来西亚的伊斯兰金融特点在于其完备性与系统性，广义的伊斯兰金融体系包括伊斯兰银行市场、伊斯兰保险市场和伊斯兰债券市场三大板块。

一、飞速发展的伊斯兰银行业

（一）马来西亚伊斯兰银行的兴起

1983 年 3 月，马来西亚建立了其首家伊斯兰银行，即 Bank Islam Malaysia Berhad（BIMB），这一举措代表了一个与传统（非伊斯兰）商业银行系统并行的新银行体系的正式运行。在同一年，马来西亚还颁布了《伊斯兰银行法案》，该法案规定由中央银行负责监管伊斯兰银行的成立和业务运作。此后，1989 年，马来西亚政府进一步制定了《银行和金融机构法案》，为伊斯兰金融业的进一步发展提供了有利的外部环境。

20 世纪 90 年代，随着马来西亚国内经济快速发展，马来西亚伊斯兰银行也进入发展成熟时期，其业务规模迅速拓展，资产规模不断扩大。金融资产从 1993 年的 9.3 亿美元迅速上升至 1999 年的 78.7 亿美元，吸收的存款额从 1993 年的 3.9 亿美元上升至 1999 年的 30.8 亿美元。[①] 1999 年，马来西亚成立了第二家伊斯兰银行 Bank Mualanmat Malaysia Berhad（BMMB），同时，适时调整了伊斯兰银行系统中商业银行、金融公司的组成结构，提升了伊斯兰金融业务的规格，增设了伊斯兰银行分行，扩大了伊斯兰金融规模。

历经 30 多年迅速、全面发展，马来西亚伊斯兰银行业无论在机构数量、产品种类、国家化程度还是国际排名等方面均居全球领先位置。2022 年，马来西亚共有 17 家伊斯兰银行和 3 家国际伊斯兰银行。截至 2023 年 1 月，马来西亚伊斯兰银行总资产达 1.058 万亿林吉特。[②] 根据英国《银行家》杂志，BIMB 分别在 2022 年和 2023 年全球银行 500 强中分别位列第 408 位和 427 位，连续三年被评为年度全球伊斯兰银行。[③]

（二）马来西亚伊斯兰银行成功的原因

一是马来西亚政府不断调整其政策，采取开放和监管相结合的策略，以促进伊

[①] 资料来源：马来西亚伊斯兰银行（BIMB），https：//www.bankislam.com。

[②] 资料来源：马来西亚国家银行，https：//www.bnm.gov.my。

[③] 资料来源：银行家官网，https：//www.thebanker.com。

斯兰银行业的发展。在此过程中，政府扮演着极其重要的角色。具体来说，首先，政府响应时代的需求，及时更新或修订相关的法律法规，以建立和优化伊斯兰金融的法律架构。在 20 世纪 80 年代，马来西亚先后出台了《伊斯兰银行法》《政府基金法》《伊斯兰保险法》《银行和金融机构法案》，这些法律为马来西亚伊斯兰银行业的发展奠定了坚实的基础。2009 年，随着《中央银行法》的实施，央行的独立性和权力得到加强，同时赋予央行和政府其他机构使命，即将马来西亚打造成为国际伊斯兰金融中心，不断提高其在国际上的地位。其次，政府逐步放宽政策，推动伊斯兰银行业的发展。具体措施包括：在 20 世纪 90 年代初实行"双轨银行体系"战略，允许传统银行开展伊斯兰金融业务；2000 年推出"金融自由化蓝图"，通过市场开放和税收优惠策略吸引外资银行在马来西亚开展伊斯兰金融业务；2006 年启动"国际伊斯兰金融中心（MIFC）"计划，进一步开放伊斯兰银行业，促进马来西亚成为全球伊斯兰金融的中心。最后，政府注重加强监管，以防范和控制风险。例如，1996 年 10 月，马来西亚国家银行要求那些提供伊斯兰金融窗口的传统银行将其伊斯兰金融业务与传统业务进行分开管理，实施独立核算。1997 年 5 月，政府成立了全国伊斯兰教义顾问理事会（National Shariah Advisory Council），确立其作为马来西亚伊斯兰金融业最高伊斯兰教法权威。

马来西亚国家银行还制定了众多规范性的指导细则，这些细则涉及伊斯兰银行的资本充足性、风险控制及公司治理等多个方面。此外，该银行积极落实了巴塞尔协议以及伊斯兰金融服务委员会（Islamic Financial Services Board）推荐的指导原则。截至 2023 年 2 月，马来西亚伊斯兰银行业的资本充足率为 18.5%，不良贷款率为 1.75%①。

二是金融基础设施方面，马来西亚表现出色。正如该国国家银行前总裁丹斯里洁蒂所强调，"创新是推进马来西亚伊斯兰金融发展的关键因素"。在这方面，无论是产品和服务，还是运营和制度构建，马来西亚都位居全球伊斯兰国家的前列。该国涉足伊斯兰金融的机构众多，包括伊斯兰银行、证券公司、保险公司、基金公司等，同时也存在评级公司、会计师事务所、法律事务所等中介机构。在实行"双轨银行体系"的背景下，除了专门的伊斯兰银行，传统银行也普遍设置了伊斯兰金融窗口，这使得伊斯兰金融服务的网点遍布马来西亚。

三是马来西亚对于伊斯兰金融领域的人才培育给予了高度重视。在这方面，马来西亚不仅建立了专门的教育机构，而且在人力、资金和资源上提供了充分的支持。同时，该国还积极促进与国际和国内学术组织、产业界以及伊斯兰教法领域的战略

① 资料来源：CEIC 数据库（https：//www. ceicdata. com）。

合作，以培养各层次的伊斯兰金融专业人才。特别在战略领导层次，马来西亚政府投入5亿林吉特国际金融领导力中心（ICLIF）成立了，目的是为伊斯兰金融领域培育新一代的全球级领导者。在技术和专业人才方面，2006年3月，国际伊斯兰金融教育中心（INCEIF）成立了，它与国内外的学术机构合作，提供伊斯兰金融研究课程。同时，国家银行资助建立了伊斯兰银行与财务研究所（BFIM）和证券产业发展中心（SIDC），涵盖的课题包括沙里亚法原则、伊斯兰金融业务及风险管理等。对于监管层面的人才培养，马来西亚推出了中央银行伊斯兰金融课程（CBCIF），旨在为全球伊斯兰金融监管人员提供深入的实务操作训练及理论教育。

四是马来西亚在伊斯兰金融发展上展现出其区位优势，尤其与其他穆斯林国家，特别是与中东国家相比。作为穆斯林世界的一部分，马来西亚已经成为穆斯林和西方世界之间的沟通桥梁。一方面，自"9·11"恐怖袭击事件以来，尤其是中东地区的穆斯林国家遭受西方国家的猜疑与排斥，导致人才和资本大量流回中东及亚洲。在这种情况下，马来西亚因其地理和宗教优势，被视为穆斯林世界中的一个进步和开放的窗口。另一方面，马来西亚工业化程度较高、政治局势稳定且伊斯兰金融体系发达，相较中东国家，其遵循伊斯兰教义的方式更为温和。随着全球伊斯兰金融的发展，越来越多的非穆斯林投资者和资本正涌向伊斯兰金融领域，马来西亚因此成为西方金融机构和国际投资者进入伊斯兰金融世界的重要平台。

二、潜力巨大的伊斯兰债券市场

（一）伊斯兰债券

伊斯兰债券也被称作"苏库克"（阿拉伯语"票据"一词"Sukuk"的音译）。由于伊斯兰法规定金融交易不能涉及"不劳而获"，传统的固定收益投资方式，例如，收取和支付利息在伊斯兰经济模式中是不被允许的。但伊斯兰债券为此提供了另一种替代方案：发行方首先会将某资产的所有权凭证出售给投资者；接下来，这些投资者会以双方事先约定的费用将所有权租回给发行方，并通过租赁收益获得投资回报。从本质上而言，伊斯兰债券、传统债券存在相同之处，即债券到期后，投资者要从发行商处连本带息收回投资。时至今日，苏库克已经具有多种投资标的，但最主要的投资领域依然是能产生收入的实物资产，如基建或房产。

通常来说，伊斯兰债券具有以下特征：资产支持性（Asset-Backed）、收益稳定性、可交易性，同时符合伊斯兰教法的精神，本质上是一种信托权证。在伊斯兰债券的发行过程中，关键先决条件是，任何希望通过金融市场筹资的实体，无论是政府、企业、银行还是其他金融机构，都必须持有真实的、可用作支持的资产。对于这些支持资产的合规性审查是发行伊斯兰债券的首要步骤。按照伊斯兰教法的原则，这些支持资产不能只由债券资产本身组成。

伊斯兰债券在许多方面与传统债券相似，但它们的不同之处在于，伊斯兰债券不仅体现了发行实体的信用风险，还涵盖了资产和项目的股权部分。这种债权关系的形成依赖于所采用的特定经济合约，如基于利润分成的合同或租赁协议等。2021年，东盟地区发行的伊斯兰债券占比已经超过全球发行量的四成，主要集中在马来西亚（26%）和印度尼西亚（16%）两国，分别位列全球伊斯兰债券发行量排名的第二位和第三位（见图5-15）。

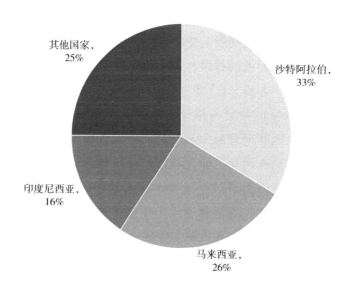

图 5-15 2021 年全球伊斯兰债券发行量的国别结构

（资料来源：伊斯兰金融服务委员会发行《2022 年伊斯兰服务业稳定报告》，https：//www.ifsb.org/index.php）

（二）马来西亚的伊斯兰债券发展和现状

伊斯兰债券的最初发行始于 1990 年的马来西亚。当时伊斯兰债券的发行量仅有 4400 万美元，由 Shell Malaysia（马来西亚蚬壳公司）发行。但是，截至 2006 年底，在马来西亚证券委员会批准发行的 116 只债券中，伊斯兰债券为 64 只，规模达到 13 亿美元。马来西亚继续主导着全球伊斯兰债券市场，2022 年 6 月，马来西亚伊斯兰债券规模占全球伊斯兰债券发行量近 30%，占全球未偿付伊斯兰债券的近 40%。①如图 5-16 所示，根据马来西亚权威信用评级机构 RAM（Rating Agency Malaysia）2022 年 6 月数据，马来西亚的伊斯兰债券市场已占据主导地位，市场份额为 39.2%，其他依次为沙特阿拉伯（20.4%）、印度尼西亚（17.5%），以上三大市场

---

① 每日经济：《伊斯兰金融技术在东南亚的崛起》，https：//cn.dailyeconomic.com/2022/10/20/36291.html，2022-10-20。

合计约占全球伊斯兰债券发行总量的 77.1%。该数据与伊斯兰金融服务委员会发行《2022 年伊斯兰服务业稳定报告》中所反映的全球伊斯兰债券国别结构大体保持一致。

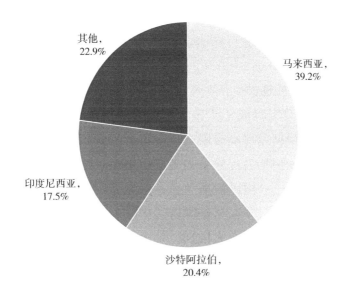

图 5 - 16　2022 年全球伊斯兰债券市场的国别结构

[资料来源：每日经济，伊斯兰金融技术在东南亚的崛起［EB/OL］，

https：//cn. dailyeconomic. com/2022/10/20/36291. html（2022 - 10 - 20）]

　　尽管马来西亚伊斯兰金融市场拥有良好发展基础，但受制于国内金融市场发展相对缓慢等因素，也存在一些较为突出的问题，如投资品种少、证券化程度低、证券流动性低以及由此造成的投资者数量少、交易规模有限等。近年来，随着马来西亚经济快速发展、金融业国际化程度提高和国际市场上对伊斯兰金融产品和服务的需求不断增加，未来的马来西亚伊斯兰金融市场正呈现广阔的发展前景。

三、以家庭保险为主的伊斯兰保险市场

（一）伊斯兰保险

　　伊斯兰保险（Takaful）的概念涉及一群人共同建立一个共有基金，目的是在成员遭受突发灾害时提供经济补偿，满足个人需求。基于这一理念，现代伊斯兰金融专家们参考了伊斯兰银行避免利息的商业模式以及世俗（非伊斯兰国家或在伊斯兰国家的非伊斯兰性质的）保险公司的运作方式，形成了伊斯兰保险行业的产品和投资策略。总的来说，伊斯兰保险产品是基于与投保人共享盈亏的原则设计的，从而避免了利用资金生息和收取利息的做法。

　　相较于传统保险，伊斯兰保险本质上是投保者之间的相互帮助团体。在此系统

中，投保人能够通过多种模式获得保险产品的部分收益，如利润分享合同、代理、混合和非盈利模式。在利润分享合同模式中，保险公司和投保人会根据预定比例分享保险基金的盈余；代理模式下，运营保险基金的人仅收取固定费用，任何盈余都归投保人所有；混合模式结合了前两者，保险操作者根据保费比例获取代理费用；而在非营利模式中，保险公司的目标不是盈利，而是仅覆盖成本，任何盈余收益都将归投保人所有。

（二）伊斯兰保险发展现状

1984 年，马来西亚政府颁布《伊斯兰保险法》，并于 1985 年成立第一家伊斯兰保险公司——马来西亚伊斯兰保险有限责任公司。1988 年，马来西亚央行行长被任命为该公司董事长，这使伊斯兰保险公司置于中央银行的监管之下。同年，马来西亚第二家伊斯兰保险公司——国民伊斯兰私人保险有限责任公司成立。马来西亚是亚洲最大的伊斯兰保险市场，并在全球伊斯兰保险市场中占据着重要地位。在本质上，伊斯兰保险与传统保险并无太大区别，其运作方式与互助保险相似：保费汇入形成一个风险基金，保险公司作为该基金的管理者收取管理费用，而投保人共同承担风险。

目前，马来西亚有三种伊斯兰保险类型：伊斯兰一般保险、伊斯兰家庭保险、伊斯兰再保险。截至 2022 年，马来西亚共有一般业务伊斯兰再保险公司 6 家，家庭业务伊斯兰保险公司 11 家，一般业务伊斯兰保险公司 4 家。[①]

四、严遵教法的伊斯兰股票市场

（一）伊斯兰股票

股票本身没有固定的期限，其盈利能力取决于公司的营业利润。在伊斯兰教法中，发行股票作为一种融资手段是被接受且鼓励的，因此，伊斯兰股票市场与传统市场的主要区别在于其对投资企业的筛选，确保它们符合伊斯兰教法的经营准则。伊斯兰股票与传统股票最显著的差异体现在两个方面：首先，伊斯兰股票要求所投资的企业须遵守伊斯兰教法，不能涉足教法禁止的行业；其次，伊斯兰股票对潜在投资企业的财务指标设有限制，例如对公司的债务水平、流动资产和最高盈利比例等进行了特定的标准化限制。

（二）伊斯兰股票市场情况

马来西亚是世界上第一个建立伊斯兰股票评测体系以及伊斯兰股票指数的国家。此后，1999 年美国道琼斯公司发布道琼斯伊斯兰市场指数（DJIWM），这一全球性

---

① 资料来源：马来西亚国家银行，https://www.bnm.gov.my。

指数囊括了所有合乎伊斯兰教法的上市公司股票。

在马来西亚，伊斯兰股票的筛选由证券委员会旗下的教法咨询理事会负责执行，这一筛选流程主要基于公司参与的行业和其财务健康状况。在初步筛选阶段，涉及违反伊斯兰教法的公司，其核心业务如酒精、烟草、猪肉及其产品、酒店、赌博、军火制造、娱乐和非伊斯兰金融行业的，通常无法通过审查。对于业务多元化的公司，筛选过程更具挑战性。在这种情况下，理事会运用定性和定量的分析方法；若企业在不合规业务中获得的税前收入及利润超过5%，其股票将不被认定为伊斯兰合规。此外，从财务层面，理事会设定了一个规则，即企业因利息所获得的资产和负债在总资产中的比例不得超过33%。但是，对于那些主营业务至关重要、对社会有益或由于非穆斯林传统涉足不合规行业的公司，这一标准可能会有所调整。由于企业的运营状态持续变化，今天符合伊斯兰教法的股票未来可能不再合适，因此理事会每六个月更新一次股票名单。

五、领先全球的伊斯兰金融科技

伊斯兰金融科技是指遵循伊斯兰教律法的金融科技。伊斯兰金融科技产品需要逐一获得认证，正在快速发展但仍处于起步阶段。根据 DinardStandard 和 Elipses 的《2022 伊斯兰金融科技报告》显示，全球 120 家金融科技企业主要分布于马来西亚、英国、印度尼西亚和阿联酋等国家。伊斯兰金融科技业务绝大部分集中于众筹、网贷/小额贷款，逐步延伸至区块链、数字货币等领域。坚实的伊斯兰金融业、支持性的政府政策和发达的基础设施等作为保证，马来西亚具有成为伊斯兰金融科技全球中心的潜力。

（一）产业发展基础及现状

马来西亚市场发展基础雄厚，政府主导成效显著。根据《2022 年伊斯兰金融科技报告》，马来西亚拥有 18 家伊斯兰金融科技企业，位列全球第一，其金融科技重点产业为移动支付、P2P 网贷，其中典型企业为 Ata – plus、Ethis Kapital、Sedania as – salam 等。

（二）发展机遇

马来西亚技术创新氛围浓厚，监管体系不断优化。

一是需求量巨大。首先，2010—2050 年，全球穆斯林总人口估计将从 16 亿升至 28 亿，集中于 15 ~ 25 岁，且互联网及智能手机普及率不断上升。大华银行《东盟 2021 金融科技：数字化启航》调查显示，虽然现金和转账卡/信用卡仍然是马来西亚消费者最喜欢的两种支付方式（分别为 81% 和 79%），但电子钱包则紧随其后（74%）。其次，根据东南亚互联网经济调查报告，马来西亚拥有超过 300 万数字消费者，98%的企业接受数字支付。尽管尚未公布马来西亚穆斯林支付方式的相关数据，但仍然能够从整体支付环境可知，马来西亚消费者对金融科技服务需求量日趋增加。

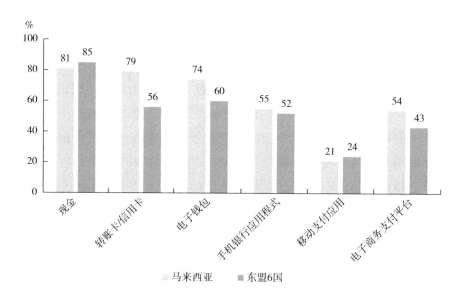

图 5 - 17　2021 年 7—9 月使用过的付款方式

（资料来源：大华银行《东盟 2021 金融科技：数字化启航》调查，

https：//www.uobgroup.com/techecosystem/news – insights – fintech – in – asean – 2021.html）

二是主流金融积极拥抱金融科技。2015 年，全球最大的伊斯兰银行之一、马来西亚规模第二大银行——联昌国际银行 CIMB 推出金融科技孵化计划。2016 年，马来西亚六家伊斯兰银行财团共建了伊斯兰银行业第一个金融科技平台（Investment Account Platform）。马来西亚国家银行还出资建立了"全球伊斯兰金融教育中心"（INCEIF）、独立研究机构"伊斯兰沙利亚研究学院"（ISRA）。

马来西亚国家银行推出了《2022—2026 年金融行业发展蓝图》，这份文件全面且细致地描述了该国未来五年金融行业的发展蓝图。蓝图强调了马来西亚致力于实现更深入的全球一体化，并继续扮演伊斯兰金融国际门户的角色。根据这份蓝图，促进金融业的数字化转型是五大战略目标之一，这包括建设面向未来的关键数字基础设施、提高数字金融服务的活力、增强网络安全的应急能力，以及推动更多技术应用于监管和监督环节。此外，其他战略目标涵盖了为经济转型提供资金支持、提升家庭和企业的金融福利、精准定位金融系统以支持平稳过渡到更绿色的经济环境，以及利用伊斯兰金融的思想领导力推动基于价值的金融发展。

三是政府重视并助力金融科技发展。马来西亚政府出台大量政策，如金融科技监管沙盒框架、P2P 网贷的监管框架等，提出要成为"伊斯兰金融/金融科技中心"。与此对应，马来西亚搭建多个伊斯兰金融科技监管机构，包括金融科技推动小组（ETEG）、伊斯兰金融科技联盟（IFA）、马来西亚国际伊斯兰金融中心（MIFC）、马来西亚金融科技协会（FAOM）等。马来西亚证券委员会（SC）与联合国资本发展基金合作，启动了伊斯兰金融科技加速器计划——"FIKRA 加速器"，旨在识别和扩展相关金融科技解决方案。① 该计划通过提高对伊斯兰金融技术的认识，为有兴趣从事金融科技职业的马来西亚人提供培训和发展机会，以有效解决该行业的人才短缺问题。

六、马来西亚伊斯兰金融特点

与沙特阿拉伯、伊朗等纯伊斯兰国家不同，马来西亚种族较为复杂且文化多元，政府主导下的伊斯兰金融形成了以下三大主要特点。

（一）伊斯兰金融与传统金融并存的双轨制金融体系

马来西亚，这个国家以多元民族、文化和宗教的混合为特色，其中马来族人口占比达到 62%，华人占 23%，印度人约占 7%。尽管伊斯兰教是该国的官方宗教，但马来西亚居民信仰的宗教并不单一。在这样的背景下，马来西亚的伊斯兰金融行业吸纳并改进了伊斯兰教法，形成了一种包容性的发展模式。一方面，在政府的推动下，伊斯兰研究中心和科学机构积极促进伊斯兰金融的现代化进程，并逐步发展出与传统金融并存的双轨金融体系；另一方面，政府致力于将马来西亚建设成区域金融中心，不断增强传统金融行业的国际竞争力。总的来看，在马来西亚的经济体系中，传统金融机构仍占主导地位，伊斯兰金融则发挥着辅助性的作用。如今，马来西亚已发展出一套完善的现代金融体系，以传统金融业务为核心，伊斯兰金融业务作为关键支柱，两者相互融合，共同向好发展。

（二）政府引领，树立全球伊斯兰金融标杆

马来西亚政府十分重视伊斯兰金融发展。2008 年，马来西亚成立了国际伊斯兰金融中心（MIFC），奠定了马来西亚伊斯兰金融的国际地位。2014 年 8 月，马来西亚证券委员会发布《可持续和负责任投资（Sustainable and Responsible Investment，SRI）伊斯兰债券框架》，该框架用于优化对环境和社会有利的商业项目的融资环境。② 2019 年，马来西亚证券委员会出台《马来西亚资本市场可持续和负责任的投资路线图》（SRI 路线图），同时修订《SRI 伊斯兰债券框架》，扩大了符合条件的

---

① 资料来源：马来西亚证券委员会官网，https：//www.sc.com.my。
② 资料来源：马来西亚证券委员会官网，https：//www.sc.com.my。

SRI 项目清单，加强了披露和报告要求。[①] 2022 年，马来西亚证券委员会出台了《伊斯兰资本市场产品和服务指南》（ICMPS 指南），整合先前发行各种指南中规定的所有伊斯兰教法要求，进一步完善伊斯兰资本市场伊斯兰教法治理框架。[②] 由此可见，马来西亚政府在政策引领、制度创新等方面，不遗余力地努力推进伊斯兰金融业务繁荣发展。

（三）加快金融科技改革，推进数字化转型

近期，金融科技，尤其是区块链、大数据和人工智能等前沿技术，正在深刻改变传统金融行业的面貌。伊斯兰金融也在适应这一时代趋势，积极探索金融科技的应用。《2022 年伊斯兰金融科技报告》显示，截至 2021 年，全球已有 15 个伊斯兰国家开展了 44 个金融科技项目。这些科技工具在金融领域的应用正变得越来越广泛，尤其是在电子交易平台搭建、P2P 网络贷款、基于区块链的债券发行以及加密货币资产等领域的发展方面。

马来西亚作为全球现代化、民主化程度最高的伊斯兰金融国家，对金融科技持有开放态度，发挥着积极引领区域金融科技转型的作用。2016 年，马来西亚政府设立金融科技监管沙盘，陆续开发应用程序编程接口（API）和电子知识客户（eKey）流程，为试行数字金融做好准备，陆续成立的各种创新性金融机构，多维度、高水平地支持着马来西亚金融科技的转型发展。

第四节　中马金融合作：源远流长

中马两国之间拥有悠久的历史往来。早在公元前 2 世纪，中国商人就前往马来半岛从事商业活动。1974 年 5 月 31 日，中马两国建交，马来西亚成为东盟国家中首个与中国建交的国家。2004 年 5 月，巴达维总理对中国进行正式访问，两国确立战略性合作关系。

中马金融合作主要分为多边框架下的金融合作与中马双边之间的金融合作。多边框架下的中马金融合作主要表现为货币互换及债券市场建设，而在双边合作框架中，中马金融合作则主要聚焦于外汇、债券市场等领域。

一、货币合作

中国与东盟货币合作始于 2000 年 5 月 4 日签订清迈协议，协议提出建立中日韩

---

① 资料来源：马来西亚证券委员会官网，https：//www.sc.com.my。
② 资料来源：马来西亚证券委员会官网，https：//www.sc.com.my。

和东盟国家的双边互换协议，从此时开始，中马货币合作正式开启。此后，中国与马来西亚分别于 2002 年 10 月、2009 年 2 月、2012 年 2 月、2015 年 4 月、2018 年 8 月签署双边互换协议，互换规模从最初的 800 亿元人民币/400 亿林吉特扩大至 1800 亿元人民币/1100 亿林吉特。

此外，2010 年 8 月，中国银行间外汇市场推出人民币对马来西亚林吉特交易，马来西亚货币林吉特成为第一个在中国银行间外汇市场交易的新兴市场货币。次月，马来西亚国家银行开始买入人民币计价债券作为国家外汇储备。根据环球银行间金融通信协会（SWIFT）报告，从 2013 年 1 月开始，人民币已经成为马来西亚使用量居于第二位的重要货币，两国货币合作尤为密切。

二、证券市场合作

证券合作通道初步形成于 2010 年 9 月，中国人民银行首次对境外机构放开投资内地银行间债市的通道，允许境外机构投资人民币债券，这一举动为境外机构依法获得人民币资金提供了一定的保值渠道，促进了跨境贸易人民币结算业务。次年 4 月，马来西亚国家银行作为第六家外国中央银行在华设立代表处，继外汇市场开放后，中方表示允许马来西亚国家银行在中国银行间债券市场进行投资。此时，中马证券合作的外部环境已经形成，民间也逐步开展一些小规模合作。2017 年，中国银河证券正式开始收购联昌证券股份，并于 2020 年底完成交割，开启了中国与东盟证券行业合作的成功先例，逐步建立起覆盖中国和东盟的跨境金融服务网络，并确立了以东南亚为核心、覆盖亚洲、关注非洲和欧美的国际业务体系。根据 2022 年知名财经杂志《亚洲货币》第 33 届年度《亚洲货币经济商民意调查》的评选结果，银河—联昌荣获 69 个奖项，包括 24 项机构奖项和 45 项个人奖项，创历史新高，在东盟核心市场保持绝对领先，被评为马来西亚的最佳本地券商、最佳研究券商、最佳销售券商、最佳企业关系券商、最佳交易执行券商、最佳 ESG 研究券商。截至 2022 年末，银河—联昌市场排名在马来西亚高居榜首，东盟国家客户数量超过 48 万，包括主权基金、公务员退休金等重要机构客户，连接着全球 35 个市场的 29 个交易所。[①]

三、金融监管合作

目前，中国与马来西亚的金融监管合作基础相对薄弱。1997 年 4 月和 2009 年 11

---

① 中国银河微信公众号：《银河—联昌荣获〈亚洲货币〉69 项大奖》，https://mp.weixin.qq.com/s/R5bom31YZiMLLZN0dLQMtQ，2022 - 12 - 12。

月，中马分别签署了证券期货监管合作谅解备忘录和银行双边监管合作谅解备忘录。中马金融合作关系日益密切，未来金融监管合作领域将持续拓展。

四、伊斯兰金融合作

随着国际金融市场上人民币计价的投资产品日趋多样化，2011 年，马来西亚主权财富基金首次发行人民币计价的伊斯兰债券，发行规模达 5 亿元人民币，主要针对传统的人民币债券投资者发行，成为中马金融合作的重要突破，为持有人民币的国内外投资者提供了可供选择的安全投资渠道。马来西亚伊斯兰金融科技孵化计划深入推行，伊斯兰金融潜力持续提升，中马伊斯兰金融合作有望加深。

本章小结

总体而言，马来西亚属于东盟国家中经济发展水平较高的国家，制造业与服务业是其支柱性产业。马来西亚金融发展水平相对较高，现已形成以商业银行为主体，投资银行、保险公司、信托投资公司、政策性金融机构及各种中介机构并存的金融组织体系。

由于深受伊斯兰文化影响，马来西亚具有一套既独立于传统金融体系，又与之高度相容的伊斯兰金融系统。马来西亚伊斯兰金融系统的发展特色，对我国将金融工作与中华优秀传统文化结合，坚定不移走中国特色金融发展之路，以高质量服务推动我国经济高质量发展，为中国式现代化全面推进强国建设、民族复兴伟业提供有力支撑具有重要参考借鉴意义。

作为我国实施"一带一路"倡议的主要共建国家，马来西亚与中国地理相近、血脉相亲、诉求相契，在多边框架及双边合作中，中马金融合作的规模和水平始终处于东盟领先地位，货币互换、外汇及债券等领域的成功合作经验尤为丰富，将为未来两国在人民币业务、金融机构间业务和伊斯兰金融服务领域的深入合作奠定扎实基础。

[第六章]

泰国金融业

2022 年，泰国 GDP 达到 4952.1 亿美元，居于东盟国家中第二位，增速为 2.6%，人均 GDP 为 7449 美元，位列东盟国家第四位。从 19 世纪开始，作为英法在东南亚殖民地的中间缓冲地，泰国金融业在西方国家的引入下逐步落地生根，几经波折后又在 20 世纪 80 年代末的金融自由化时期逐步蓬勃发展，但 1997 年亚洲金融危机爆发后又遭受重创。此后，泰国金融业汲取教训，在国际化、数字化道路上取得了令人瞩目的成绩，2016 年推出的金融科技产品——Prompt Pay，更是已经成为世界范围内增长速度最快的实时支付服务。

第一节　泰国金融业：发展历程和金融体系

一、泰国金融业发展历程

泰国金融业发展经历了诸多波折。自 20 世纪 40 年代建立以后，泰国金融体系经历了六七十年代的政府严格保护时期、80 年代末至 90 年代初的金融自由化时期、90 年代末的金融危机时期及危机爆发后的治理及恢复时期。

早在 1888 年，英国人就建立了泰国第一家商业银行——汇丰银行，随后，伦敦渣打银行、法属西贡东方汇理银行等均在曼谷开设分行，金融业开始在泰国生根发芽。进入 1933 年，新成立的泰国财政部发行了第一只国内政府债券，这只债券的成功发行标志着泰国债券市场的正式诞生。为了稳固本国金融行业发展，1939 年泰国成立国家银行局（1942 年更名为泰国银行），开始履行中央银行职能。货币市场初步形成后，1962 年，泰国成立曼谷证券交易所（1991 年更名为泰国证券交易所），资本市场逐渐完善。此时，随着金融自由化推广，泰国经济突飞猛进，金融行业呈现出蓬勃发展的态势。

1997 年，亚洲金融危机爆发后，泰国金融业遭受重创，历经几年整顿治理和休养生息后，2001 年，泰国制定了资本市场发展整体规划，开始有计划、分步骤地发展金融业以促进国民经济发展。此后，泰国中央银行于 2012 年、2017 年、2020 年分别发布泰国银行战略计划，根据三份战略计划，可以归纳出以下三个阶段的发展规划：第一阶段（2012—2016 年）加强资本监管力度，降低商业银行在金融系统中的核心地位，大力发展证券市场；第二阶段（2017—2019 年）实现泰国可持续经济福祉，为经济和金融体系奠定发展基础，2019 年泰国证券交易所和中国深交所签署备忘录，合作建立"中泰中小企业资本市场服务计划"；第三阶段（2020—2022 年）提出要实现金融系统的快速数字化转型。在以上三份战略计划的积极推动下，泰国金融业发展稳中向好，尤其是债券市场前景广阔。

二、泰国金融体系

（一）金融机构体系

金融机构作为资本调动和经济资源分配的中介以及支付和结算服务的提供者，在一国经济发展中发挥着非常重要的支撑作用。一个发达、高效和稳定的金融机构体系是支持经济可持续发展的关键所在。泰国主要有两种类型的金融机构：第一类为存款性金融机构，如商业银行、特殊金融机构（SFI）、储蓄公司和信用合作社以及货币市场共同基金；第二类为非存款性金融机构，如共同基金、保险公司、公积金、资产管理公司和证券公司（见表 6 - 1）。

表 6 - 1　　　　　　　　　截至 2018 年 9 月泰国金融机构的构成情况

金融机构类型		数量（家）	资产占总资产的比重（%）	合计（%）
存款性 金融机构	商业银行	30	45.6	68.4
	特殊金融机构	6	15.3	
	储蓄合作社和信用合作社	1995	6.9	
	货币市场共同基金	37	0.6	
非存款性 金融机构	共同基金	1376	11.2	31.6
	保险公司	83	9.0	
	租赁公司	851	1.9	
	信用卡和个人借贷公司	39	2.4	
	储备基金	380	2.7	
	政府养老基金	1	2.0	
	资产管理公司	52	0.7	
	证券公司	47	0.9	
	农业合作社	3426	0.6	
	典当行	660	0.2	

资料来源：泰国中央银行，https：// www. bot. or. th。

商业银行是泰国金融体系的重要支柱，提供现金管理、资金运营、投资、大中小企业业务、零售业务金融服务，并且涵盖证券、保险、租赁、租购、保理、基金管理和私人财富管理金融产品等全功能金融服务，由泰国银行（泰国中央银行，BOT）负责监管。截至 2022 年底，泰国商业银行体系涵盖了 14 家全功能银行、1 家零售银行、4 家外国银行子银行和 11 家外国银行分行，总资产占泰国金融机构总资产的 45.6%，其中规模最大的五家银行——泰京银行（KTB）、盘谷银行（BBL）、汇商银行（SCB）、开泰银行（KBANK）和大城银行（BAY）等占比约 31.92%，其他商业银行占比约 13.68%，上述五大商业银行资产规模约占整个商业银行体系资产规模的 70%（见图 6-1）。按照泰国现行监管政策，外国银行子银行最多可设立 40 个营业点，而外国银行分行在分行数量（最多可设立三家分行）、国内融资等方面都受到较多的限制。[1]

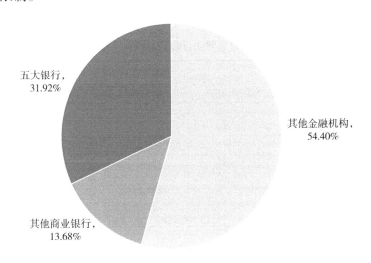

图 6-1　2022 年泰国金融资产结构占比情况

（资料来源：泰国中央银行，https：//www. bot. or. th/English/Pages/default. aspx）

特殊金融机构是支持政府落实经济政策、向特定群体提供金融支持的政策性金融机构，由财政部监管，包括政府储蓄银行（GSB）、农业合作银行（BAAC）、政府房屋银行（GHB）、泰国进出口银行（EXIM）、泰国中小企业发展银行（SME Bank）和泰国伊斯兰银行（iBank），其服务范围涵盖住宅信贷、中小企业信贷、进出口信贷以及小额信贷等。特别金融机构能够为各类客户服务，特别是无法从商业银行获得信贷的低收入客户群体。截至 2018 年 9 月，特殊金融机构的资产规模占泰国金融

① 中国国际贸易促进委员会官网：《泰国金融体系包括哪些》，https：//www.ccpit.org/thailand/a/20211228/20211228v6mp.html，2021-12-28。

机构总资产的 15.3% 。[1]

非存款金融机构包括由泰国银行（BOT）监管的财务公司、房地产信贷公司，由保险业监管委员会和财政部监管的人寿保险公司以及由农业与合作社部监管的农村信用合作社，以及消费信贷公司、金融租赁公司等。截至 2022 年末，泰国非存款金融机构的资产规模达到金融机构总资产的 31.7% 。[2]

（二）金融监管体系

泰国拥有较为完善的金融监管制度，如表 6-2 所示，不同的金融机构运营由相应的金融监管机构以及法规负责监督和约束。特别需要指出的是，《新金融机构业务法》规定金融监管职能分别隶属于财政部、泰国中央银行和证券与外汇委员会等政府机构，即混业经营模式下，泰国实行财政部和中央银行"双核心"多机构金融监管体制。随着金融行业综合化和混业经营程度越来越高，统一监管模式将成为未来泰国金融监管体制的演进方向。

表 6-2　　　　　　　截至 2023 年 6 月泰国现行的监管体系及法律法规

分类	机构	监管者	法律法规
中央银行	泰国银行	财政部	《泰国银行法修正案》
商业银行	内资商业银行	泰国银行	《金融机构业务法》
	内资零售银行		
	外资银行分行、子行		
其他存款性金融机构	金融公司	泰国银行	
	小额贷款公司		
国有专门金融机构 SFI	国民储蓄银行	财政部、泰国银行	《国民储蓄银行法》
	农业合作银行（BAAC）	财政部、泰国银行	《农业和农业合作银行法》
	国民住房银行	财政部、泰国银行	《国民住房银行法》
	泰国进出口银行	财政部、泰国银行	《泰国进出口银行法》
	泰国中小企业发展银行	财政部、泰国银行	《泰国中小企业发展银行法》
	泰国伊斯兰银行	财政部、泰国银行	《泰国伊斯兰银行法》
非银行金融机构	小企业信用担保公司	财政部、泰国银行	《小企业信用担保公司法》
	次级抵押公司	财政部、泰国银行	《次级抵押公司法》
	泰国资产管理公司	财政部、泰国银行	《泰国资产管理公司紧急法令》
	资产管理公司	财政部、泰国银行	《资产管理公司紧急法令》
	货币汇兑	财政部、泰国银行	《货币汇兑法》
	共同基金管理公司	证券与外汇管理委员会	《证券与外汇法》

① 资料来源：泰国中央银行，https：//www.bot.or.th。
② 资料来源：泰国中央银行，https：//www.bot.or.th。

续表

分类	机构	监管者	法律法规
非银行 金融机构	人寿保险公司	财政部、保险管理委员会	《人寿保险法修正案》
	农业合作社	农业合作促进办公室农业部	《合作社修正案》
	储蓄合作社	证券与外汇 管理委员会	《赔偿基金法》
	赔偿基金		
	社会保障基金	劳工部	《社会保障基金法》
	典当铺	内政部	《典当铺修正法》

资料来源：泰国中央银行，https://www.bot.or.th。

（三）金融市场

泰国金融体系的另一个重要组成部分是金融市场。作为借贷和投资交易的中心，金融市场主要由资本市场、外汇市场和衍生产品市场三个市场共同组成，在泰国中央银行实施货币政策、国家经济发展中发挥着十分重要的作用。

1. 资本市场发展迅速

关于资本市场结构，资本市场是泰国金融市场的重要组成部分，泰国证券市场分为主板市场 SET 与二板市场 MAI。

1975 年泰国证券交易所主板（一板）市场——SET 市场开始正式运营，为上市股票、证券进行交易提供必要的交易系统，从事与证券交易有关的业务，如票据交换所、证券保管中心、证券登记员及其他服务等，以及从事证券委员会批准的其他业务。

新兴股票投资市场（MAI）从属于证券交易所的二板市场，主要为中小企业提供有选择的资金渠道，为债转股的债务重组提供方便，鼓励风险基金向中小企业投资并提供更多的投资机会和分散投资风险。泰国的 MAI 市场与中国的创业板市场类似，上市门槛相对较低，旨在为具有高增长潜力的创新企业提供融资机会，也为投资者带来更多的投资选择。因此，MAI 市场绝大部分为中小型企业或高成长型企业。综上所述，泰国与中国资本市场结构具有鲜明对比，如表 6-3 所示。

表 6-3　　　　　　　　　中泰资本市场的结构对比

泰国资本市场结构	中国资本市场结构
主板市场：泰国证券交易所 SET	主板市场：上海证券交易所、深圳证券交易所
二板市场：新兴股票投资市场 MAI	中小板、二板市场：深圳证券交易所
	新三板：全国中小企业股份转让系统
	四板市场：地方股权交易中心、上海股交中心、浙江股交中心、辽宁股交中心……

关于投资者结构，虽然市场规模较小，但 SET 的平均日成交量位居东盟第一位，

成为东盟国家中流动性最强的市场，规模将近新加坡证券市场成交量的两倍（见图6-2）。实际上，泰国证券市场的高活跃度与其特殊的投资者结构密切联系。

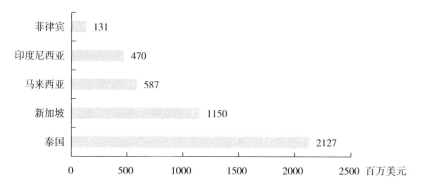

图6-2　2020年东盟五国证券市场的日均成交量

（资料来源：泰国证券交易所，https：//www. set. or. th）

根据SET的统计，泰国证券市场中外国投资者所占份额为40%，本土散户仅占37%。较高的开放度和大量的外国投资者，一方面为泰国证券市场提供了足够规模的交易量，另一方面带来了更多的潜在收益机会。泰国证券市场的外国投资者话语权重，甚至从2022年最后一个月开始，外国投资者已连续八个月控制了SET的最大交易价值份额（见图6-3）。[①]

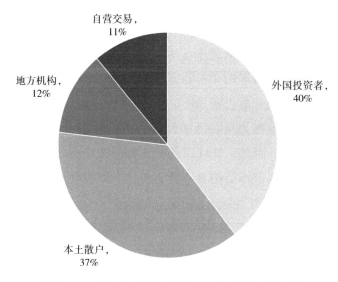

图6-3　2022年泰国证券市场日均交易的价值结构

（资料来源：泰国证券交易所，https：//www. set. or. th）

---

① 泰国商业新闻网：《2022年12月SET市场报告》，https：//cn. thailand - business - news. com/xinwen - fabu/ 96088 - 2022 - % e5% b9% b4 - 12 - % e6% 9c% 88% e5% b8% 82% e5% 9c% ba% e6% 8a% a5% e5% 91% 8a，2023 - 01 - 12。

　　自 SET 成立以来，泰国上市公司数量经历了飞速增长到逐渐平稳的过程（见图 6-4）。截至 2022 年底，泰国主板、创业板总共上市公司数量为 810 家，其中主板 612 家、创业板 198 家，创业板总市值约 163.29 亿美元（5353.79 亿泰铢），位列东南亚第二。2016—2022 年 SET 指数较为稳定，均在 1550 上下，SET 日成交额约 20 亿美元（654 亿泰铢），2022 年底 SET 指数为 1540.42，主要受新冠疫情影响，较年初指数降低约 20%。① 截至 2022 年底，泰国证券交易所日成交量达 6661 亿泰铢，主板总市值约 5234.4 亿美元（17.2 万亿泰铢），仅为上海交易所总市值的十分之一。② 与中国、美国等世界领先水平的交易所相比，SET 的市场规模不属于同一个量级，在世界范围内排名第 30 位左右。③ 东盟十国中，泰国 SET 市值规模仅次于新加坡交易所。

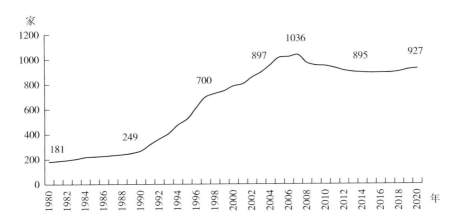

图 6-4　1980—2020 年泰国上市公司数量

（资料来源：世界银行，https://data.worldbank.org）

　　目前，泰国交易所是亚洲四大公开招募（IPO）场所，在东盟国家中排名第一，发行规模达到 1278.4 亿泰铢。截至 2022 年末，泰国证券交易所的远期市盈率为 16.1 倍，高于亚洲股市 12.2 倍的平均水平。历史市盈率为 14.5 倍，超过亚洲股市 12.0 倍的平均水平。④

---

　　① 泰国商业新闻网：《2022 年 12 月 SET 市场报告》，https://cn.thailand-business-news.com/xinwen-fabu/96088-2022-%e5%b9%b4-12-%e6%9c%88的%e5%b8%82%e5%9c%ba的%e6%8a%a5%e5%91%8a，2023-01-12。

　　② 资料来源：泰国证券交易所，https://www.set.or.th。

　　③ 知乎：《泰国的证券市场》，https://zhuanlan.zhihu.com/p/416570787，2021-10-03。

　　④ 泰国商业新闻网：《2022 年 12 月 SET 市场报告》，https://cn.thailand-business-news.com/xinwen-fabu/96088-2022-%e5%b9%b4-12-%e6%9c%88的%e5%b8%82%e5%9c%ba的%e6%8a%a5%e5%91%8a，2023-01-12。

2. 其他子市场逐步完善

由于深受 1997 年亚洲金融危机的影响，泰国对外汇交易市场和衍生品市场监管趋于严格。泰国中央银行一直秉持着维持汇率稳定的方针，不会在某个时段制定具体汇率目标，但会严格监督和确保汇率水平与经济基本面相符。

泰国期货交易所（TFEX）是泰国证券交易所（SET）根据《2003 年期货法》于 2004 年 5 月 17 日注册成立的子公司。作为期货或衍生产品的交易中心，TFEX 的使命是成为各类证券衍生品世界一流的交易所，旨在打造成为一个易入、高效、透明度高的市场基础架构交易平台。TFEX 不仅通过优质服务和创新产品使客户受益，而且已经为泰国经济作出巨大贡献，提高了国际竞争力。根据国际期货业协会（FIA）统计，TFEX 在全球交易所排名第 26 位[①]，主要交易商品包括股指型、黄金、利率、美元和橡胶期货。2022 年，泰国期货交易所（TFEX）日均交易量为 565627 份合约，较上年增长 0.9%，主要是受 SET50 指数期货交易量上升的推动。2022 年 12 月，由于个股期货交易量激增，TFEX 的日均交易量同比增长 36.7%，交易合约数达 690014 份。[②]

（四）伊斯兰金融市场

早在 1987 年，泰国南部的北大年就建立了北大年伊斯兰储蓄合作社，截至 2001 年，该合作社资产已达 9000 万泰铢。[③] 此后，泰国又陆续建立了四家伊斯兰储蓄合作社。1998 年，泰国政府储蓄银行开始开设伊斯兰金融业务窗口，提供伊斯兰金融服务。1999 年，泰国农业银行和农业合作社也开通了伊斯兰金融窗口，全方位地提供伊斯兰金融业务。2002 年，泰国通过伊斯兰银行法令，为泰国伊斯兰银行的建立铺平道路。2004 年，国会通过伊斯兰银行管理条例，2005 年 8 月，首家伊斯兰银行在泰国正式对外营业。2009 年 4 月，泰国股票交易所（SET）和英国富时指数（Financial Times Stock Exchange）共同创建了"FTSESET 沙里亚指数"，该指数可以用于广泛的伊斯兰产品，具体包括资金、贸易交换资金和其他与指数相关的产品。

---

① 资料来源：元大期货（香港）官网（https：//www.yuantafutures.com.hk/cn）。

② 泰国商业新闻网：《2022 年 12 月 SET 市场报告》，https：//cn.thailand-business-news.com/xinwen-fabu/96088-2022-%e5%b9%b4-12-%e6%9c%88%e5%b8%82%e5%9c%ba%e6%8a%a5%e5%91%8a，2023-01-12。

③ 骆永昆：《全球化背景下的东南亚伊斯兰金融》，东南亚纵横，2010（06）：50-55。

第二节 亚洲金融危机中的泰国：损失惨重

一、泰国金融危机始末

（一）危机前发展迅猛，春风得意

20 世纪 90 年代，泰国的经济增长在东南亚各国中一度令人瞩目。1990 年 4 月，泰国正式接受国际货币基金组织协定的有关义务，取消了经常项目下的国际支付限制。次年，泰国开始减少资本项目交易的外汇管制。尤其是 1993 年，泰国在资本项目下做出两大重要举措：一是开放离岸金融业务，推出曼谷国际金融安排（BIBF）。根据这一安排，持牌的 15 家泰国商业银行和 35 家外国商业银行可以从国外吸收存款和借款。二是允许非泰居民在泰国商业银行开立泰铢账户，进行存款或借款，并可以实现自由兑换。

1990—1995 年泰国 GDP 年均增长速度高达 9.1%（见图 6 - 5），年平均出口增长率为 19.6%，政府预算盈余达到 GDP 的 3.2%，国内储蓄占 GDP 的 35%，宏观经济形势一片大好。1995 年泰国的人均收入超过 2500 美元，世界银行将之列入中等收入国家，泰国的经济发展表现堪称优异，在"亚洲四小虎"中首屈一指。

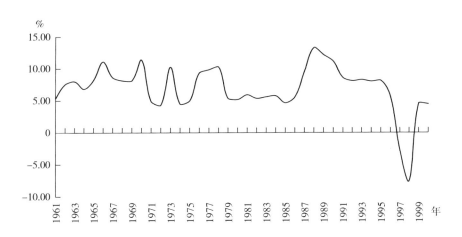

图 6 - 5　1961—1999 年泰国 GDP 年度增长率

（资料来源：世界银行，https：//data. worldbank. org）

（二）繁荣背后，隐患重重

外在繁华的背后是日渐虚弱的实体经济。泰国存在着持续近十年的经常账户赤字，1996 年泰国经常账户赤字已占 GDP 的 8.1%。由于当时泰国经济运行非常良好，经济增长和出口增长表现强劲，国际投资者一直愿意为泰国经常账户融资（见

图6-6）。

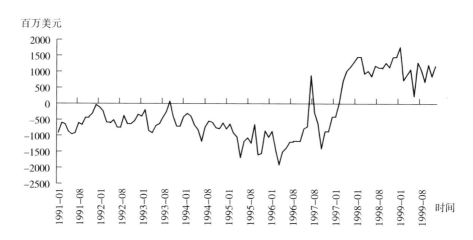

图6-6　1991—1999年泰国经常项目情况

（资料来源：艾媒智库，https：//data. iimedia. cn）

　　事实上，20世纪90年代初流入泰国的大量国外投资为短期性投机资本，很容易受到经济转向的影响而快速撤离。由于当时日本是泰国的最大投资国，美元与泰铢之间存在4%~6%的利差，而1995年日元的大幅贬值为在泰国进行日元的利差套利提供了最大化便利。同时，大量国外资本涌向房地产市场、股票市场，大幅推升了房地产价格和股票价格，资产价格泡沫已经非常明显。1993—1996年，泰国的房地产价格上涨了近400%，SET指数也在1996年1月最高冲到1410.33，达到历史高位。[①] 此后，房地产市场、股票市场陆续转入下跌阶段，给维系商业银行资产质量带来了巨大压力。

　　但是泰国政府却陷入两难境地，因为政策选择被固定汇率制度所束缚：若希望促进经济增长，就需要实施扩张性货币政策；若希望控制通货膨胀、弥补经常项目逆差，就需要采取提高利率的政策。由于担心放弃盯住美元会造成泰铢贬值，增加国内债务负担，造成企业破产、工人失业和金融机构不良贷款率上升，泰国政府最终决定提高利率，以维持盯住美元的汇率制度。

　　1995年末，泰国金融机构的存款利率、贷款利率分别达12%和13.75%，不仅为亚洲地区最高，而且超过国际平均水平2倍以上。高利率政策进一步抑制了国内投资和消费，加剧经济衰退，导致商业银行不良资产情况进一步恶化。根据泰国中央银行统计，1996年6月，泰国商业银行不良资产额已经高达1.78兆亿泰铢，不良

---

　　① 资料来源：Trading Economics（https：//zh. tradingeconomics. com）。

资产率高达 35.8%。[①]

（三）危机最终爆发，遭受重创

从 1995 年起美元进入升值通道。由于泰铢盯住美元，美元升值造成泰铢汇率持续走高，导致泰国出口增长受挫，经济增长速度放缓。1996 年，泰国出口开始下滑，经济开始出现了局部问题，但短期资本流入依旧高企，超过了抵消经常账户赤字所需要的数量，引起泰国外债规模急剧上升，1996 年泰国的外债达 1128 亿美元，占 GDP 的 62%，其中 960 亿美元为短期资本。[②]

此外，泰国金融体系实行银行主导式，但这些银行大部分由企业和家族长期控制，经营管理不善，盲目扩大房地产领域贷款规模，1996 年泰国出口增长率快速下降至 −1.9%，经济出现转向后，房地产泡沫迅速破灭，大量的不良债权涌现导致许多金融机构彻底破产倒闭，政府债务高企（见图 6−7）。随后，恐慌性的资本外逃让国际投机者窥见机会，发起对泰铢的冲击，大肆抛售。泰国政府原本可以通过货币贬值、资本管制等措施避免危机的进一步恶化，还可以通过提高泰铢的利率来击退投机者，由于担心提高利率维持汇率将使脆弱的银行体系经营持续恶化，而货币贬值又将使泰国负担的实际外债上升，只好最后任由泰铢汇率崩溃，导致危机被进一步加剧深化。

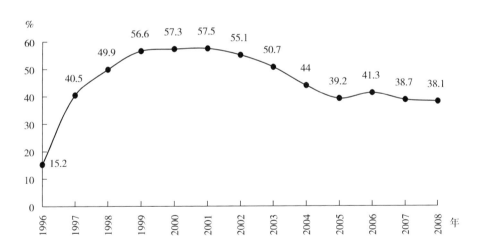

图 6−7 1996—2008 年政府债务占国内生产总值比重

（资料来源：根据泰国中央银行数据整理，https：//www. bot. or. th）

1997 年 5 月，国际货币投机商（主要是对冲基金及跨国银行）大举沽空泰铢。对冲基金沽空泰铢的远期汇率，而跨国银行则在现货市场纷纷沽售泰铢。炒家沽空

---

① 资料来源：泰国中央银行（https：//www. bot. or. th）。

② 资料来源：Trading Economics（https：//zh. tradingeconomics. com）。

泰铢，主要分为三个步骤：第一步，以泰铢利率借入泰铢；第二步，在现汇市场卖出泰铢，换入美元；第三步，将换入的美元以美元利率借出。当泰铢贬值或泰铢与美元利率差扩大时，炒家将获利。危机伊始，泰国中央银行与新加坡中央银行联手入市，采取一系列措施，包括动用 120 亿美元吸纳泰铢、禁止本地银行拆借泰铢给投机商、大幅调高利率以提高炒家资金借贷成本等。但当对泰铢汇率的攻击潮水般地袭来时，货币投机商狂沽泰铢，泰铢兑美元的远期汇率屡创新低。1997 年 6 月 19 日，坚决反对泰铢贬值的财政部长辞职。由于担忧汇率贬值，泰铢的利率急升，股票市场、房地产市场则一路狂泻，整个泰国笼罩在一片恐慌中。7 月 2 日，在耗尽了 300 亿美元外汇储备之后，泰国中央银行宣布放弃长达 13 年之久的泰铢与美元挂钩的汇率制度，实行浮动汇率制度。当天，泰铢汇率重挫 20%，亚洲金融风暴正式开始。此时，距泰国总理在电视上公开讲话发誓泰铢不贬值仅仅过去两天。

受到泰铢大幅度贬值影响，菲律宾比索、印度尼西亚盾、马来西亚林吉特相继成为国际炒家的攻击对象。泰国金融危机迅速波及包括菲律宾、马来西亚、新加坡、韩国和印度尼西亚等国在内的整个东南亚地区。金融危机期间，泰铢汇率贬值幅度高达 40%，国家对外支付能力缩水近半，共计 58 家金融机构宣布停业，数量占泰国金融机构的一半以上，存款总额占全国总存款额的 2/3 以上，超过万家企业破产倒闭，失业人数达到 270 万。

危机结束后，根据泰国政府调查显示，危机期间泰国损失财富达到 1412 亿美元，而泰国 1997 年的 GDP 不过 1136.76 亿美元。[①]

二、探究危机爆发的根源

回顾亚洲金融危机的形成和蔓延过程，1997 年泰国金融危机爆发，由多方面因素共同引发。

一是泰国经济对外依赖程度高，国际市场变动对泰国经济影响极大。当一国经济发展到一定阶段，生产成本提高，出口将受到抑制。实际上，一个国家仅仅依靠廉价的资源优势无法持续保持竞争力。在激烈的国际竞争下，贸易状况恶化，容易导致这些依靠廉价资源优势的国家国际收支不平衡现象严重，经常项目出现巨大赤字。亚洲金融危机前，泰国倡导资本密集型产业优先发展战略，以此作为经济增长的基础。但是泰国在这些产业发展上并未具备比较优势，无法与发达国家同类企业开展竞争，而一旦展开竞争，则对外贸易就容易出现赤字现象。

---

① 资料来源：《血腥的金融一：1997 年亚洲金融危机中的泰国》，https：//zhuanlan. zhihu. com/p/79183681？ivk_ sa＝1024320u，2022－09－29。

二是泰国经济结构失衡，尚未完成产业转型，国内需求不足。泰国国内大量资金主要投向房地产业，1996 年泰国外债总额为 930 亿美元，其中 730 亿美元由私人企业借入，1/3 用于房地产。① 由于房地产投资泡沫最后带来银行贷款坏账和呆账，导致实际有效需求不足，引起债务危机，成为此次金融危机发生的重要原因。此外，一国资本积累到一定阶段后，若是无法及时进行技术开发和产业升级，缺乏基础科学和创新产业的支撑，完全依赖低端制造和贸易收入，当外部需求和环境发生变动时，极易导致金融危机爆发。东南亚各国人民收入普遍相对较低，历来具有勤俭节约的传统，偏好储蓄，市场相对封闭，国内有效需求较少，过剩的产能无法完全顺利实现内部消化。

三是泰国债务结构不合理。一旦外资流出超过外资流入，而本国外汇储备又不足以弥补其不足，货币贬值就无法避免。企业扩大经营和升级初期依赖于国内借贷进行杠杆融资，一旦企业规模扩大则更多地依赖于国外借款予以支撑，造成外债高于外汇储备的现象。同时，为了吸引外资流入，泰国在条件尚未成熟时贸然实行金融市场自由化，放宽金融监管，更容易受到市场预期和信心变化的影响，出现国际短期资本大量涌入房地产和证券市场，形成了巨大的金融泡沫，导致最终拖累了国内银行业和实体经济。

四是泰国的金融监管体制不完善。泰国实施金融对外开放时，并未能建立相对应的管理体系，外汇储备数量和脆弱的金融体系难以抵御强大的国际投机资本冲击，在美元本位制的国际货币金融体系中处于完全被动的地位。在信息技术进步和金融市场全球一体化时代，国际投机者可以迅捷地利用高杠杆运作，在全球范围内进行大笔资金的跨国调动，从事投机操作，这加剧了国际金融市场的内在不稳定性和监管难度，成为导致金融危机发生的外在诱因。

五是泰国缺乏应对突发危机的准备。长期的经济高速增长，掩盖了经济运行中一些深层次矛盾，弱化了潜伏危机的注意力和警惕性，泰国政府、机构和社会公众多方都缺乏应对突发危机的心理准备和思想准备，当危机突然到来时，表现得彷徨犹豫、踌躇不前和束手无策。

三、金融危机后的治理

（一）新外国企业法的出台

由于投资环境恶化后大量资金流出泰国，留下巨大的资金缺口，经济恢复难度陡增，泰国迫切需要外资流入来填补该缺口。危机初期，泰国曾试图干预外汇市场，

---

① 张来明，张瑾：《亚洲金融危机回顾与思考》，中国经济时报，2022 - 08 - 18 (001)。

但发现无效之后，最终转向国际货币基金组织（IMF）请求援助。IMF 与泰国紧急谈判后，制定和实施了一整套危机应对政策方案，并积极提供各类援助。

在 IMF 的计划框架下，1998 年 8 月 18 日泰国发布了《外国企业法》（Foreign Business Act，FBA），并于 1999 年 11 月 24 日由泰国国王普密蓬亲自颁布实施，新的外国企业法取代了 1972 年的旧外国企业法。

通过这一项新的法令，泰国政府对外开放一些重要行业，允许外国资本能够在更大范围、更深程度地投资参与泰国经济发展。而最具代表意义的是，允许外国公司拥有银行、金融、证券公司的控股权长达 10 年之久。但是，同时规定，10 年以后外国公司任何超过 49% 的股权都必须售还泰国的投资者。

（二）11 条促进经济复苏的法令

在新外国企业法出台后，泰国进一步向外国投资者开放，在大多数行业中也允许外国投资者拥有多数所有权。然而，该法令中依然包含"只能由泰国人经营的行业"，在这些规定的行业领域中，外国投资参与仍然继续受到限制。

曾于 1995 年下台，但受亚洲金融危机爆发的影响，于 1997 年 11 月再度上台成为泰国总理的川立派，为促进经济复苏，调整经济结构，尽快解决国内金融问题，引进大量外资。1999 年在 IMF 的方案框架下，泰国出台了 11 条促进经济复苏的法令，在新外国企业法的基础上再次放宽对外资的限制（见表 6 - 4）。

表 6 - 4　　　　　　　　　　　　1999 年泰国颁布的 11 条法令

11 条法令	
1999 年商业和工业产权法	1999 年公寓法（第 3 号）
1999 年土地法修订法案	1999 年建立审判法庭破产法规和破产法案
1999 年破产法令（第 5 号）	1999 年外来企业法
1999 年社会保障法（第 3 号）	1999 年民事诉讼法修订法（第 17 号）
1999 年民事诉讼法修订法（第 18 号）	1999 年民事诉讼法修订法（第 19 号）
1999 年国有企业资本法	

在应对危机方面，11 条法令促进了泰国政府对不良金融企业的没收和拍卖，加快解决了部分银行形成的坏账。在外资限制方面，11 条法令允许外国人可在任何行业投资，掌握股权达 75%。同时，允许外国人在泰国房地产业拥有 49% 的所有权，这一比例在 2000 年 3 月又升至 100%。根据这些法令，外国人还可以拥有泰国 1 莱园（1600 平方米）的土地。以上这些举措进一步放宽了外资限制，有效地促进了泰国经济恢复。

（三）2000 年的投资新政策

2000 年的泰国已渡过亚洲金融危机爆发后的最艰难时刻，然而危机的后遗症依然严重困扰着泰国经济。金融危机过后，为了协助企业在后危机时期脱困、解决金融行业在结构调整中所出现的资金短缺问题，泰国一直致力于大力发展证券市场，以吸引外国间接投资资金流入，在投资政策上不断提供优惠，鼓励外国公司或银行在泰国进行并购活动。

过去泰国投资委员会为外资提供的优惠政策主要侧重于在税收制度上提供优惠（如免除公司所得税、机械设备进口税等），在亚洲金融危机爆发后，泰国已失去此前对外国资本的吸引力。为了在与其他国家吸引国际资本的竞争过程中取得有利地位，泰国产生了提供更具优惠待遇外资政策的外在动力。

在发展证券市场方面，泰国所采取的措施主要是减少对外商持股和投资范围的限制。自 2000 年 8 月 1 日起，泰国投资委员会实施的投资新政策使投资环境进一步获得改善。为吸引外资，修改政策的范围非常广泛，包含放宽外资进入的行业限制；提供更加优惠的授资条件；规定更为透明的审批投资项目准则；制定新版外商持股比例规定；重新划分投资区域；对重点扶持项目给予特别优惠，项目包括农业和农产品加工业、与发展科技、人才具有直接关系的企业、公共事业和基础服务业、其他工业企业；按投资取得业绩给予差异化优惠待遇；为鼓励企业在不同发展水平的地区之间进行梯度转移，提供特别的优惠待遇。

第三节　危机后的泰国金融业：数字化、国际化

经历亚洲金融危机后，1997 年泰国开始加大金融行业监管力度。根据泰国中央银行 2012 年、2017 年和 2020 年先后提出的《2012—2016 年泰国银行的战略计划》《2017—2019 年泰国银行的战略计划》《2020—2022 年泰国银行的战略计划》，泰国中央银行着重强调建立起稳固的金融环境，以实现金融的持续和包容性增长，并支持在动荡、不确定、复杂和模糊的环境中向数字化经济过渡。

一、数字化进展中大力发展金融科技

（一）机构积极支持

泰国的主要银行支持并主宰着金融科技行业发展。世界银行《泰国经济监测》指出，泰国的老牌商业银行"在内部开发自己的数字金融服务能力，或从其他公司收购这些能力，（可能会排挤）独立的金融科技公司"，"银行和金融科技公司之间的合作很大程度上局限于银行子公司或银行持有股权的公司。"

泰国历史最悠久的银行暹罗商业银行于 2021 年 11 月收购了领导市场的加密货币交易所 Bitkub Online 51% 的股份。这笔交易对 Bitkub 的估值为 350 亿万泰铢

（10.5 亿美元），使其成为独角兽（一般指成立时间不超过 10 年、估值超过 10 亿美元的未上市创业公司）。Bitkub Capital Group 创始人兼首席执行官 Jirayut Srupsrisopa 表示，该公司"不再仅仅是一家初创公司，现在正成为泰国金融业基础设施中必不可缺少的一部分"。[①]

（二）居民和企业接受度高

泰国居民对加密货币或加密代币等"数字资产"兴趣浓厚。DeFi 加密币、NFT 币、比特币、Metaverse（元宇宙）代币的趋势也正在使得泰国各种公司开始接受加密支付，如 Major Cineplex 允许使用比特币兑换电影票；The Mall Group 允许使用 Bitkub 币、比特币等兑换商品和服务。事实上，泰国法律仍然禁止加密支付，由于目前加密货币仍被视为一种波动性很大的货币，如何在数字资产金融科技发展和泰国现有法律之间取得平衡仍然成为一大挑战。

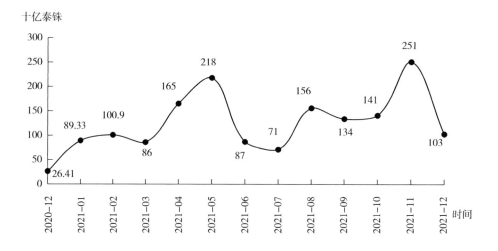

图 6 – 8   2020 年 12 月至 2021 年 12 月泰国月度数字资产交易额

（资料来源：2021 年泰国证监会数字资产市场总结报告，https：//www. sec. or. th/EN）

"电子支付""数字银行"使用频繁。泰国开泰（Kasikorn）研究中心 2021 年调查显示，与 2020 年相比，泰国消费者通过电子支付和数字银行进行转账、支付商品和服务的次数增加了 53.9%。[②] 在"数字线上贷款"方面，使用数字技术为收入不稳定的泰国居民提供贷款，如小微企业和自由职业者，仅需要提供水电支付或电商消费记录作为贷款凭证，不再需要提供个人薪资单。

---

① 大华银行：《泰国消费渴求数字货币和绿色投资》，https：//www. uobchina. com. cn/ofei/news – insights – consumer – research – thailand. page？path = data/news – insights – fintech – in – thailand – 3q – 2021，2021 – 12 – 08。

② 百家号网：《泰国金融丨产业观察丨热门金融科技（东南亚）》，https：//baijiahao. baidu. com/s？id = 1752251394837507661&wfr = spider&for = pc，2022 – 04 – 07。

P2P 平台属于电子平台提供商，在贷款方和借款人之间扮演着牵线搭桥的角色，其作用还涵盖着促进贷款合同签订以及进行各方之间的资金转移和还款。该平台已成为人们以适当的成本获得信贷的替代性手段，同时也提供了更多的投资渠道。在向财政部申请许可证之前，泰国中央银行要求任何有意开展经营业务机构必须提前在监管沙盒中测试其服务，以确保适当的风险管理和消费者保护。该监管沙盒是适应利用新技术的金融服务监管框架，在有限、明确定义的范围内，在实时环境中参与和测试采用新技术的服务，主要目标在于促进金融创新、保护消费者权益并控制可接受的风险，截至 2023 年末，泰国共计四家 P2P 企业加入监管沙盒（见表 6－5）。

表 6－5　　　　　　　　截至 2023 年末泰国监管沙盒中的 P2P 企业

序号	公司名称	加入日期
1	DeepSparks Peer Lending 有限公司	2020 年 6 月 4 日
2	NestiFly 有限公司	2020 年 9 月 28 日
3	Peer Power Platform 有限公司	2020 年 9 月 28 日
4	Daingern Dotcom 有限公司	2022 年 2 月 11 日

资料来源：泰国中央银行，https：//www. bot. or. th。

二、泰国金融业发展逐步走向国际化

（一）金融产业结构开放度提升

在银行业方面，外资银行数量占比高，但外资银行资产总额占比低。泰国银行法在外资银行设置分行数量等方面具有较多限制。外资银行子银行仅允许设立四家分行，其中一家可设在曼谷及临近地区，其余须设在外府（泰国的一级行政区是"府"，"外府"指首都曼谷以外的各府，即曼谷华人对除曼谷之外的其他 76 个府的称谓）。原则上，若想从事商业银行业务、金融业务或房地产信贷业务，该银行必须为公众有限责任公司，并拥有经泰国中央银行指定的部长批准的营业执照。外资商业银行申请执照时，还应向财政部部长呈交由法律监督检查机关开具的书面同意书。一家外资银行若想在泰国设立子行，必须以设立一个分支机构为先决条件。

由于泰国的政治持续动荡和经济增长放缓，国际投资人失望之余，正快速逃离泰国市场，泰铢也接连下跌。因此，虽然外资银行数量占全部银行数量比例较高，几乎维持在 40% 的水平，但外资银行资产占银行总资产比例偏低，2022 年该比例已不足 10%。实际上，无论外资银行资产占比，还是外资银行数量占比，两者都呈现整体下降的趋势（见图 6－9）。

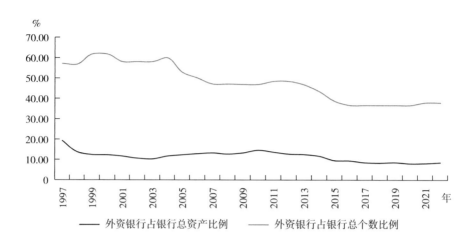

图6-9 1997—2021年泰国的外资银行资产占比和数量占比

(资料来源：泰国中央银行，https：//www.bot.or.th)

在保险业方面，对于财产保险和人寿保险领域，外资都能通过采取设立分公司或与泰国保险公司合资形式进入泰国保险市场。为缓解本国资本不足，改善保险公司财务状况，2012年保险委员会办公室（以下简称OIC）将外资股比上限从25%提高至49%。外国保险公司若想进一步提高持股比例，需要获得OIC和财政部特批。为了提高行业竞争力，OIC鼓励保险企业并购，且已经暂停发放新的营业许可，因此，事实上外资进入泰国保险市场仅仅允许进行增资和股权投资。

（二）金融市场开放程度高

泰国股票市场投资者分为四类——本地机构、自营交易（通过自有资金买卖股票的投资公司或证券公司）、外国投资者和个人投资者。泰国股票市场开放度较高，外国投资者买卖股票交易金额均为市场总额的40%（见图6-10）。从2016年7月20日起，泰国中央银行还允许本国企业及个人直接投资国外证券市场，进一步开放金融市场。

（三）金融对外依存度高

一个国家外债规模与金融发展相互适应、相互促进。泰国早年不断提高对外开放程度，吸引外资流入，推动外债规模增长，促进了本国金融业发展，但也大幅度地提高了金融业对外依存度。1997年，泰国爆发金融危机的重要原因之一是外债（特别是短期外债）比例过高。1997年1月，外债在政府债务中占比达74.8%，1997年5月，峰值时达90.5%。亚洲金融危机后，泰国政府和中央银行吸取教训，严格管控外债的规模、期限和结构。1998年下半年以后，泰国政府开始压缩外债规模，外债占比出现拐点式下降，政府债务开始转向内向型结构。2008年国际金融危机时外债占GDP比例有所下降，之后又呈上升趋势，主要是由于长期外债大幅增加（见图6-11）。

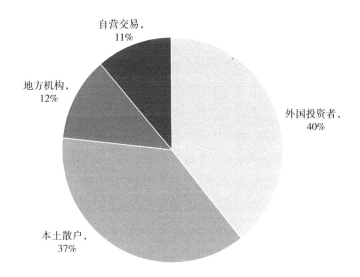

图 6 – 10　2022 年按投资者类型划分的泰国股票市场日均交易结构

（资料来源：泰国证券交易所，https：//www. set. or. th）

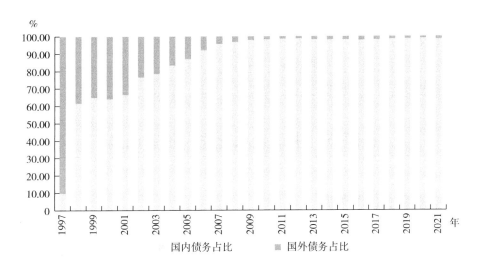

图 6 – 11　1997—2021 年泰国债务结构情况

（资料来源：泰国中央银行，https：//www. bot. or. th）

（四）金融科技实现国际化

由于便利性、速度、安全性和低成本，Prompt Pay 改变了泰国数字支付的游戏规则。自 2016 年推出以来，注册率和交易数量不断增加，新冠疫情暴发期间，人们最大限度地减少了现金敞口并转向在线交易方式，其受欢迎程度更是急剧攀升，成交量翻倍增长，2021 年总成交量超过一百亿美元（见图 6 – 12）。而根据 Statista 数据库显示，截至 2021 年 7 月，Prompt Pay 注册用户达到 6220 万，覆盖了近九成的泰国民众。截至 2021 年 8 月，Prompt Pay 平均每日交易额为 8550 万泰铢（约 255 万美元），成为世界范围内增长速度最快的实时支付服务供应商。

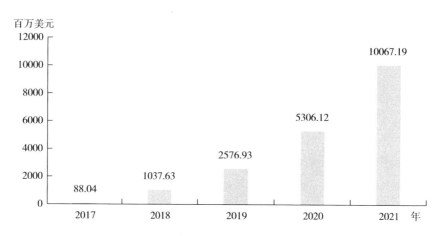

图 6 - 12　2017—2021 年泰国银行 Prompt Pay 成交量

（资料来源：Statista 数据库，https：//www. statista. com）

在国内取得成功之后，泰国银行（BOT）已将 Prompt Pay 业务覆盖范围扩大至其他东盟国家，作为东盟支付连接计划的重要组成部分，与东盟以外的国家陆续建立联系，尤其是与泰国经济依存度高，且拥有大量移民工人和游客的国家。跨境支付的应用场景包括跨境二维码支付、跨境资金转账，以相对较低的费用实时执行。

第四节　中泰金融合作：根基尚浅

一、中泰金融合作现状

（一）中央银行和监管机构合作

早在 2006 年 10 月，中泰两国中央银行共同签署了《跨境银行监管合作谅解备忘录》，两国银行和监管合作关系开始确立。中央银行合作主要方式是签署双边本币互换协议，为此中泰分别于 2011 年、2014 年、2018 年、2021 年签署双边本币互换协议，货币合作日益密切。此外，2014 年中国人民银行与泰国银行（BOT）还共同签署了在泰国建立人民币清算安排的合作备忘录。

（二）商业性金融机构的合作

泰国金融业对外开放程度高，中国银行机构先后布局泰国。早在 1994 年中国银行就在曼谷开设分行，资本金 35 亿泰铢，但直至 2012 年，中国银行曼谷分行才再次开设拉差达分行，2014 年 8 月，曼谷分行转为子行，成为第一家进入泰国市场的中国商业银行。2005 年，泰华农民银行与中国银联卡携手合作，成为泰国首家开通受理银联卡业务的商业银行。此后，2010 年 4 月中国工商银行通过要约收购方式收购 ACL 银行 97.24% 的股份（7 月正式更名为中国工商银行泰国股份有限公司）。而泰国最大的商业银行盘古银行 2009 年 12 月成立盘谷银行（中国）有限公司，在上海正式营业，成为首家布局中国的泰国银行，截至 2023 年 1 月，该行在中国已经共计开设 5 家分行。

目前，中泰证券业和期货业合作仅仅停留于签订合作谅解备忘录的水平。2009 年 11 月，深圳证券交易所与泰国证券交易所签订合作谅解备忘录。2013 年 6 月，郑州商品交易所与泰国农产品期货交易所签署合作谅解备忘录。

（三）民间机构金融合作

2017 年 9 月 15 日，京东金融宣布与泰国尚泰集团有限公司成立合资公司，为泰国及东南亚地区消费者提供金融科技服务。合资公司 50% 的投资来自尚泰集团，其余部分来自京东集团、京东金融及京东集团印尼电商业务的战略合作伙伴——Provident Capital。京东和京东金融主要提供技术支持，涵盖技术、电商和物流以及金融科技等领域，拥有 9 个业务集团、在泰国及海外有超过约 8 万名员工的尚泰则依托其零售和渠道优势，提供全渠道服务和支付场景支持的实体商店网络、丰富的品牌关系和商家资源等。

根据该计划，合资公司初期将以支付业务为核心，运用京东金融全球领先的移动支付技术，结合泰国消费实际情况，提供更为本地化的支付产品和服务。未来，双方或将业务拓展至消费金融、供应链金融、保险、理财等多个领域。但是 2023 年 1 月 30 日泰国京东（JD CENTRAL）在官方账号发布公告，对外正式宣布 JD CENTRAL 将于 2023 年 3 月 3 日起停止在泰国运营。公告中专门说明，上述决定符合京东旨在通过构建以配送及运输为主的跨境供应链网络、着重于拓展及发展海外市场业务的政策。与此同时，JD CENTRAL 感谢所有客户、商家、用户、合作伙伴及员工一直以来的支持与陪伴。

本章小结

泰国金融业的高度对外开放，既助推了 20 世纪 80 年代泰国经济实现腾飞，也为 1997 年亚洲金融危机爆发埋下潜在隐患。在自由流动的金融市场中，泰国本应该选择浮动汇率制并放松实施利率管制，但这必须以泰国并不具备的强大的经济实力和充足的外汇储备作为前提条件。因此，泰国经济增速放缓时，利率水平高且泰铢汇率被严重高估，国际外资纷纷涌入，使得固定汇率制崩盘，引发金融危机，而不合理的产业结构进一步放大了危机的社会危害。

此后，泰国出台了新外国企业法、11 条促进经济复苏法令和 2000 年投资新政策等一系列措施稳固国内的经济金融环境，并开始积极引导泰国金融业向数字化、国际化过渡。对于数字化，泰国政府积极推动 Prompt Pay 移动支付平台，2021 年，该平台建设成为世界范围内增长最快的实时支付服务供应商。对于国际化，泰国推出《投资促进法》、东部经济走廊、特别经济区等一系列投资计划或策略，进一步加快国家经济金融的国际化步伐。

总体而言，金融业已经成为泰国经济增长的重要驱动力之一，具有巨大的发展潜力。泰国政府未来需要采取更多的措施，着力加强监管和市场参与领域的持续改进，为国家经济实现可持续发展继续作出更大贡献。

[第七章]

印度尼西亚金融业

印度尼西亚金融业发展于国家独立之后，以印尼境内原荷兰及其联盟的多所金融机构收编国有为始，逐步形成属于印度尼西亚自己的银行业，后续经过全面改革，整体金融板块趋于规范，现阶段的综合实力在东盟十国中排名靠前。近些年来，随着全球金融科技快速发展，印度尼西亚充分利用国内外先进资源，注重金融业的数字化转型，加强与中国合作，不断克服专业人才培养难、非法金融公司野蛮生长等问题，金融业发展趋于稳中向好。

第一节　印度尼西亚金融市场：古往今来、独具一格

一、印度尼西亚金融的发展历程

（一）形成时期

印度尼西亚共和国于 1950 年 8 月 17 日正式成立。20 世纪 50 年代，印度尼西亚政府将荷兰及其联盟的数家金融机构国有化，成立了属于自己的银行，印度尼西亚银行业由此正式诞生。20 世纪 60 年代苏哈托政府上台后为了满足经济发展的需求，决心建立一套完整、合理的金融体系。1967 年印度尼西亚政府制定了第一部银行法，该法规定国有银行在金融体系中居于核心地位，发挥着绝对的领导作用。当新的商业银行组建时，国有银行、私营银行都能够成为股东，参与市场化经营活动。在新的银行法规下，外资银行又重新进入印尼金融市场。此后，为了进一步利用外资增强经济实力，自 1972 年起，印度尼西亚政府开始促成国内有关金融机构与外资银行合作，"非银行金融机构"顺势建立。1912 年，荷兰东印度公司建立印度尼西亚的第一家证券交易所——雅加达证券交易所，受到战争爆发以及印度尼西亚独立等外部因素影响，雅加达证券交易所曾多次关闭。1977 年，雅加达证券交易所复业，资本市场开始形成。

（二）全面改革时期

20 世纪 80 年代开始，印度尼西亚政府陆续出台了一系列宽松的金融政策，印度尼西亚金融市场开始进入全面改革阶段。自由成立银行、允许国企存款等多项改革措施，使银行部门吸收了大量的社会资金，银行网络得以逐步发展起来。按照产权性质界定，印度尼西亚银行分为国营、私营和合资三种类型。银行、非银行金融机构、保险公司和信贷公司共同构成了整个金融体系的组织架构。创建于 1953 年 7 月 1 日的印度尼西亚银行（Bank Indonesia，BI）则是印度尼西亚的中央银行，承担着维护民间资金流动与融资活动、保护国家经济稳定发展的重要职责。截至 1997 年底，印度尼西亚共有 144 家国内商业银行，44 家外资、合资银行，1527 家政府银行。[①] 与印度尼西亚刚独立之时，仅拥有 4 家商业银行、4 家外资银行和 100 家私人银行相比，半个世纪后的印度尼西亚银行业可谓是实现了"膨胀式"发展。1989 年 6 月，一家私营证券交易机构在印度尼西亚泗水开业。与此同时，印度尼西亚政府还颁布了一系列法律法规，努力培育和促进国内资本市场发展。

（三）逐步规范时期

1998 年，亚洲金融危机使印度尼西亚整个金融行业遭受重创，外汇储备剧减，资本急速撤离，股市暴跌，银行普遍出现呆账和坏账。经济衰退对保险公司最直接的影响便是保费收入的锐减，同时，由于印度尼西亚法律规定投保人可自由选择外币或者本币获得理赔，在印尼盾对美元汇率暴跌后，顾客购买保险时倾向于选择印尼盾投保，而理赔时选择美元获益，导致整个保险行业更是雪上加霜。为重整旗鼓，恢复经济，印度尼西亚政府决定提高监管能力，逐步规范金融发展。印度尼西亚银行重整机构（Indonesian Bank Restructuring Agency，IBRA）通过整合、出售银行资产和国有银行私有化等措施，开始使银行业恢复元气，逐渐稳定印度尼西亚银行业的格局。政府计划通过第 23/1999 号立法成立独立监管银行业的监管机构，然而，为应对亚洲金融风暴的巨大冲击，成立监管机构的计划一拖再拖，直到再次吸取 2008 年国际金融危机的教训，最终于 2011 年成功组建了金融服务管理局（Otoritas Jasa Keuangan，OJK）。为使中央银行监督机制向国际标准看齐，2004 年以后，印度尼西亚央行 BI 明确要求商业银行于 2008 年前达成《巴塞尔协议Ⅱ》相关目标。截至 2023 年 1 月 13 日，印度尼西亚上市公司已由 1990 年的 57 家增加至 824 家，上市公司总市值高达 5000 多亿美元[②]，随着各项管理措施落实到位，股票市场逐步发挥着更为重要的作用，经过多年努力，印度尼西亚金融体系日趋稳定与完善，进入规范发展阶段。

---

① 资料来源：http://id.mofcom.gov.cn/article/ddgk/200801/20080105334809.shtml。
② 资料来源：www.idx.co.id。

二、金融市场发展特点

（一）多元化金融市场日臻成熟

1. 印度尼西亚证券交易所

印度尼西亚证券交易所（Indonesia Stock Exchange，BEI 或 IDX），源于 1912 年荷兰殖民地政府设立，在经历多次战乱后于 1977 年重新开业。2007 年 9 月，雅加达和泗水两家证券交易所合并成为由金融服务管理局辖下的印度尼西亚证券交易所，该交易所是印度尼西亚目前唯一的证券期货交易所，可进行股票、债券、基金和衍生品等多种产品交易。在股票市场上主要有主板、开发板和加速板等板块，各板块上市公司市值分布如图7－1所示。其中，2021 年交易所新设立新经济板，该板块设立的初衷是为鼓励和支持科技创新、提高经济效益的公司，目前已有三家公司登陆，分别为 2021 年的 Bukalapak（电子商务公司）、2022 年的 GoTo（科技公司）和 PT Global Digital Niaga Tbk（电子商务公司），三大公司市值占全部板块市值比例约为 2%。

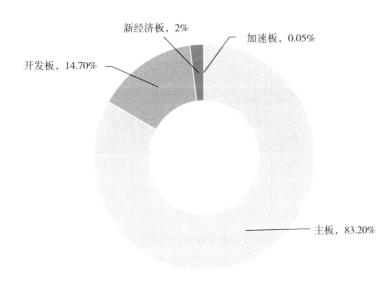

图 7－1　印度尼西亚证券交易所各板块上市公司市值分布（截至 2022 年 12 月 12 日）

[资料来源：IDX（www.idx.co.id）]

2. 监管体系

目前印度尼西亚主要有四大金融监管机构——财政部（Ministry of Finance of Indonesia，MoF）、印度尼西亚银行（BI）、印度尼西亚金融服务管理局（OJK）和印度尼西亚存款保险公司（Lembaga Penjamin Simpanan，LPS）。财政部的主要职责包括收集和管理政府财政资源、监督国家预算的执行、管理政府债务和外汇储备、制定税收政策以及协调与其他国家和国际组织的财政合作等。印度尼西亚银行负有制定和执行货币政策、监管银行业和金融市场、管理国家外汇储备等职责。印度尼西亚金融服务管理局对银行、资本市场和非银行金融行业金融服务活动履行监管职责，促进金融体系可持续稳定增长。实际上，印度尼西亚银行、印度尼西亚金融服务管理局的部分业务存在一定交叉，印度尼西亚金融服务管理局更侧重于对微观经济环境中金融机构的审慎监管，印度尼西亚银行则承担着监察国家整个货币、外汇体系等职责。印度尼西亚存款保险公司的职能为担保存款人存款，根据其权限积极参与维护银行体系稳定。印度尼西亚资本市场的相关机构架构及情况如图 7-2 所示。

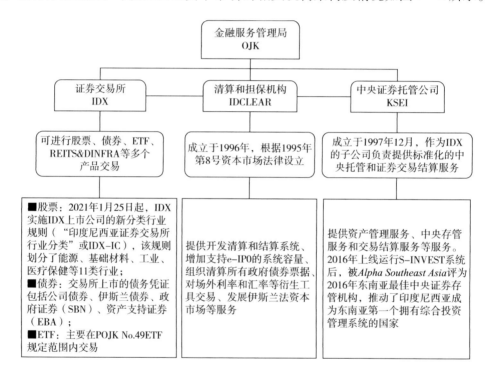

图 7-2　印度尼西亚资本市场的相关机构架构及情况

（资料来源：根据互联网公开资料整理）

3. 主流券商机构

印度尼西亚整个券商行业呈现本土公司与海外公司并行发展格局。在印度尼西亚主流券商中，Mandiri Sekuritas、Indo Premier Sekuritas 等本土证券公司的业务收入表现非凡。而入驻印度尼西亚的海外公司业务发展水平同样十分突出，UBS Sekuritas Indonesia、J. P. Morgan Sekuritas Indonesia 等海外公司的业务收入也能位列前十。同时，中国银河证券与马来西亚联昌国际集团（CIMB）共同成立的银河—联昌公司（CGS - CIMB）已在印度尼西亚设立分公司，为印度尼西亚客户提供金融服务。2021年印尼主流券商收入情况如表 7-1 所示。

表 7 - 1 　　　　　　 **2021 年印度尼西亚主流券商收入情况（不完全统计）**

序号	券商	业务收入（百万印尼盾）	性质
1	UBS Sekuritas Indonesia	120989	海外
2	BRI Danareksa Sekuritas	108170	本土
3	J. P. Morgan Sekuritas Indonesia	69800	海外
4	Sinamas Sekuritas	53984	本土
5	Indo Premier Sekuritas	50108	本土
6	Sucor Sekuritas	47281	本土
7	Macquarie Sekuritas Indonesia	28032	本土
8	Maybank Sekuritas Indonesia	25003	海外
9	Mirae Asset Sekuritas Indonesia	23402	海外
10	KGI Sekuritas Indonesia	11951	海外

资料来源：各证券公司年报的承销佣金收入。

（二）IPO 市场生机勃勃

在东南亚国家中，印度尼西亚的 IPO 市场极为活跃。截至 2023 年 3 月底，印度尼西亚的 IPO 总数已达 500 家[①]，在东盟成员国交易所中，新上市公司数量最多。根据《安永 2020 年第四季度全球 IPO 报告》，印度尼西亚证券交易所在全球新上市公司中排名第七位。由图 7 - 3 和图 7 - 4 可知，近年来，印度尼西亚 IPO 总体呈增长态势，交易所上市公司数量不断攀升高位，企业通过证券市场募集到更多发展所需资金，整个市场蓬勃发展。值得注意的是，印度尼西亚现有上市公司均为本土公司，但是上市后却存在部分公司股权流落至外国公司，最终被外国公司所掌控的现象，该现象从侧面反映出印度尼西亚市场开放程度较低，仍需进一步提高对外开放水平。

（三）二级市场交易分布集中

1982 年 8 月 10 日发布的印度尼西亚雅加达综合指数（Jakarta Composite Index），是以市值加权计算印度尼西亚证券交易所上市股票的指数。观察 2012—2022 年雅加达综合股价指数可知，2013 年、2015 年、2018 年受美国货币政策影响以及 2020 年新冠疫情造成股市有所跌落外，其他年份基本保持着上涨态势，或保持平稳状态（见图 7 - 5）。截至 2022 年 11 月，印度尼西亚市值占国内生产总值比重达 48.5%，相较于 2021 年，同比增长 0.2%[②]，上市公司大力助推了印度尼西亚国内投资快速增长，创造出更多的就业机会。

[①] 资料来源：Bloomberg，www.bloomberg.com。

[②] 资料来源：www.ceicdata.com。

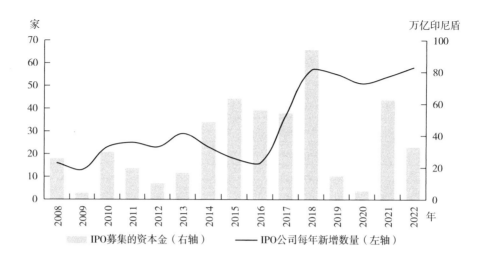

图 7 – 3　2008—2022 年印度尼西亚每年新增 IPO 公司数量以及募资额

（资料来源：Statistics，www. statista. com）

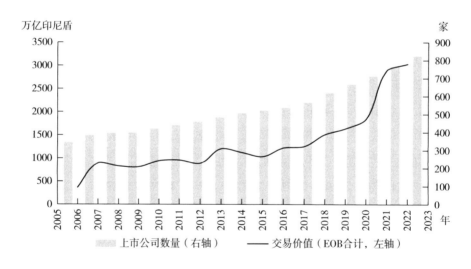

图 7 – 4　2005—2023 年印度尼西亚上市公司数量以及交易价值

（资料来源：Statistics，www. statista. com）

　　从 2005—2023 年印度尼西亚各板块的上市公司数量可知（见图 7 – 6），工业、基础材料、可选消费和金融类企业较多，但从市值来看，金融、基础材料、日常消费、通信四大类型公司位列前茅，而在金融板块，上市公司以银行业为主，结合图 7 – 7 和图 7 – 8 分析可知，市值位列前 50 的上市公司大部分为商业银行，说明印度尼西亚股票市场行业市值集中、单位公司市值高。2021 年印度尼西亚证券交易所进行市场改革之后，大力推出新经济板块，三家互联网科技公司中 GOTO 在 2022 年前

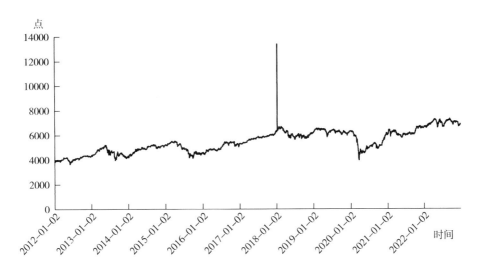

图 7 - 5   2012 年 1 月至 2022 年 1 月印度尼西亚的雅加达综合股价指数

（资料来源：前瞻数据库，d. qianzhan. com）

50 大市值公司排名中居于第 13 名，PT Global Digital Niaga Tbk 居于第 33 名，充分说明市场非常看好未来数字经济行业发展。随着新经济板块逐步健全完善，预计未来更多的高科技公司、互联网公司将持续登陆，印度尼西亚数字经济发展前景无限。

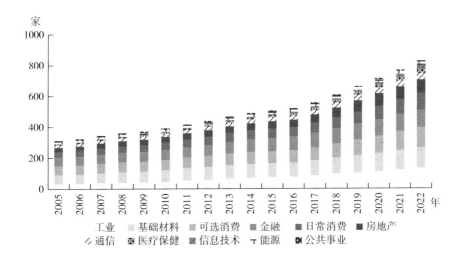

图 7 - 6   2005—2022 年印度尼西亚的各行业上市公司数量

（资料来源：Bloomberg，www. bloomberg. com）

从 2021—2022 年印度尼西亚机构和零售交易分布比例（见图 7 - 9）可知，二者均积极参与股票市场交易，机构交易量占比处于波动上升趋势，由 2021 年的 30% 上升为 2022 年的 67%，机构投资者呈现快速发展的新趋势，投资者结构逐步显现机构

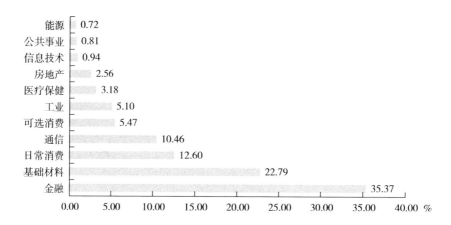

图 7 - 7　2022 年印度尼西亚的各行业市值占比

（资料来源：Bloomberg，www. bloomberg. com）

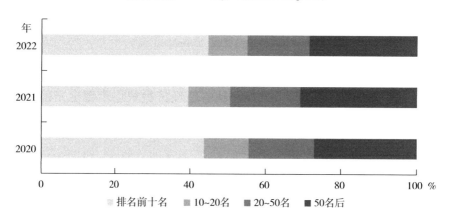

图 7 - 8　2020—2022 年印度尼西亚股市分市值大小分布

（资料来源：IDX，www. idx. co. id）

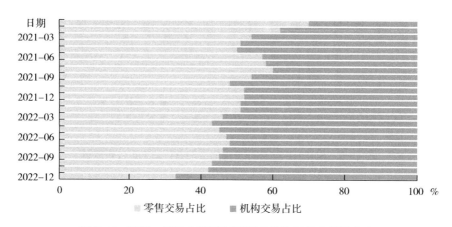

图 7 - 9　2021—2022 年印度尼西亚机构和零售交易量分布

（资料来源：Bloomberg，www. bloomberg. com）

化、专业化的特征。从国内外视角看，国内投资者为主流人群，约占三分之二，整体资本市场还有待进一步地提升对外开放度（见图 7 – 10）。

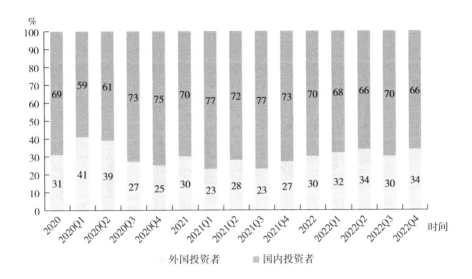

图 7 – 10　2020—2022 年印度尼西亚国内外投资者交易量占比

（资料来源：IDX，www.idx.co.id）

第二节　印度尼西亚的金融科技：风驰电掣、敢于争先

一、印度尼西亚金融科技发展现状

（一）金融科技发展迅猛，市场潜力巨大

随着全球互联网技术以及电子商务的迅猛发展，印度尼西亚金融行业开始逐步发展金融科技。金融科技发展需要具备较多的主客观条件，就客观条件而言，主要包括互联网用户数量、新技术基础等。

在互联网用户数量方面，根据 We Are Social 网站数据，2022 年初，印度尼西亚互联网用户达 2.047 亿人，用户比上年增加 1%（约 210 万人），互联网普及率达 73.7%，成为东南亚互联网用户增长最快的地区之一。社交媒体用户数量比例已占总人口的 68.9%，且仅在 2021—2022 年就增加约 2100 万。2020 年印度尼西亚固定宽带用户超过 1170 万，4G 用户约 2.3124 亿。[1] 谷歌、淡马锡和贝恩 2022 年 e – Conomy SEA 报告显示，印度尼西亚城市数字用户使用率在电子商务、运输和食物配送

---

① 资料来源：datareportal.com。

三个方面次数最多（见图 7 - 11），同时该报告预计 2025 年数字经济成交总额将达 1300 亿美元，主要由电子商务推动。Statista 数据显示，2021 年共有 54.51 亿笔电子商务交易，总价值为 305.4 万亿印尼盾，而 2020 年时总价值仅为 204.9 万亿印尼盾，这充分反映出大量企业纷纷涌入金融科技行业，交易日趋活跃而频繁的现象。

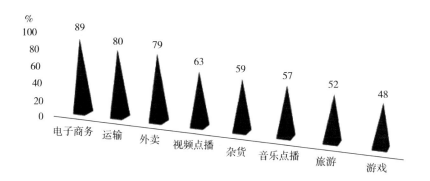

图 7 - 11　2022 年印度尼西亚的城市数字用户使用率

在以人工智能、云计算为代表的新技术基础设施方面，根据华为发布的全球联接指数（GCI）2020 报告，印度尼西亚排名第 58 位，被认定为起步国家，ICT 基础设施建设仍处于早期阶段，国家仍需聚焦扩大网络联接覆盖范围，让更多的人融入数字经济（见图 7 - 12）。

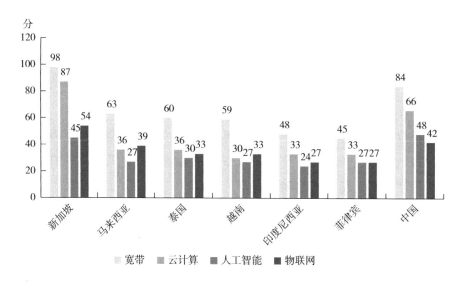

图 7 - 12　2020 年东盟六国与中国的四大信息技术得分

（资料来源：《华为全球联接指数 2020》，北大汇丰智库，thinktank. phbs. pku. edu. cn）

金融科技发展对数据中心和云服务具有一定的要求，根据北大汇丰智库的《数字经济：中国—东盟经贸合作的新蓝海》报告，印度尼西亚云服务商已超 68 个，主流的云服务供应商阿里云、腾讯云和微软都已经进驻印度尼西亚。由 2020 年东盟部分国家和中国超大型数据中心数量统计（见图 7 – 13）、2021 年亚太地区部分国家的金融科技指数生态系统排名表（见表 7 – 2）可知，印度尼西亚的超大型数据中心数量和金融科技指数排名在东盟国家中都居于相对较为靠前的排位。

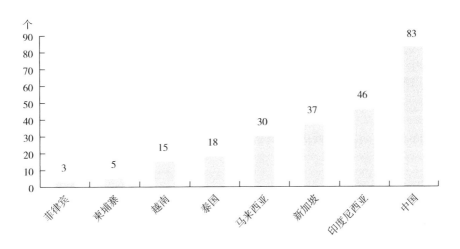

图 7 – 13 2020 年东盟部分国家和中国超大型数据中心数量

[资料来源：IDC（www.idc.com）；北大汇丰智库，thinktank.phbs.pku.edu.cn]

表 7 – 2　　　　　　　**2021 年亚太地区部分国家的金融科技指数生态系统排名**

国家	亚太地区排名	全球排名	排名变化
中国	3	15	6 ↑
新加坡	1	4	1 ↓
印度尼西亚	9	43	4 ↑
马来西亚	10	46	10 ↓
菲律宾	11	53	7 ↓
泰国	12	55	16 ↓
越南	14	70	19 ↓

资料来源：Findexable，www.findexable.com。

（二）第三方支付成为金融科技的主流

根据 Uobgroup 网站的调查问卷（见图 7 – 14 和图 7 – 15），55.3% 的受访者表示，他们曾使用过数字交易和财富管理平台进行投资活动，尤其在整个新冠疫情期间，由于疫情防控要求必须居家，在某些情况下，人们原来计划在旅行和其他娱乐上的消费资金转变为投资资金。尽管传统的在线经纪公司仍然是首选的投资平台，但调查数据显示，散户投资者对于使用加密货币交易所、投资技术平台和在线交易平台表现出浓厚兴趣。但另有 44.7% 的受访者表示未曾使用过数字平台进行投资，主要原因在于投资知识相对匮乏。

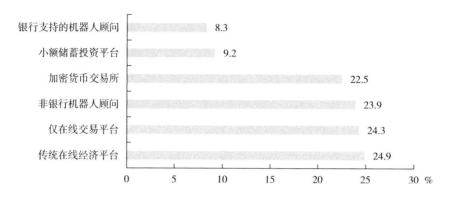

图 7 – 14　Uobgroup 网站调查问卷：55.3％的受访者使用数字平台投资的情况

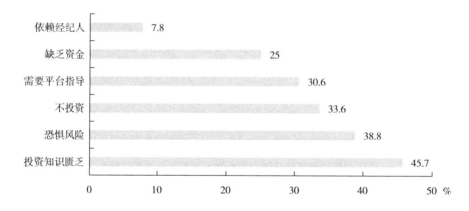

图 7 – 15　Uobgroup 网站调查问卷：44.7％的受访者未使用数字平台投资的情况

（三）科技企业数量与融资规模同步增长

根据《FinTech in ASEAN 2021：Digital takes flight》报告，尽管 2020 年后新冠疫情反复暴发，但东盟六国（印度尼西亚、马来西亚、菲律宾、新加坡、泰国、越南）金融科技行业在获得融资方面却具有相当的韧性，截至 2021 年 9 月已获筹 35 亿美元（其中，印度尼西亚市场占据约 26％的交易量），与 2020 年的 11 亿美元相比，增长近 3 倍多，融资速度可谓惊人。按金融科技类别分组，印度尼西亚的支付类别所获得资金最多，达 321.6 亿美元，其次是投资技术（212.7 亿美元）与金融与会计技术（150 亿美元）。尽管在过去十年中，印度尼西亚金融科技行业一直处于持续增长中，但新的金融科技公司增长速度已经明显放缓，原因可能在于后期公司吸引了更多投资人的关注，行业逐渐步入成熟期（见图 7 – 16）。

根据 Bitpie 官网公布资料，2022 年印度尼西亚资金最雄厚的 10 家金融科技公司业务情况，如表 7 – 3 所示。

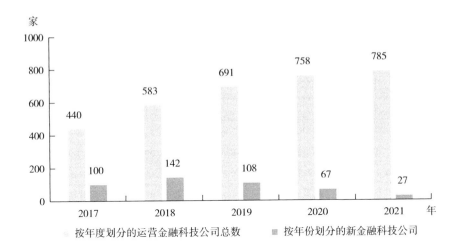

图 7-16　2017—2021 年印度尼西亚金融科技公司成长情况

（资料来源：《FinTech in ASEAN 2021：Digital takes flight》）

表 7-3　　　　　　　2022 年印度尼西亚资金最雄厚的 10 家金融科技公司

公司名称	主要业务
Xendit	为印度尼西亚及其他东南亚国家的科技初创公司和大型企业提供处理付款、支付工资和贷款等业务，已获得多家国际著名风投机构的投资和支持
Akulaku	一家 P2P 公司，致力于满足客户使用数字银行、资金和投资服务以及保险经纪服务的日常财务需求。
Dana	一个第三方支付收款平台，该平台支持交易、转账、汇款、电子商务购买等。
Ajaib	帮助用户进行安全、可靠的投资，提供在线共同基金服务，投资者可通过符合个人风险状况的共同基金投资于股票、债券和货币市场。
Pintu	印度尼西亚第一家移动本地加密货币钱包和交易公司，用户可在该平台进行数字资产交易和投资加密货币
Lummo	一家小微企业现金管理数字分类账应用程序开发商，旨在帮助企业更有效地在线销售和管理财务。
Fazz	为印度尼西亚和新加坡企业提供一体化服务的金融平台，具有企业账户、转账支付、借贷、数字资产等功能
Flip	一家在线支付软件提供商，可在 100 多家印度尼西亚国内银行进行跨行转账、电子钱包充值等
Pluang	一个易使用的多资产投资和小额储蓄平台，投资资产包括美股、加密货币、黄金和共同基金，还提供有关投资的提醒和信息，帮助投资者确定最佳的投资策略
Julo	一家 P2P 借贷公司，允许用户进行包括提款、资金转账、电话信用充值、公用事业账单支付、电子钱包充值、电子商务购买和 QRIS 付款等交易

资料来源：Bitpie 官网（http：//wap. djyrxx. com/btgw-306-1. html）。

（四）中国金融科技企业布局印度尼西亚

印度尼西亚政府对数字经济的高度重视、潜力巨大的市场以及积极的对外开放态度，使印度尼西亚成为中国科技企业"出海"的不二之选，国内众多企业纷纷在此地驻扎，与当地企业开展投资合作，推动了数字支付、投资技术和加密货币领域的发展。部分企业的具体布局如表7-4所示。

表7-4　　　　中国金融科技公司在印度尼西亚的布局情况（不完全统计）

企业	时间	合作详情
阿里巴巴	2015 年	与 DOKU 签署协议，跟踪和简化印度尼西亚客户的付款
	2016 年	阿里巴巴收购东南亚最大电商 Lazada 的控股股份，并为其增资 10 亿美元
	2017 年 5 月	HelloPay 与支付宝合并，成立 Alipay，意在将支付宝扩展到东南亚地区
	2017 年 7 月	向东南亚电商平台 Lazada 再次投资 10 亿美元，将其所持股份从 51% 提高到 83%
	2018 年	蚂蚁金服与印度尼西亚 Emtek 集团联合推出电子钱包 DANA 正式上线
腾讯	2013 年	腾讯与印度尼西亚最大的媒体集团 PTGLogal Mediacom 组建一家合资公司，目的是在印度尼西亚市场上推广微信，进一步拓展当地社交媒体市场，未来有望在印度尼西亚拓展微信支付
	2017 年	投资 1 亿~1.5 亿美元入股印度尼西亚网约车巨头 GO - Jek
恒昌	2018 年	业务包括贷超、催收和现金贷等，是印度尼西亚科技金融协会的新成员
同盾	2020 年	同盾科技与印度尼西亚人民银行达成合作，将领先的人工智能、大数据等技术引入印度尼西亚，推动银行提高金融服务效率与质量

资料来源：根据互联网相关资料整理。

二、监管机构及政策支持

（一）监管机构与自律组织

印度尼西亚金融科技的监管组织框架为常见的官方监管与民间自律相结合模式（见图7-17）。

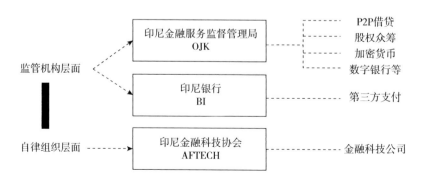

图7-17　印度尼西亚金融科技监管框架

在监管机构层面，印度尼西亚银行和印度尼西亚金融服务管理局根据其职能分别监管相关业务的金融科技公司。印度尼西亚银行认定支付对货币稳定性具有重大影响，故将支付科技企业纳入监管范围，要求其取得支付系统服务提供商牌照；印度尼西亚金融服务管理局监管范围包括银行、资本市场、保险、养老基金、融资机构等金融服务机构的各种金融业务，属于全能型的监管机构①，对印度尼西亚银行监管范围以外的金融科技公司均负有监管职责。

在自律组织层面，印度尼西亚金融科技协会（AFTECH）成立于 2016 年，根据《金融服务领域数字金融创新监管条例》（No. 13/POJK. 02/2018，以下简称"13 号条例"），被印度尼西亚金融服务管理局正式任命为数字金融创新金融科技协会，作为行业自律机构协助监管机构对金融科技公司开展自律监管②。截至 2022 年 9 月，该协会已吸纳 352 家金融科技公司、11 家金融机构和 7 家技术合作伙伴成为协会会员③。

（二）MPSJKI 2021—2025 年将重点关注 5 个优先事项

2021 年 1 月 15 日，印度尼西亚金融服务管理局开启"印度尼西亚金融服务业（MPSJKI）总体规划（2021—2025 年）"，该计划有望帮助克服新冠疫情的短期困难以及实现具有竞争力、贡献性和包容性的国家金融服务部门的结构性挑战。总体规划涵盖的主要优先事项包括加强金融服务业的弹性和竞争力、加快金融服务业的数字化转型以及发展金融服务业生态系统。

MPSJKI 2021—2025 年将重点关注以下 5 个优先事项。

1. 支持国家经济复苏计划（印度尼西亚金融服务管理局已将适用于受疫情影响的债务人的重组政策延长至 2022 年 3 月）。

2. 加强金融服务业的韧性和竞争力。

3. 发展金融服务业生态系统。

4. 加速金融业的数字化转型（印度尼西亚金融服务管理局鼓励金融服务行业的产品和业务流程数字化，包括向数字银行发放许可证，重点是加强金融科技 P2P 贷款的审慎规则）。

5. 通过改善监管方法和基础设施的方式，加强内部能力（印度尼西亚金融服务管理局计划对所有金融服务产品（包括数字产品）进行综合监管，并监控来自金融服务部门和企业之外的潜在风险）。

---

① 资料来源：OJK 官网（www.ojk.go.id/id/Default.aspx）。
② 资料来源：https://fintech.id/en。
③ 资料来源：https://fintech.id/en。

（三）OJK 发布 2020—2025 年印度尼西亚银行业发展路线图

印度尼西亚金融服务管理局发布 2020—2025 年印度尼西亚银行业发展路线图（RP2I），RP2I 是根据此前推出的《2020—2025 年印度尼西亚金融服务业总体规划》所开发。RP2I 包含四个主要支柱作为该政策的基础。四个主要支柱分别是：第一，加强结构和竞争优势（银行业有望改善资本结构，整合银行业务，加强高效治理，鼓励创新和服务）；第二，加强 IT 管理，鼓励使用人工智能等，鼓励业务参与者之间的技术合作，并鼓励实施先进的数字银行技术；第三，加强银行业在国民经济中的作用，重点是优化金融教育；第四，通过使用技术加强监管、资质许可和监督。

（四）印度尼西亚主要金融科技法规

近年来，印度尼西亚陆续出台了众多金融科技方面的法律法规（见表 7-5），主要包括《关于商业银行实施数字服务的规定》《印度尼西亚银行关于电子货币的第 20/6/PBI/2018 号条例》等。印度尼西亚现行的金融科技法规基本涵盖了网络借贷、金融创新和电子货币等诸多领域。

表 7-5　　　　　　　　　　印度尼西亚的主要金融科技法规

序号	法律法规	主要内容
1	关于信息技术贷款的第 77/POJK.01/2016 号条例	监管以支持金融科技 P2P 借贷平台的发展
2	关于金融服务业数字金融创新的 POJK NO.13/POJK.02/2018 号法规	监管所有类型金融科技，旨在促进数字金融创新，同时打击与洗钱和恐怖主义融资有关的活动
3	关于商业银行实施数字服务的 POJK NO.12/POJK.03/2018 规定	关于将信息技术用于数字银行业务的法则
4	关于股权众筹的 POJK NO.37/POJK.04/2018 法规	规定支持股权众筹
5	关于数字金融创新的 POJK 第 13/2018 号法规	监管交易结算、资本积累、投资管理、资金收支、保险、市场支持、其他数字金融支持和其他金融服务活动
6	印度尼西亚银行关于金融科技公司的第 19/10/PBI/2017 号条例	监管整个金融科技生态系统，特别是有支付业务的公司。金融科技供应商必须在印尼银行注册，并需在监管沙盒中接受约一年的测试，之后才能申请许可证
7	印度尼西亚银行关于金融科技公司的第 19/12/PBI/2017 号法规	提供有关金融技术的法规
8	印度尼西亚银行第 19/14/PADG/2017 号条例	监管建立金融科技监管沙盒
9	印度尼西亚银行关于电子货币的第 20/6/PBI/2018 号条例	监管电子货币商业模式发展，提高电子货币发行人的机构能力，包括资本和所有权构成，为作为电子货币发行人的非银行机构设定49%的外资所有权上限，并要求每家提供电子货币的非银行机构的董事会多数成员需在印度尼西亚注册

三、印度尼西亚金融业的数字化转型

（一）腾讯云数据库助力印度尼西亚 BNC 银行数字化转型

作为东盟人口最多的国家，印度尼西亚人口数量超过 2.75 亿，移动电话互联网用户普及率在 2020 年已达到 67%，预计到 2025 年将多增加 20% 以上。用户未经历成熟的互联网阶段便直接进入移动互联网时代，因此，印度尼西亚金融科技市场具有非常广大的发展空间。

印度尼西亚 BNC 银行（Bank Neo Commerce，BNC）成立于 1989 年，是东南亚地区最大的银行之一。为更好地适应市场的新挑战，该银行亟须要弹性、可扩容、高性价比的金融基础设施，满足其突飞猛进的用户需求。因此，2020 年印度尼西亚 BNC 银行开始实施数字化转型之路，开启数字零售业务，转型为数字银行后的 BNC 业务涵盖金融和非金融业务两大类，服务包含支付、借贷、资产管理、生活服务等，每月保持着月活用户 50% 以上的增速。但是，海量数据、高频交易、数据架构欠缺等为 BNC 数字银行带来了巨大挑战。为了应对挑战，同年 11 月印度尼西亚 BNC 银行在新核心系统中采用腾讯云分布式数据库 TDSQL。正式完成新核心分布式迁移后有效解决了金融服务业数字化转型带来的各种难题，消除了昂贵的传统商业数据库带来的诸多问题，确保整个系统运行流畅，为 BNC 数字服务和产品发展奠定重要基础。

（二）华为践行承诺，助力印度尼西亚全方位数字化转型

华为产品服务印度尼西亚所有主流运营商，并与其建立良好的合作关系。华为的无线设备覆盖印度尼西亚全岛，极大推动网络全覆盖的实现，同时积极参与政府海缆互联项目以及偏远覆盖项目。入驻印度尼西亚 22 年，华为共计在印度尼西亚部署超 10 万个通讯基站，为约 2.6 亿印度尼西亚人提供高质量的网络联接，人口覆盖率超过 95%，极大地使通信更加便捷，丰富了当地的生活。

随着通信技术进入新时代，华为继续支持印度尼西亚 5G 网络建设，打造绿色目标网。2021 年印度尼西亚进入 5G 元年，华为第一时间助力本地运营商在 16 座城市部署 5G 网络，并探索未来产业数字化转型，包括智慧仓库、智慧园区和 5G 城市建设。在金融领域，由于华为具备在金融云、数字核心、智慧网点、数据平台方面的融合与创新能力，主流银行均已选择华为作为合作伙伴提供产品和解决方案，期望华为能帮助其实现金融数字化转型。在互联网服务领域，华为积极参与客户新一代网络数字化升级，帮助客户实现使用用户量的快速增长。

（三）CIMB Niaga 携手支付宝、微信支付，推动印尼数字钱包支付

PT Bank CIMB Niaga Tbk（CIMB Niaga）是印度尼西亚唯——家能够通过以上两

个数字钱包进行数字交易支付的注册银行，从 2022 年 11 月开始为在印度尼西亚合作商户使用支付宝、微信支付数字钱包的中国游客和民众提供入境跨境二维码支付交易。这些交易能够顺利进行得益于 CIMB Niaga 作为系统集成商和技术服务提供商，与支付宝、财付通的友好合作关系。目前，雅加达、巴厘岛等地和多个国际机场的 CIMB Niaga 合作商户获权使用以上服务，这一举措可有助于印度尼西亚旅游业恢复到新冠疫情前的发展水平。CIMB Niaga 商户使用支付宝、微信支付的在线交易将使用该银行提供的二维码接收器，如 CIMB Niaga 的电子数据采集设备、静态二维码（立卡和贴纸）以及商户使用的各种应用程序，客户只要按照与商家约定金额再转换为印尼盾支付一定金额即可。由于支付宝、微信支付数字钱包应用程序只有中国用户拥有，将两个应用程序同时联入 CIMB Niaga，就能够为中国客户提供更多便利性，客户无须兑换印尼盾现金或携带借记卡或信用卡，大大提高了交易的效率和安全。CIMB Niaga 未来将继续加大对商户的宣传力度，增加商户数量，特别是酒店、餐厅和纪念品贸易商等旅游相关产品和服务的提供商。

四、印度尼西亚金融科技发展面临的主要挑战

（一）非法金融公司野蛮生长

鉴于在线贷款事务中的许多犯罪行为，2021 年 10 月，印度尼西亚总统命令印尼金融服务管理局暂停颁发新的合法在线贷款的金融科技许可证。为进一步遏制违法犯罪行为，通信和信息部将继续关闭非法在线贷款网站和移动应用程序。自 2019 年以来，该部门已阻止访问分布在 Google、PlayStore、YouTube、Instagram 和文件共享中的 4874 个在线贷款账户①。

（二）网贷监管力度逐步加大

2017 年至 2018 年初，由于相关应用市场出现了大量从事借贷业务应用软件，印度尼西亚金融服务管理局明确要求，任何通过金融科技进行借贷交易的公司必须在印度尼西亚金融服务管理局登记后方可开展业务，否则将可能被禁止访问，情节严重者将会被认定为非法运营及追究刑事责任。

2018 年 8 月 23 日，印度尼西亚金融服务管理局表示，5 家网贷公司因未获印尼金融服务管理局批准就擅自进行股东变更，被撤销经营许可证。监管机构特别强调网贷从业者必须遵守一些硬性要求，如需要具备保护用户数据的能力；企业使用客户数据时，必须获得客户允许和为现金贷客户提供明确公式以计算分期付款金额等。根据印尼金融服务管理局的数据，截至 2019 年 4 月，印度尼西亚已有 106 家 P2P 网

---

① 资料来源：OJK 官网，www.ojk.go.id/id/Default.aspx。

络借贷或发薪日借贷的金融科技企业获得营业许可。① 根据监管的要求,获得许可证后正常经营一年以上,金融科技企业才能获得 P2P 经营牌照。此前仅有金光集团旗下的 P2P 网络借贷平台 Danamas 获得了正式牌照。

近年来,金融科技应用场景已经显著增加,特别是贷款和支付领域。而新冠疫情无疑加速了金融科技渗透率。与疫情前相比较,印度尼西亚的网贷监管趋于更严格,监管部门甚至不会提前做出任何提醒,给予企业一定的缓冲期,而是比较突然地实施新的政策制度,因此企业必须具备良好的应变能力。可以预见,在印度尼西亚政府拟制订新的规则有效保护该行业发展的大背景下,行业新进入者将会面临着更为严格的准入门槛。

(三) 网贷业务的基础设施尚不健全

印度尼西亚部分网贷业务的基础设施尚不健全。从资金端看,线上理财的接受度远不如中国,当地银行卡、信用卡覆盖率极低,且未曾经历被大型的第三方线上支付平台(如支付宝)全面覆盖、激发线上理财需求的养成阶段。从借贷端看,与征信数据相关的制度并未健全,如手机号实名制、第三代身份证均尚未落实,且征信数据缺乏多样性。因此,很多"出海"印度尼西亚的中国网贷公司能够付诸实践的成功实例较少。此外,在贷款自动审批上,印度尼西亚只能依托于比较传统的审批员作业方式进行审批,这显然影响了借贷撮合效率。

虽然印度尼西亚政府希望借助民营征信公司丰富征信数据,但受制于企业信息化程度相对较低,市政、财税等基础设施相对薄弱,电子化数据仍然比较缺乏,征信发展存在较大挑战。同时,印度尼西亚大多数民营征信机构处于初始阶段,覆盖人数少、数据匮乏,大量蕴含着丰富价值的互联网数据都集中在 Gojek、OVO、To-kopedia、Traveloka 等巨头公司手中,无法简单地由征信公司推动实现商业化整合。

(四) 线下民间借贷具有竞争优势

由于产品定价和产品多样化,日利率低,操作流程相对简单,印度尼西亚的线下民间借贷繁荣,具有很强的竞争优势。很多线下民间借贷仅仅需要夫妻双方的身份证和工资条即可申请借款,且印度尼西亚民众倾向于通过面对面或电话方式了解申请借款的流程和要求,或直接到门店询问及申请,一般很少通过书面形式进行咨询。部分人群则偏好通过目前流行的社交网站,如 Facebook 或 Messenger 的互动短信得到指导。

(五) 金融科技人才培养难度大

根据淡马锡、谷歌的《2019 东南亚数字经济报告》预测,东盟十国组成的东南

---

① 资料来源:OJK 官网,www.ojk.go.id/id/Default.aspx.

亚数字经济体规模将在 2025 年翻 3 倍，达到 3000 亿美元规模。① 而目前，全球数字科研分指数排名前 50 名中，新加坡、马来西亚、泰国分别名列第 18 位、第 42 位、第 46 位，印度尼西亚并未在列。② 伴随着印尼数字经济的高速发展，数字人才需求缺口将越来越显著，基础科研创新、数字产业创新领域的人才越发不足。在印度尼西亚高校数量有限的前提下，要补足数字经济发展的"人才短板"，需要通过各类社会培训、职业培训不断培养人工智能、5G 通信、云计算等领域的复合型创新人才，而复合型人才的培养难度比单一的专业人才难度更大。

第三节 中国—印度尼西亚金融合作：以心相交、共享荣华

一、银行业合作

在金融机构设立方面，中国工商银行、中国银行和中国建设银行已在印度尼西亚设立分支机构，办理包括国外投资、发放人民币信用卡和国际结算等业务。2007 年 9 月 28 日，中国工商银行（印度尼西亚）有限公司（以下简称工银印尼）并购印度尼西亚 Halim 银行后，更名为中国工商银行（印度尼西亚）有限公司。该行有 15 个分支机构（另外有 3 个支行）分布于七个印度尼西亚省区，即雅加达、西爪哇、东爪哇、苏门答腊北部、廖群岛、东加里曼丹和南苏拉威西，配备了专业合格的人力资源团队，员工总数超过 600 人。2021 年，工银印尼被印度尼西亚央行、中国人民银行指定为 ACCD（指定交叉货币交易商）银行，负责进行本币结算。

1938 年开始，中国银行（香港）有限公司雅加达分行（原中国银行雅加达分行）（以下简称中银香港雅加达）是在印度尼西亚开展业务经营的中银香港分行，该银行于 1964 年停止开办业务。2003 年以后，中银香港雅加达通过印度尼西亚银行第 1/2003/KEP 号法令恢复业务。在雅加达恢复运营后，中国银行雅加达分行更名为中国银行有限公司雅加达分行，截至 2022 年，共开设 8 家分支机构，总营业收入达 8 亿印尼盾，同比增长 118.58%。③

2012 年，印度尼西亚曼底利银行在上海开设分行，通过提供金融服务促进印度尼西亚企业对中国的贸易和投资，为印度尼西亚政府出口促进计划作出应有贡献。

---

① 资料来源：https：//www. bain. com/insights/e－conomy－sea－2019/。
② 资料来源：www. aliresearch. com。
③ 资料来源：Laporan Tahunan 2022 BOCHK Jakarta。

二、货币市场合作

随着中国与印度尼西亚日渐密切的贸易投资合作，印度尼西亚市场对人民币的认可度和接受能力逐步提升。为了满足中国与印度尼西亚市场的本币结算需求，简化双边贸易流程，中国人民银行与印度尼西亚中央银行签署货币互换协议，具体内容如表7-6所示。自从国际货币基金组织将人民币加入特别提款权（SDR）篮子，人民币成为国际储备货币之一，印度尼西亚开始将人民币纳入国家储备货币行列。2021年9月6日，中国和印度尼西亚正式启动中印尼本币结算合作框架，双边多家商业银行被允许作为特许交叉货币做市商，按照相关规定办理中印尼本币结算合作框架下的人民币/印尼盾相关交易业务。

表7-6   2003年至今中国与印度尼西亚的货币互换

国家	签署时间	互换规模
印度尼西亚	2003-12	价值10亿美元
	2005-10	价值20亿美元
	2006-10	价值40亿美元
	2009-03	1000亿元人民币/175万亿印尼盾
	2013-10	1000亿元人民币/175万亿印尼盾（续签）
	2018-11	2000亿元人民币/440万亿印尼盾（续签）
	2022-01	2500亿元人民币/550万亿印尼盾（续签）

资料来源：中国人民银行，www.pbc.gov.cn。

三、资本市场合作

中国证券公司积极响应"一带一路"倡议和RCEP协议号召，通过境外设点、设立子公司等与印尼市场积极展开资本市场合作。中印尼双方共同探寻资本市场的业务合作路径。

2017年6月，中国银河公司旗下全资子公司中国银河国际金融控股有限公司（以下简称"银河国际"）作为买方与CIMB全资拥有的联昌证券国际私人有限公司（下称"联昌证券国际"）签订买卖协议，以约1.67亿新加坡元收购CSI已发行股本50%的待售股份。2019年6月28日，银河国际与联昌证券国际在马来西亚进行的相关交易已完成，该交易完成后，银河国际与联昌证券国际分别持有CGS-CIMB Holdings Sdn. Bhd 50%的股份。目前，该证券公司已在印尼从事现金股票业务、机构和零售经济、股票研究及相关证券业务。

2023年6月，中国国际金融（新加坡）有限公司（以下简称中金新加坡）与印度尼西亚交易所签署合作声明。经过多年行业积累、沉淀，中金新加坡在合格机构及个人投资方面具有丰富经验，此次在印度尼西亚开展投融资业务，中金新加坡获得了印度尼西亚交易所的协助，推动了"一带一路"倡议与 RCEP 协议有效落地。

除了通过境外设点、设立子公司与印尼市场展开资本市场合作外，中印尼双方还通过论坛或研讨会等多种形式推动双方的资本市场合作。

2019 年 4 月，中国与印度尼西亚的金融机构举办合作研讨会。两国金融机构深化共识，承诺按照市场化原则匹配跨国企业的跨境融资需求，持续推动"一带一路"主题债券的发展，构建稳定性强、风险可控性高的金融保障框架。金融机构之间通过人员交流、业务探讨、技术联手等方式保持密切交流关系，积极推动双方资本市场合作。2020 年 1 月，以"如何利用印尼资本市场助力中国企业发展"为主题的论坛在印度尼西亚证券交易所举行，中方代表认为"一带一路"倡议是重要机遇，印度尼西亚在新能源汽车电池制造、数字经济等领域发展潜力巨大，"走出去"的中资企业诚意在印度尼西亚投资与发展，双方实现互利共赢。印尼代表诚邀中国企业投资，并详细介绍了印尼资本市场的相关机制与要求。

四、金融监管合作

原中国银保监会、证监会多次和印尼签署金融监管合作谅解备忘录，主要涉及期货和证券领域（见表 7-7）。谅解备忘录的签署迈出了重要的一步，对中国与印尼之间加强和完善监管合作机制、加强金融信息交流和金融资料的交叉核实以及及时防范金融风险、维持金融环境稳定等都发挥着突出作用。

表 7-7　　　　　　　　中国和印度尼西亚已签署的备忘录

签署单位	日期	备忘录
原银保监会	2010-07-15	《双边监管合作谅解备忘录》
	2015-06-04	《银行业监管合作谅解备忘录》
证监会	2003-12-09	《关于相互协助和信息交流的谅解备忘录》
	2004-10-14	《期货监管合作谅解备忘录》

本章小结

与其他东盟国家相比，印度尼西亚金融业发展水平居于前列，金融体系业已基本成型，具有多元化特征的金融市场日臻成熟、IPO 市场生机勃勃和二级市场交易分布集中等典型特征，市场繁荣与逐步规范并行发展中。

随着全球互联网技术、电子商务迅猛发展，印尼金融行业积极紧跟时代的步伐，高度关注和积极试水金融科技领域。互联网用户数量众多、4G 网络速度在东盟国家中处于中游水平、云服务商——阿里云、腾讯云和微软进驻、政府大力支持金融科技发展等利好因素，为印尼金融科技繁荣发展创造良好的外部环境。同时，印尼金融科技发展也面临着诸多严峻挑战，如非法金融公司野蛮生长、网贷业务基础设施尚不健全、金融科技人才培养难等问题日益凸显。

展望未来，印尼作为"21 世纪海上丝绸之路"首倡之地，中国重视与印尼的紧密合作和相互协调，期待与印尼的"全球海洋支点"构想对接。中国具有丰富、成熟的金融科技发展经验，部分信贷科技公司能复制国内模式出海寻找新的业务增长点。随着中国金融科技公司巨头纷纷走出国门，中国与印尼有望进一步纵深拓展合作领域。未来在银行业、金融监管、货币合作等多个领域的深入、务实合作，一定能够构建出新的发展格局，凝聚新的发展力量，迈向新的发展阶段，实现互惠互利的共赢局面。

[第八章]

菲律宾金融业

金融业是菲律宾主要服务业之一，为其他产业提供了充分的资金和信贷支持。然而，受限于地理、技术等诸多因素，菲律宾金融业曾一度处于低迷的缓慢发展状态。近几年来，金融科技的出现为菲律宾提供了一个新方向，菲律宾政府意识到普惠金融、电子支付、区块链等领域将迎来独特的发展机遇。原有制约金融业发展的不利因素此时却转变为驱动因素，如银行服务渗透率低成为金融科技腾飞的重要助力。中菲双方抓住此次机遇，全方位不断深化金融领域合作，将进一步提升金融业的竞争力和影响力。

第一节　菲律宾金融业：坎坷之路，任重道远

一、菲律宾金融业发展历程

1898 年，菲律宾沦为美国殖民地。之后，美国开始向菲律宾投入巨额的资金进行基础设施建设，开展其他一系列改革措施，客观上为菲律宾金融业的发展和崛起提供了有利条件。

1946 年菲律宾独立后，美国投资和创建了大量的工厂、企业，许多华商也积极参与其中。菲律宾政府为本国工业发展创造有利条件，实施进口替代贸易战略，经济保持稳步增长。得益于政府的扶持政策和外资流入，菲律宾金融业也随之迅速崛起，一时间菲律宾甚至可称得上是亚太地区的金融中心。首都马尼拉拥有许多亚洲甚至是全球跨国企业的亚太总部，因此还被冠以"小纽约"的头衔。

20 世纪 70 年代至 80 年代，由于连年的政局动荡和社会矛盾激化，菲律宾的富裕阶层纷纷携资金逃离菲律宾，脱离资金支持的金融业发展便受到严重束缚。与此同时，美国将重心从菲律宾转移至新加坡等国家，菲律宾开始失势，整个金融行业江河日下，而周边国家和地区进入行业发展快车道，部分国家金融业崛地而起，加

剧了菲律宾金融业的进一步衰退。

20 世纪 80 年代初，菲律宾开始打开对外发展的大门，进行新自由主义改革。然而 1983—1985 年，菲律宾国内政治动荡不断，经济遭受极大冲击，国内经济体制和工业模式开始崩溃，通货膨胀率迅速攀高，政府向国际货币基金组织寻求帮助，国际货币基金组织同意向菲律宾贷款，但是要求附加条件，即菲律宾实行金融自由化，以低息放贷支持投资、资金筹集需通过市场运作以及政府不得对银行业进行干涉等。但是，由于此时反美情绪高涨，菲律宾长时间保持"故步自封"处境，逐渐偏离了对外开放的轨道。如 1987 年 2 月制定的《革命宪法》第 12 章中，"国民经济和国家资源"规定外国企业投资领域和资金比例的条件比本国投资者更为严苛，该政策在一定程度上起到了"闭关锁国"的负面作用。

20 世纪 90 年代初期，为振兴经济，拉莫斯政府实施了一篮子有利于经济发展的政策，金融业也出现复苏迹象。在对外投资领域，1991 年颁布的《外国投资法案》规定关乎国计民生的信息技术、交通运输等国有产业都可以吸纳外资，外国资本积极涌入。然而不久以后，亚洲金融危机和国际金融危机相继爆发，菲律宾金融业在两次金融危机中遭受到沉重打击，此时比索持续大幅贬值、股市暴跌、外资大量撤离，新一轮通货膨胀出现，想要恢复往日荣光举步维艰。

2010—2015 年，菲律宾的国内冲突与犯罪不断，但经济整体仍然保持向上发展态势，金融业逐步恢复发展。2016 年杜特尔特总统执政后，在经济领域进行大刀阔斧的改革，实行"杜特尔特经济学"。在金融行业，菲律宾政府鼓励外资银行进入本国开办业务，采用更为灵活的混合 PPP 融资方式为基建项目提供融资，即项目在市场上公开竞标，第三方私营企业拥有 25～40 年的经营权。在诸多激励和鼓励措施的支持下，菲律宾金融业的规模日渐扩大，金融结构也不断完善，但由于连年的政局动荡、政府政策的不连贯、"闭关锁国"状态、两次金融危机等诸多历史因素影响下，菲律宾金融业的发展依然任重道远。

二、菲律宾现代金融业

（一）银行业

菲律宾银行体系中存在四大类型银行——全能型银行、商业银行、储蓄银行和农村合作银行。不同类型银行可以继续进行细分，具体分类如表 8－1 所示。

表 8－1 菲律宾银行类型

一级分类	二级分类
全能型银行 （Universal Banks）	国内私营银行 （Private Domestic Banks）

续表

一级分类	二级分类
全能型银行 （Universal Banks）	外国银行分支机构 （Foreign Bank Branches）
	政府银行 （Government Banks）
商业银行 （Commercial Banks）	国内私营银行 （Private Domestic Banks）
	外国银行子公司 （Foreign Bank Subsidiaries）
	外国银行分支机构 （Foreign Bank Branches）
储蓄银行 （Thrift Banks）	—
农村合作银行 （Rural and Cooperative Banks）	村镇银行 （Rural Banks）
	合作银行 （Cooperative Banks）

截至 2021 年底，菲律宾拥有各类银行分支机构和其他办事处共 12648 家（见图 8－1），其中全能型银行的比重最大（51%），资产规模最大（1779.2412 亿比索），虽然菲律宾商业银行数量占比不高，但是商业银行总资产已经达到 145.8317 亿比索，占菲律宾银行总资产的 7%。[①] 主要的本国商业银行有菲律宾金融银行、菲律宾首都银行、菲律宾土地银行、菲律宾群岛银行、菲律宾国家银行；主要的外资银行有花旗银行、渣打银行、汇丰银行、亚洲联合银行等；中资银行有中国银行马尼拉分行、中国工商银行马尼拉分行。菲律宾全能型银行和商业银行资产规模在整个银行体系中占比约为 92.4%。在风险资本方面，截至 2022 年底，菲律宾银行系统的资本充足率单独为 15.7%，合并为 16.3%，已极大地超越菲律宾中央银行设定的 10% 和国际清算银行设定的 8% 的最低门槛值。[②] 目前，菲律宾银行业整体发展较为稳健，资产质量逐步提升。值得注意的是，2014 年菲律宾政府出台的《第 10641 号共和国法案》宣布全面放开外资参与银行业，允许成立外商独资银行，但须确保菲律宾银行系统总体至少 60% 由国内银行控制，外资银行在菲境内设立分支机构不得超过 5 家等。

[①] 资料来源：《Factbook：The Philippine Banking System》。

[②] 每日经济：《菲律宾银行在支持经济复苏方面处于更有利的地位》，https：//cn.dailyeconomic.com/2023/05/10/49098.html，2023－05－10。

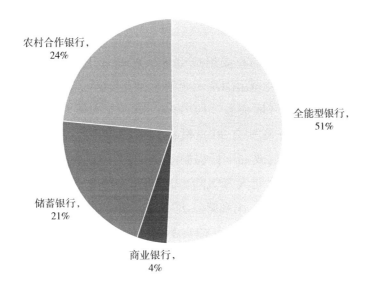

图 8-1 菲律宾四大类型银行分支机构及其他办事处占比

(资料来源：《Factbook: The Philippine Banking System》)

（二）证券业

菲律宾证券交易所（Philippine Stock Exchange）成立于 1992 年 12 月 23 日，是菲律宾目前唯一的证券交易市场，也是东南亚历史最悠久的证券交易所之一。该交易所由马尼拉证券交易所（1927 年 8 月 8 日成立）和马卡蒂证券交易所（1963 年 5 月 27 日成立）合并形成，尽管马尼拉证券交易所和马卡蒂证券交易所交易对象为同一家公司的相同股票，但在近 30 年时间里，两家交易所一直是独立的证券交易所，直至 1992 年合并成为今天的菲律宾证券交易所。截至 2022 年，菲律宾证券交易所总资产已达 7 亿比索。[1]

1995 年菲律宾成立中央信托公司，开始运行证券无纸化，2003 年开始引入上市保荐制度，2010 年采用从纽约证券交易所购入的交易系统——PSE trade。菲律宾证券交易所共设八个指数——工业指数、所有股指数、采矿和石油指数、综合指数、服务指数、金融行业指数、性能指数、控股企业指数。菲律宾证券交易所唯一的广泛基准指数是菲律宾证券交易所综合指数（PSE Composite Index），该指数由 30 家上市公司组成，经常被视为菲律宾商业环境总体状况的指标。国泰安数据库数据显示，截至 2020 年 12 月 31 日，菲律宾证券交易所共有 268 家上市公司，总市值为 30624.5 亿美元。[2] 目前，菲律宾证券市场的参与者主要为家族控股的集团，如阿亚拉家族的

---

[1] 资料来源：www.pse.com。

[2] 资料来源：www.gtarsc.com。

阿亚拉集团、施氏家族的 SM 投资集团等，债券发行者主要为政府。

（三）保险业

保险业是菲律宾经济增长的重要组成部分，在过去几年一直保持着稳定增长。1898 年，菲律宾第一家寿险公司由加拿大永明金融集团设立。1906 年，菲律宾第一家本地财产险公司 Yek Tong Lin 成立。1910 年，第一家本地寿险公司——海岛寿险成立。截至 2017 年末，菲律宾共有 90 家被授权开展业务的保险公司，其中本地公司 73 家，外资公司 17 家，财政部下设保险委员会担任保险监管工作。目前，菲律宾最大的保险公司是加拿大永明人寿保险公司，其 2019 年保费收入达 395.13 亿比索，净利润为 82.1 亿比索，第二大和第三大保险公司分别为菲律宾安盛人寿保险公司（Philippine AXA Life Insurance）、菲律宾美国人寿保险公司（Philippine American Life and General Insurance Company），2019 年两家公司保费收入分别为 269.65 亿比索和 262.36 亿比索，净利润分别为 44 亿比索和 34 亿比索。

根据菲律宾保险委员会统计，2020 年菲律宾商业人身保险所覆盖的被保险人总数为 4486.05 万人，国内总人口为 10903.53 万人，这意味着菲律宾人身保险覆盖率约为 41.1%。[①] 此外，还有诸如传统的财产险和专业再保险这类商业保险在市场上更好地为个人和企业提供保障，具体如表 8 - 2 所示。另外，菲律宾国内的健康维护、互利协会和预先需求这类保障形式可以称得上"类保险"，除传统商业保险之外，菲律宾民众还会寻求"类保险"这种具有保险功能的产品，"类保险"产品和发展业态与一般商业保险维持着并存不悖的生态平衡，在金融市场上展开公平竞争，也受到菲律宾保险委员会的严格监管。

外国保险公司可以在菲律宾成立全资保险机构，但外国保险公司并非允许开展所有的保险业务，如仅允许国有控股的国家退休基金承担政府投资项目。

表 8 - 2　　　　　　　　　　2020 年菲律宾传统商业保险的经营情况

传统商业保险	公司数量/家	业务收入/亿比索	资产规模/亿比索	保障支出/亿比索
人身险	33	2474.14	15321.68	749.2
财产险	65	376.03	2249.38	162.62
专业再保险	1	32	152.16	20.06

资料来源：菲律宾保险委员会，www.insurance.gov.ph。

三、菲律宾金融监管体系

菲律宾金融监管体系主要由三个机构共同组成，即菲律宾中央银行（Bangko

---

① 资料来源：菲律宾保险委员会，www.insurance.gov.ph。

Sentral ng Pilipinas，BSP）、菲律宾证券交易委员会（Philippine Securities and Exchange Commission，SEC）和菲律宾保险委员会（Philippine Insurance Commission，PIC）。菲律宾中央银行负责国内的金融监管工作，1993 年 7 月 3 日根据《1987 年菲律宾宪法》和《1993 年新中央银行法》的相关规定成立。该银行接替成立于 1949 年 1 月 3 日的菲律宾中央银行，成为菲律宾新一任的金融监管机构。新成立的菲律宾中央银行主要具有以下职能：保持有利于平衡和可持续经济增长的低且稳定的通货膨胀，管理系统性风险，开展国际业务，促进普惠金融发展，监督银行和非银行金融机构，监督支付和结算系统等。菲律宾中央银行的具体组织架构如图 8 - 2 所示。

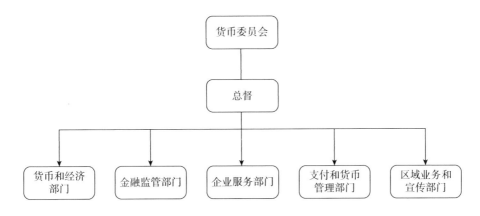

图 8 - 2　菲律宾中央银行组织架构

由于当时股市繁荣，为有效维护公众利益，1936 年 10 月 26 日根据《第 83 号联邦法》或证券法成立菲律宾证券交易委员会。1936 年 11 月 11 日，该委员会开始正式运作，主要职能包括证券登记、分析已登记证券、评估证券发行申请人的财务状况和经营情况、筛选经纪人或交易商执照申请以及监督股票和债券经纪人以及证券交易所。日本占领菲律宾期间，该机构被废除，取而代之的是菲律宾行政委员会。随后又于 1947 年随着政府的恢复而重新启动。由于商业环境出现变化，该机构于 1975 年 9 月 29 日重组为一个拥有三名委员的合议机构，并被赋予准司法权力。1981 年，委员会扩大至包括两名额外专员和两个部门，分别负责起诉和执法、监督。2000 年 12 月 1 日，菲律宾证券交易委员会根据证券监管法典的授权再次进行重组，负责对资本市场参与者、证券和投资工具市场等实施监管，规范证券交易所、经纪人、经销商和销售员的销售和登记行为，并评估所有注册公司提交的财务报表。

菲律宾保险委员会的职责包括颁布和实施有关从事保险、预购和 HMO（Health Maintenance Organization，健康维护组织）活动的实体的运营政策、规则和条例以及慈善功能；颁发保险、再保险公司、中介人、互利协会、慈善用途信托、预需公司、预需中介机构和 HMO 公司的许可证；审查保险代理人，以及处理再保险条约和保险公司的投资请求；检查和核实从事保险业务的实体、预先需要、互利协会、慈善用途信托和 HMO 公司的财务状况和经营方法；评估和准备与保险、预先需要事项和HMO 事项有关的统计报告、研究、研究报告、年度报告和立场文件；审查人寿和非人寿公司、互利协会征收的保费率；审查理算员的统计报告，以确定是否符合既定标准；裁定保险公司根据任何类型的保单或保险合同或担保人招致的损失、损害或责任的索赔和投诉；在向潜在客户出售之前，审查和批准所有人寿和非人寿保单、预购和 HMO 计划。

四、菲律宾外汇制度

1992 年，菲律宾开始实施外汇管理制度改革，主要内容是解除外汇管制，实行浮动汇率。在商业银行体系之外，可以自由买卖外汇，外汇收入和所得可以出售给授权代理行，也可以在银行体系之外进行交易，还可以在菲律宾境内外自由存储外币，并且可以自由用于任何目的。菲律宾政府就有关经常项目、资本项目、海外金融单位、外国银行代表处以及外汇存款体制等制定综合外汇管理制度。菲律宾采用自由浮动的汇率制度，当汇率出现剧烈波动时，菲律宾中央银行将进行适当干预。在必要的时候，直接参与外汇买卖，以维护市场秩序、减少过度的汇率波动，保障通货膨胀目标的实现。

根据菲律宾《外国投资法》的相关规定，正式登记的外资企业有权调回全部资金，并将股息、利润和收益汇回。但菲律宾中央银行特别要求，即除非有其他特定条件时，用于撤资的外汇在购买之日直接汇入非居民投资者账户，具有有限的豁免权。若外资企业要将未完全兑现的投资资金汇回国内，非居民投资者需将汇出外汇总额的至少 50% 投资于菲律宾境内。当分支机构向菲律宾境外总部汇回利润时，应在不进行任何税收扣除的情况下，基于其申请或划拨汇回的总利润额，按照 15% 的税率缴纳分支机构利润汇出税。

第二节　菲律宾的金融科技：深耕厚植，笃行致远

一、金融科技的宏观情况分析

（一）互联网发展趋于饱和

2022 年 1 月，菲律宾拥有 7601 万互联网用户。据网站 Kepios 分析，2022 年初，菲律宾有 3577 万人尚未使用互联网，这意味着 32% 的人口在年初仍处于离

线状态。截至 2022 年 7 月，菲律宾的互联网普及率已达 91%，远高于世界平均水平的 69%（见图 8 - 3）。2021 年，菲律宾智能手机普及率为 74.1%，第一季度 4G 下载速度中位数为 15.53 Mbps，上传速度中位数为 5.14Mbps[①]，2019 年 4G 覆盖率已达到 94%。[②]

文莱，119.7%
马来西亚，93.8%
新加坡，92.0%
菲律宾，91.0%
泰国，88.3%
越南，86.0%
柬埔寨，81.1%
印尼，76.3%
老挝，57.5%
缅甸，51.9%
中国，69.8%
世界平均水平，69.0%

图 8 - 3 中国与东盟十国的互联网普及率

（资料来源：Statista，www.statista.com）

（二）细分行业蓬勃发展

根据《东盟金融科技 2021：数码腾飞》的数据（见图 8 - 4），截至 2021 年底，菲律宾拥有金融科技公司 268 家，金融科技行业总投资额达 356 万美元（未公开金额的交易不包括在资金计数中）。2022 年，菲律宾金融科技行业排名前三的细分领域是借贷、支付、电子钱包，规模占比分别为 27%、20% 和 13%，区块链/加密数字货币和转账并列第四，占比均为 12%（见图 8 - 5）。除传统银行贷款之外，网贷在菲律宾发展迅速。随着众筹活动的出现（菲律宾的众筹以 P2P 借贷为主），菲律宾证券交易委员会制定了针对众筹平台的监管规则，但拟议规则仍在最后敲定过程中，还未获得有效实施。尽管菲律宾中央银行管理着包括 P2P 在内的有牌照的借贷公司，但是对于 P2P 借贷仍然没有明确的规则和条例。

从增长情况来看，2020 年菲律宾的数字支付行业蓬勃发展，其中电子货币交易额跃升至 62%，达到 241 亿美元（见图 8 - 6），成为所有支付交易类型中增长最为强劲的领域，其中一个重要原因可能在于新冠疫情暴发，使线上交易规模大幅度的增加。

---

① 资料来源：www.ookla.com。

② 资料来源：《Fintech News Philippines：Philippines Fintech Report 2022》。

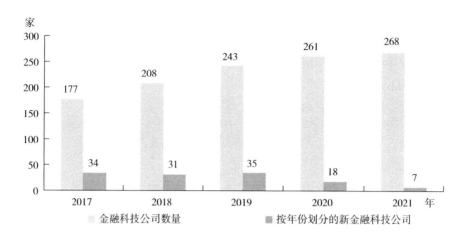

图 8 - 4　2017—2021 年菲律宾新增金融科技公司数量和金融科技公司总数

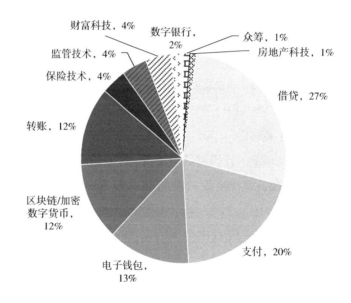

图 8 - 5　2022 年菲律宾金融科技行业细分领域占比

(资料来源:《Fintech News Philippines: Philippines Fintech Report 2022》)

（三）数据中心及运营商数量有限

超大型数据中心是数字经济发展的重要硬件设施，也是金融科技发展的基础，从 2020 年超大型数据中心数量来看，菲律宾仅有三个超大型数据中心，是中国和东盟六国中数量最少的国家，远低于中国的 83 个（见图 8 - 7）。目前移动运营商共有三家，分别是 Globe、Smart 和 DITO，其中 DITO 于 2021 年 3 月才正式进入市场，目前正在努力扩大市场份额（见图 8 - 8）。2022 年第一季度，Smart 的 4G 下载速度以

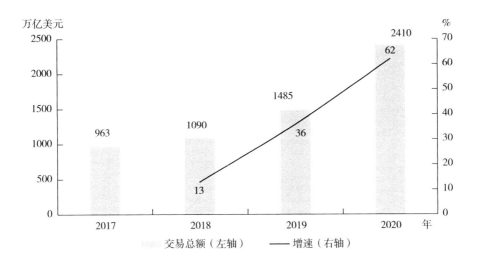

图 8-6 2017—2020 年菲律宾电子货币交易总额及增速

（资料来源：《Fintech News Philippines：Philippines Fintech Report 2022》）

18.57Mbps 的中位数在市场中处于领先地位，其次为 DITO 和 Globe①。同一时期，在 4G 网络的整体性能方面，作为新进场选手的 DITO，表现突出，位列榜首。同时，由于 DITO 刚推出 5G 网络不久，5G 网络市场由 Globe 和 Smart 占领，Smart 的下载速度和整体性能均优于 Globe。

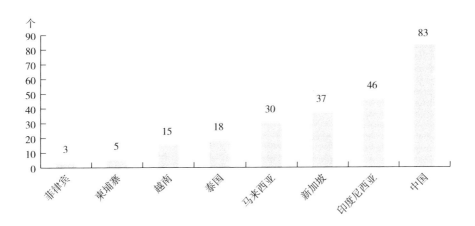

图 8-7 2020 年东盟各国和中国超大型数据中心数量

［资料来源：IDC（www.idc.com）；北大汇丰智库（thinktank.phbs.pku.edu.cn）］

---

① 资料来源：www.ookla.com。

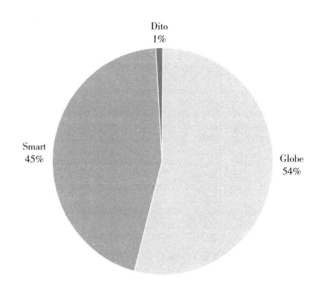

图 8 - 8　菲律宾移动运营商的市场份额

（资料来源：http：//www.gsmaintelligence.com，数据截至 2022 年第一季度）

（四）基础设施和信息技术支持的发展空间巨大

根据华为发布的《全球联接指数（GCI）2020》，菲律宾被评估为第三类的起步国家。从分项指标来看，宽带、云计算、人工智能和物联网得分均较低，菲律宾并未存在具有突出优势的领域，这将为相关领域的未来投资合作创造潜在机会（见图8 - 9）。

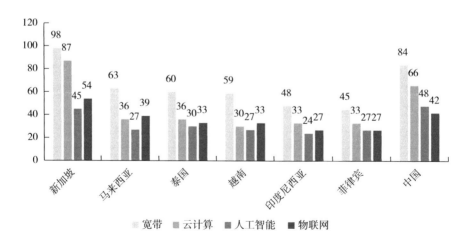

图 8 - 9　2020 年东盟六国与中国的四大信息技术得分

（资料来源：《华为全球联接指数 2020》；北大汇丰智库，thinktank. phbs. pku. edu. cn）

二、菲律宾金融科技发展大事件

事件一：菲律宾金融科技的融资快速增长

2022 年第二季度，PayMaya 母公司 Voyager 成为菲律宾新增的一家获得独角兽地位的金融科技公司，并筹集了超 2 亿美元的融资。同年，三井住友银行也显著增加对菲律宾最大的民营银行——黎刹商业银行（Rizal Commercial Banking Corporation，RCBC）注资，注资额高达 271.26 亿菲律宾比索（约合 4.6078 亿美元），至此三井住友银行在该银行持有股份增加两倍多。PayMaya 的竞争对手——GCash 为与之竞争，筹集超过 3 亿美元资金，重新估值后企业价值超过 20 亿美元。

事件二：暂停加密、支付和数字银行的许可

2022 年菲律宾金融科技的重大事件之一是菲律宾中央银行宣布未来三年将不再接受虚拟资产服务提供商牌照的新申请，同时宣布对所有新的数字银行牌照实施为期三年的禁令。该项举措目的在于监测六家获批持牌人对银行业产生的影响，为他们提供足够的发展空间，在数字银行市场空间尚未饱和的情况下，促进市场参与主体开展良性竞争。

在此之前，菲律宾中央银行就规定暂停向非银行金融机构发放电子货币发行人牌照两年。不过，当时的行长为非银行电子货币发行人提供了例外条件，鼓励他们创新商业模式，以新方式补充和完善国家的数字支付和金融生态系统。截至 2022 年 11 月底，菲律宾中央银行行长表示，随着公众对数字诈骗和欺诈的认识持续提升，菲律宾金融科技行业逐渐发展成熟，正在考虑有选择地取消对电子货币发行人的暂停政策。

事件三：数字银行获得全面运营绿灯

虽然菲律宾中央银行决定停止新的数字银行申请，但 2022 年已经通过预批准检查的六家申请人都获得授权证书，可以正式开始运营。2022 年上半年，Tonik Digital Bank、Maya Bank、UnionDigital Bank 和 GoTyme Bank 都获得了授权证书，此前四家机构运营能力有限，但是一旦满足了菲律宾中央银行严格的运营前要求（包括满足资本化基准、风险和结构治理标准以及为信息技术系统做好充分准备等），就能具备进入"加速跑道"的发展资质。最后两家成功的进入者——Overseas Filipino Bank 和 UNO Bank，于 2022 年第二季度获得授权证书，充分表明了菲律宾对数字银行发展格局的成熟把控。

三、金融科技快速发展的原因剖析

（一）互联网和智能手机用户数量激增

菲律宾金融科技行业得以快速发展的关键原因之一是迅速增长的、庞大的互联网和智能手机用户。根据 2018 年 1 月 We Are Social 和 Hootsuite 发布的全球数字报告，菲律宾互联网普及率为 63%。与 2017 年 1 月相比，这一数字增长 12%，增加约 700 万互联网用户。该报告还指出，无论使用何种设备，菲律宾人每天上网时间长达 9 小时 29 分钟。此外，74% 的菲律宾人认为技术提供的机会大于潜在的风险，已有 63% 的人口愿意日常活动尽可能采取数字方式，28% 的人会使用手机银行①。

（二）银行服务渗透率低

世界银行全球 Findex 调查显示，2014 年仅有 30% 的菲律宾人拥有银行账户，且 3 年内这一数字并没有显著增长，2018 年仍然只有 31% 的菲律宾人拥有银行账户，菲律宾人更愿意从私人渠道获得贷款而非银行贷款。事实上，超过 10% 的人口转向私人渠道获取贷款，这一数据约是世界其他国家或地区的两倍。对技术的信任态度和银行服务的低渗透性为金融科技公司提供有利的发展机会。

菲律宾大约有 7100 多座岛屿，银行分支网点十分有限，约 35% 的城市尚未开设任何银行分支机构②，向这些地区的人们提供金融产品和服务的唯一途径就是通过移动设备。因此，菲律宾没有银行账户或没有存款的人口约占总人口的 70%，传统银行无法实现为每一位菲律宾居民提供服务。

（三）人口结构年轻化

2021 年菲律宾的人口约为 1.11 亿。根据 Worldometers 公布的数据，菲律宾的年龄中位数为 24.3 岁，意味着菲律宾大部分地区的人们已经在数字环境中成长。③ 此外，年轻人充满活力，更愿意接受创新型产品和服务，尤其是当今瞬息万变的金融科技世界。

（四）消费观念先进

菲律宾人非常热爱使用社交媒体，活跃的社交媒体用户约有 670 万，每天使用社交媒体的平均时间为 3 小时 57 分④，说明互联网科技已充分融入菲律宾民众的日常生活。由于对于资金借贷的接受程度普遍比较高，具有超前消费观念，加上小微企业或小本业务经营者数量庞大的典型特征，菲律宾民众对线上金融服务的现实需求和潜在需求大。

（五）法律政策支持

菲律宾政府期望 70% 成年民众能在 2023 年通过网络进行交易。因此，金融科技领域的创新创业活动能够获得政府和监管部门的高度认同。2019 年，菲律宾签署了

---

① 资料来源：《DIGITAL IN 2018》。
② 资料来源：wearesocial.com。
③ 资料来源：www.worldometers.info。
④ 资料来源：《DIGITAL IN 2018》。

《创新创业法案》，为初创企业提供许多优惠措施，包括税收减免、消除公司注册障碍等，随后，又起草了一项虚拟银行监管法案，旨在为数字银行在新时代的发展奠定基础。此外，2019 年菲律宾证券交易委员会批准了 37 家加密货币交易运营商，并制定了众筹规则，进一步引导新兴领域发展，重视合规合法化建设。菲律宾中央银行大力推动采用国家二维码支付标准，无论是国内，还是全世界范围内，争取实现二维码的互联互通性。

四、中国金融科技企业的菲律宾布局

菲律宾是中国金融科技企业"出海"的重要目标区域之一。如表 8 – 3 所示，早在 2017 年中国金融科技企业已开始海外布局，目前，在菲律宾运营的主要金融科技企业有蚂蚁金服、腾讯、掌众、京东数科和恒昌，主要涉及电子支付、数字借贷等业务领域。

表 8 – 3 中国金融科技企业在菲律宾的布局

国内企业	首次布局时间	主要合作伙伴	主要业务
蚂蚁金服	2017 年	Mynt、Globe Telecom、GCash、Wallex	移动支付、国际汇款服务、跨境支付
腾讯集团	2018 年	Globe Telecom、PLDT、ABS – CBN	游戏、金融、电商、保险、理财、借贷
京东数科	2019 年	Smart Communications、Globe Telecom	跨境支付
掌众集团	2018 年	当地银行、电信、电商	理财、借贷
恒昌利通	2019 年	菲律宾金融科技协会	小额贷款、消费分期、理财

（一）蚂蚁金服

蚂蚁金服的菲律宾布局主要通过与当地企业合作方式实现。2017 年 2 月，蚂蚁金服与菲律宾数字金融公司 Mynt 达成战略合作，蚂蚁金服和菲律宾电信服务商 Globe Telecom 各持股 45%，菲律宾第二大集团 Ayala 则持股 10%。2017 年 10 月，蚂蚁金服运用支付宝在中国开展移动支付和普惠金融服务的技术和经验，助力升级打造 Mynt 旗下菲律宾最大的电子钱包——GCash，GCash 的扫码支付在菲律宾正式落地，成为菲律宾的"支付宝"。

此外，蚂蚁金服与 Mynt 的大股东 Globe Telecom 的合作领域主要集中在移动支付、环保，除了为 Globe Telecom 提供技术支持外，还帮助旗下的 Mynt 打造 GCash，为菲律宾用户提供了便捷的移动支付、转账、理财、信用等服务。此外，蚂蚁金服也与 Globe Telecom、菲律宾环境部开展合作，推出了菲律宾版的"蚂蚁森林"——Gcash Forest，鼓励移动支付用户通过低碳行为种植真实的树木，保护菲律宾的生态环境。

2020 年 11 月，GCash 与支付宝合作，在菲律宾推出了国际汇款服务，用户可以通过 GCash 向支付宝账户转账，也可以从支付宝账户收款。这项服务为菲律宾和中国之间的跨境交易提供了便利性、安全性，降低了汇款时间和成本，大幅提高了汇款的效率和安全性，增加了菲律宾民众的金融包容性，使得更多没有银行账户的民众能够使用电子钱包，进一步促进了中菲双边贸易和消费，拓展了电子钱包的使用场景。

蚂蚁金服与 Wallex 的合作主要是跨境支付领域。2020 年，蚂蚁金服旗下的风投机构 BAce Capital 投资了总部位于新加坡的跨境支付初创公司 Wallex，支持其在东南亚地区提供更为便捷、更低成本的跨境支付服务。Wallex 可以帮助中小企业和个人在东南亚国家之间进行货币兑换、汇款、收款等业务。2022 年 2 月，蚂蚁金服投资的金融科技公司 M－DAQ 宣布以未公开金额收购 Wallex，并向其注入超过 700 万新加坡元的运营资金，收购行为的目的在于扩大 M－DAQ 的东南亚影响力，增加其电子钱包的用户和交易量，为可能的上市进行充分准备。

（二）腾讯集团

腾讯的东南亚布局主要集中在游戏、金融、电商等领域。主要合作伙伴为数字金融公司 Mynt、电信运营商 PLDT、电视网络 ABS－CBN 和电信运营商 Globe Telecom。

2018 年 10 月，腾讯投资 Globe Telecom，成为战略合作伙伴，而 Globe Telecom 实际为 Mynt 的母公司。腾讯与 Mynt 合作主要是在金融科技领域，利用腾讯在支付、信用、安全等方面的先进技术和丰富经验，帮助 Mynt 提升 GCash 的用户体验和服务质量。腾讯与 Mynt 还计划在未来推出更多的金融科技产品和服务，如保险、理财、借贷等。

2019 年 3 月，腾讯与 PLDT 旗下的 Smart Communications 公司签署了战略合作协议，共同在菲律宾推出一款名为 GameTime 的游戏平台。该平台为当地用户提供腾讯旗下的多款游戏（如王者荣耀、英雄联盟、穿越火线等）以及其他国际知名游戏（堡垒之夜等）。用户可以通过 GameTime 移动应用或网站进行游戏下载、充值、社交等多项功能。2020 年 11 月，腾讯与 PLDT 旗下的数字化服务公司 Voyager Innovations 公司达成投资协议，共同投资 Voyager 旗下的电子支付平台 PayMaya。PayMaya 是菲律宾最大的电子钱包服务提供商之一，拥有超过 2800 万用户和超过 116000 个商户合作伙伴。PayMaya 用户可以通过手机扫码、二维码或 NFC 进行支付，也可以通过其虚拟卡或实体卡在全球范围内进行在线或离线消费。PayMaya 还提供一系列的金融科技服务，如转账、汇款、保险、投资等。

2021 年 3 月，腾讯旗下的视频平台 WeTV iflix 与 ABS－CBN Entertainment 签署多年合作协议，在 WeTV iflix 平台上提供 ABS－CBN 的多部电视剧，包括 FPJ 的 Ang Probinsyano、Huwag Kang Mangamba、Init sa Magdamag 等。WeTV iflix 平台拥有以上

剧集提前于电视台播放的特权。WeTV iflix 是东南亚最大的流媒体平台之一，拥有超过 2500 万用户和超过 5000 小时的内容，包括原创剧集、电影、动漫、综艺节目等。

2022 年 8 月，腾讯与 ABS – CBN 达成一项投资协议，向菲律宾第三大电视网络 TV5 注资，支持数字化转型和内容创新。TV5 是由 PLDT 和 MediaQuest Holdings 旗下的 Cignal TV 共同运营的一个广播媒体公司，拥有多个频道和平台。腾讯将通过其子公司 Tencent Holdings Philippines Inc 向 TV5 投资约 10 亿菲律宾比索（约合 2000 万美元），获得 15% 股权。此外，合作开发和分发高质量视频内容，利用其技术和数据能力提升 TV5 的用户体验和运营效率。

2021 年 9 月，腾讯与菲律宾最大的电信运营商 Globe Telecom 签署一项在菲律宾推出 Tencent Cloud 服务的合作协议。Tencent Cloud 是腾讯的云计算业务，提供包括云服务器、云存储、云数据库、云安全、云监控等在内的多种云服务。Globe Telecom 利用 Tencent Cloud 的技术和资源，为菲律宾企业和个人用户提供更高效、更可靠、更安全的云服务解决方案。

2022 年 10 月，腾讯旗下的游戏公司 Level Infinite 与 Globe Telecom 和 Swarmio Media 合作，在菲律宾举办了《王者荣耀》和《和平精英》游戏比赛。两场比赛采用 Swarmio Media 的 Swarmio Esports Platform———一个基于区块链的去中心化的电竞平台，提供低延迟、高性能、公平竞争的游戏体验。作为菲律宾最大的电信运营商，Globe Telecom 为两场比赛提供了稳定的网络支持和推广渠道。

（三）京东数科

2019 年 6 月，京东数科与 Smart Communications 旗下的电子钱包 PayMaya 签署合作协议，为 PayMaya 用户提供跨境支付服务。该合作协议是京东数科在东南亚地区的首个跨境支付项目，也是 Smart Communications 在跨境支付领域的首次尝试。通过京东数科的跨境支付服务，PayMaya 用户可以在中国大陆、中国香港、日本等地使用 PayMaya 进行扫码支付，享受便捷、安全、优惠的支付体验。京东数科与 Smart Communications 合作也有助于促进中菲两国之间经贸往来和人文交流。2020 年 9 月，京东数科与菲律宾最大的电信运营商之一———Globe Telecom 达成合作，为其旗下的电子钱包 GCash 提供跨境支付服务。

（四）掌众集团

从 2018 年开始，掌众集团布局海外市场，进军印尼、越南、菲律宾等东南亚国家。2018 年 5 月，掌众集团在菲律宾推出闪电借款和掌众财富两款金融产品，分别提供信贷和理财服务。

闪电借款是一款提供信贷服务的移动应用，用户可以通过手机快速申请和借款，无须抵押或担保。闪电借款的借款金额从 1000 比索（约合人民币 130 元）到 20000

比索（约合人民币 2600 元），借款期限从 7 天到 30 天不等。闪电借款的利率根据用户的信用评分和还款能力而定，最低为 18% ，最高为 720% 。

掌众财富则是一款提供理财服务的移动应用，用户通过手机投资各种理财产品，享受高收益和灵活的赎回。掌众财富的理财产品包括定期存款、货币基金、股票基金、债券基金等，收益率为 4%～15% ，均由掌众集团与当地合作伙伴共同提供，具有安全性和稳定性。

（五）恒昌利通

2019 年 10 月，恒昌利通成功地获得菲律宾政府颁发的 Lending 和 Financing 牌照，成为合法合规的金融服务提供商。恒昌在菲业务由其 100% 控股的子公司恒昌利通（HC Lending Corporation）运营，主要是提供移动互联网金融服务，包括小额贷款、消费分期、理财等。此外，恒昌利通与当地银行、电信、电商等合作伙伴均已建立起良好合作关系，为用户提供便捷、安全、高效的金融服务。恒昌利通还积极参与菲律宾金融科技协会等行业组织，与其他金融科技企业共同推动金融科技行业的发展与创新。

第三节　中国—菲律宾金融合作：凝聚共识，携手前行

一、银行业合作

中国—菲律宾银行业合作为中国企业"走出去"提供更好的金融服务，中国工商银行、中国银行等中资商业性银行均在菲律宾开拓市场，主要业务为国际结算、国际汇兑、发放人民币信用卡等。

（一）中国银联

2009 年 10 月 16 日，中国银联与菲律宾中华银行旗下的银行卡公司（RCBC BANKARD）签署收单合作协议，宣布开通银联卡菲律宾受理业务。RCBC 是菲律宾的主要商业银行之一，旗下的银行卡公司从 1981 年起经营信用卡业务，拥有超过 4000 家商户。根据协议，RCBC BANKARD 承诺旗下所有商户可以受理银联卡，当年年底前将会开通涉及高端品牌、酒店、餐饮、零售等类别的 1000 多家商户。此后，双方在菲律宾的合作内容主要包括：2010 年 4 月，首次推出银联卡信用卡，为当地居民提供更多的支付选择；2012 年 9 月，首次推出银联卡借记卡，为当地居民提供更为便捷的现金取款服务；2014 年 12 月，首次推出银联芯片卡，为当地居民提供更为安全的支付保障；2017 年 11 月，首次推出银联二维码支付，为当地居民提供更智能的支付体验。

（二）中国银行

中国银行马尼拉分行是中行在菲的唯一分支机构，成立于2002年1月28日，拥有菲律宾政府颁发的全能商业银行牌照，2021年1月16日正式成为人民币清算银行，为当地提供人民币清算业务及其他核心人民币服务。

此外，2023年1月4日，中国银行与菲律宾贸工部成功举办"中菲投资机遇介绍会暨菲律宾贸工部—中国银行谅解备忘录签约仪式"，标志着中国银行和菲律宾贸工部合作迈上新台阶。此次活动邀请来自中国的200多家企业，参与多场双边洽谈和论坛活动，涉及客户行业包括云计算、制造业、基础建设、创新和数字化技术、可再生能源等。两者的密切合作促进了中菲在基础设施、能源、农业、制造业等多个领域的投资合作，为双边企业提供了更多商机和便利。

（三）中国工商银行

中国工商银行与菲律宾的合作始于2018年，合作态势持续向好。2018年11月，中国工商银行马尼拉分行正式开业，成为中国第一家在菲律宾设立分行的商业银行。中国工商银行马尼拉分行致力于为中菲两国企业和个人提供全方位的金融服务。2019年8月，中国工商银行与菲律宾贸工部签署了《关于推进中菲经贸合作的谅解备忘录》，旨在加强两国在基础设施、能源、农业、制造业等领域的投资合作。2022年8月，中国—菲律宾合作论坛在北京召开，中国工商银行与菲律宾贸工部、菲律宾驻华大使馆等机构共同探讨中菲经贸合作的机遇和挑战，以及利用区域全面经济伙伴关系协定促进两国的互利共赢。

（四）中国建设银行

中国建设银行（亚洲）马尼拉分行，成立于2019年12月，是中国建设银行在菲律宾的唯一分支机构。中国建设银行（亚洲）马尼拉分行的主要业务包括银行业务、保险业务、信托业务、投资银行业务、基金业务、租赁业务和期货业务。中国建设银行与菲律宾的合作主要涉及基础设施建设、金融服务、贸易投资等领域，如中国建设银行积极参与菲律宾的比农多—王城大桥项目，该项目是菲律宾"大建特建""多建好建"规划与中国"一带一路"倡议对接的里程碑。此外，中国建设银行还为两国企业提供了多种金融产品和服务，有力地支持双边贸易和投资发展。

（五）中国农业银行

第一，基础设施建设。中国农业银行参与比农多—王城大桥项目融资。第二，农业灌溉项目合作。中国农业银行通过中国—东盟投资合作基金支持北部粮仓灌溉项目，该项目将河水抬升29米，灌溉8700公顷农田，造福更多的菲律宾民众。第三，金融服务合作。中国农业银行马尼拉分行，为中菲两国企业和个人提供跨境结算、贸易融资、外汇交易等一系列金融服务。

（六）互联网银行

2019 年微众银行在菲律宾设立海外分支机构——微众国际金融有限公司，成为菲律宾首家互联网银行。微众国际金融有限公司与菲律宾当地的电信、电商、支付等合作伙伴建立合作关系，为菲律宾用户提供便捷、安全、低成本的金融服务，包括存款、转账、贷款、理财等。微众国际金融有限公司还积极参与菲律宾金融科技协会等行业组织，与其他金融科技企业共同为菲律宾的金融科技行业的发展服务。

（七）政策性银行

三大政策性银行与菲律宾合作主要侧重于基础设施建设、贸易融资和扶贫减灾等方面。2017 年 5 月 11 日，中国国家开发银行与菲律宾亚洲开发银行签署合作协议，共同支持菲律宾地铁、公交等领域的基础设施建设。合作协议还涉及推动人民币国际化，帮助中资企业在菲开展业务，为马尼拉—克拉克铁路项目、马尼拉南北港大桥项目和帕西格河桥梁等一些菲律宾重大项目提供贷款。

二、货币市场合作

2003 年 8 月，中国与菲律宾签署双边货币互换协议。该协议是中国与菲律宾双边经贸关系中的一项重要成果。协议的签订有利于增强两国金融市场信心，促进两国货币流通和使用，降低汇率风险和交易成本，推动两国经济和金融活动正常发展。截至 2020 年 1 月，中国人民银行与菲律宾货币当局签署的双边本币互换规模已达 10 亿美元。同时，随着中国与菲律宾贸易合作水平不断提升，跨境人民币清算业务也取得较大突破，2020 年上半年菲律宾人民币总清算量达 3025 亿元人民币，比 2019 年同期增长 138%[①]。

此外，2018 年 10 月 30 日，由中国银行马尼拉分行发起、菲律宾 13 家当地主要银行为初始会员，菲律宾人民币交易商协会成立，该协会是中国境外第一家人民币对当地货币交易的自律性金融组织，可以帮助实现两国货币直接兑换。该协会通过菲律宾中央银行向中国人民银行申请设立菲律宾人民币清算行，以便为当地客户提供更优惠、快捷的清算与结算服务。这是人民币国际化在菲律宾迈出的坚实一步，也成为中国与菲律宾金融合作的重要成果。

三、资本市场合作

（一）债券市场

菲律宾在中国发行人民币债券，既促进了中国债券市场多样化，又拓展了双方

---

① 资料来源：《2021 年人民币国际化报告》。

金融合作领域。2018 年 3 月 20 日，菲律宾于中国银行间债券市场上成功发售了第一只主权熊猫债券，该债券承销商为中国银行，总金额达 14.6 亿元人民币，期限为 3 年，票面利率为 50%，为东南亚地区及更多准备尝试在中国资本市场融资的发行人提供了模范先例。2019 年 5 月，菲律宾又在中国银行间债券市场发行价值 25 亿元人民币的三年期熊猫债，两笔熊猫债发行，既为菲律宾提供了更多的债券融资机会，也证明了中国资本市场的雄厚实力。

（二）股票市场

深圳证券交易所—菲律宾证券交易所。2009 年，深圳证券交易所与菲律宾证券交易所首次签署备忘录，此后一直在高层互访、人员交流、信息共享、产品互挂等方面保持密切合作关系。2021 年，深圳证券交易所与菲律宾证券交易所签署合作谅解备忘录，进一步深化两国资本市场合作。两家交易所合作的主要领域和项目：市场培育推广，包括支持两国企业在对方市场上市、扩大两国投资者参与对方市场的渠道等；跨境投融资服务，包括建立跨境投融资机制、开展跨境监管合作等；指数合编和产品合作，包括共同开发指数产品、推动两国 ETF 互挂等；市场发展和技术经验交流，包括分享市场监管和运行经验、探讨新技术应用等。

上海证券交易所—菲律宾证券交易所。双边合作主要有以下方面：2009 年，签署合作谅解备忘录，在市场监管、信息共享、人员培训等方面开展合作。2023 年 5 月，签署 ETF 产品互通合作谅解备忘录，在中国—东盟资本市场互联合作框架下，推动两国 ETF 互挂，为菲律宾等东盟国家投资者提供更多投资机会。2023 年 1 月，菲律宾证券交易所和中银香港马尼拉分行签署谅解备忘录，通过中菲资本市场为双边贸易和投资提供金融服务。菲律宾证券交易所总裁莫松表示，此次合作可能会加快菲律宾证交所和中国三个交易所之间的股票互联互通计划，并期待 2024 年能够顺利启动"中菲通"。

（三）其他方面合作

2017 年，陆金所与 JG Summit Holdings 子公司 Express Holdings 成立合资公司 Cashalo，目的在于为菲律宾的无银行账户和低收入人群提供便捷、透明、安全的金融服务。Cashalo 开发了一个移动应用程序，使用人工智能和机器学习技术，为用户提供快速、无抵押的现金贷款、分期购物、电子钱包等服务。目前 Cashalo 已经为超过 130 万菲律宾人建立了金融身份，拥有超过 300 万用户，并与超过 3000 家商户合作，包括 Lazada、Robinsons Appliances、SM Store 等。

四、金融监管合作

2005 年，原中国银保监会就已与菲律宾签订双边监管合作谅解备忘录和监管合作协议，旨在维护双边互设银行业金融机构的合法、稳健经营。

2018 年，双方签署《中华人民共和国政府与菲律宾共和国政府关于共同推进"一带一路"建设的谅解备忘录》。2020 年 1 月 17 日，中国反洗钱监测分析中心与菲律宾反洗钱委员会在北京完成了《关于反洗钱和反恐怖融资金融情报交流合作谅解备忘录》的签署工作，加强了打击洗钱和恐怖融资等领域的合作，促进了中国与东盟国家建立反洗钱合作机制的进程。2023 年 1 月，中国政府与菲律宾政府续签《中华人民共和国政府与菲律宾共和国政府关于"一带一路"倡议合作的谅解备忘录》。

本章小结

菲律宾的金融业发展命运多舛，曾经历过"小纽约"式的辉煌，也有如今艰难而缓慢发展的局面。虽然菲律宾政府已出台诸多激励措施，金融规模日渐扩大，金融结构也处于不断完善之中，但由于连年的政局动荡、政府政策的不连贯、"闭关锁国"状态、两次金融危机等诸多内在、外在因素影响，菲律宾金融业发展依旧任重道远。

然而，得益于菲律宾人口结构年轻化、人们勇于接受新事物、银行服务渗透率低、政府政策支持以及中国企业看好菲律宾市场等主客观因素，菲律宾金融科技行业发展具有明显不同于其他国家的优势，金融科技预计会在菲律宾的发展历程中发挥越来越重要的作用，使其有望成为更加数字化的经济体。此外，金融科技在全球范围内遍地开花，中国的金融科技行业实现了引领式发展，国内市场逐渐饱和、竞争加剧和监管趋严，不少金融科技企业开始抢占菲律宾等新兴市场的市场份额，目前"出海"菲律宾的金融科技公司主要有蚂蚁金服、腾讯集团、京东数科、掌众集团和恒昌利通等，他们将多年积累的丰富经验运用于菲律宾市场，在移动支付、电商合作等领域积极开展业务合作，成为中资公司跨境"出海"的成功案例。

目前，中国高度重视与东盟国家开展金融合作，金融市场开放程度不断提升，菲律宾是东盟重要成员国之一，是一衣带水的邻居，是能合作共赢的好伙伴，两国在银行业、资本市场、货币市场和金融监管之间构建更务实、更深入、更广泛的合作关系，有利于共同谱写出互利合作、共赢发展的新篇章，迈上中菲金融合作新台阶，描绘两国人民更加光明的蓝图！

［ 第九章 ］

文莱金融业

文莱金融业的整体水平在东盟十国中处于相对靠后的排名，然而基于国家自身独特的宗教风格，伊斯兰文化深度融合入金融行业发展过程中，形成了独树一帜的文莱伊斯兰金融，使金融发展模式在世界伊斯兰金融发展排行榜上名列前茅。2021年1月，文莱政府发布了《国家经济发展蓝图》，该蓝图面向2035年提出了三大发展目标，目标之一就是发展非油气行业的多元化经济。针对此发展目标，中文两国更宽领域、更深层次、更高水平的互利合作大有可为，也将进一步助力文莱金融业的持续完善。

第一节 文莱金融业：基础薄弱，砥砺前行

一、文莱金融业发展历程

1984年1月1日，文莱独立，此时领有文莱政府执照的金融机构共有9家商业银行、5家金融公司、17家保险公司、4家当铺和3家银钱行庄，如此众多金融机构组成的文莱金融部门，在当时基本满足文莱发展的需求。

2000年，文莱成立国际金融中心，为未来成为区域金融服务中心的构想奠定基础。一些看好文莱未来发展的跨国银行得知政府规划后，陆续在此注册落地，大力发展离岸金融业务。第一家注册的国际性银行为加拿大皇家银行，随后汇丰银行、花旗银行等大型金融机构接连进入文莱国际金融中心。2013年，花旗银行退出文莱市场。2016年，中国银行（香港）有限公司获批在文莱设立分支机构。

此后，由于伊斯兰金融在2008年国际金融危机中凸显了规避金融风险的独特优势，文莱政府决心大力推动伊斯兰金融的发展。2008年，文莱财政部颁布伊斯兰银行法令和伊斯兰保险法令，对金融系统加强监管，并通过各种途径向人们宣传伊斯兰金融的投资模式与宗旨。2011年1月10日，文莱金融管理局正式成立，承担起中

央银行职责，负责制定国家货币政策及监督金融体系运作，皇储比拉担任董事局主席。2021 年 6 月 26 日，文莱金融管理局更名为文莱中央银行（Brunei Darussalam Central Bank，BDCB），原有职能保持不变。《中央银行法》（2021）自 2021 年 6 月 27 日生效，原《金融管理局法》同时失效。

二、文莱金融体系简介

（一）银行业

文莱没有非银行支付机构和清算机构，银行业规模较小。银行主要分为传统银行、伊斯兰银行、金融公司三种类型。当地主要商业银行为佰都利银行、文莱达鲁萨兰伊斯兰银行（Bank Islam Brunei Darussalam Berhad，BIBD）；外资银行主要有渣打银行、新加坡大华银行、马来亚银行等国际银行。2016 年 2 月 20 日，中国银行（香港）有限公司在斯里巴加湾市举行分行开业典礼，成为首家在文莱经营的中资银行。中银香港文莱分行持有全面银行牌照，可为文莱的企业和个人提供各类金融产品和服务。

2022 年文莱银行业的资产与存款分别同比增长 6.8% 和 6.99%（见图 9 – 1）。银行不良贷款比率从 2021 年的 3.6% 下降到 3.34%，表明贷款组合的资产质量状况有所改善。此外，银行拥有充足的资本和流动资金缓冲，资本比率为 20.24%，流动资产占总资产比例为 43.77%。银行业盈利能力保持稳定，资产回报率和股本回报率分别为 1.31% 和 9.51%。①

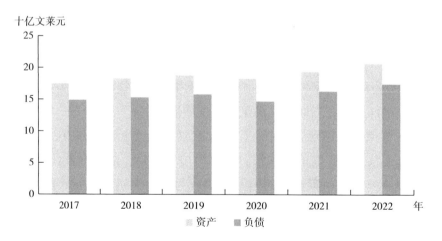

图 9 – 1 2017—2022 年文莱银行业资产与负债额

（资料来源：《BDCB Annual Report 2022》）

---

① 资料来源：*BDCB Annual Report* 2021。

（二）证券业

目前，文莱尚未建立证券交易所。2019 年文莱政府宣布了一项 4.14 亿美元的一揽子计划，用于未来几年资助与证券交易所相关的基础设施、技术和社会经济研究。由于文莱证券交易所仍处于筹备中，未开设本地证券交易市场，因此外资企业在当地融资的主要渠道是银行，新注册外资企业必须提供母公司信用情况的证明材料，具体事宜与银行自行协商确定。

文莱金融体系中的银行业和保险业占据着金融市场的绝大部分份额，债券市场发行短期伊斯兰债券，金融产品单一，金融结构也相对比较简单。2006 年 4 月 6 日，文莱发行第一份伊斯兰债券，此次所发行的债券是完全符合伊斯兰教义的短期伊斯兰债券，被视为文莱发展国内资本市场的第一步，意味着文莱成为世界上第一个超越传统资本市场直接发展伊斯兰债务工具的国家，提高了其在区域和全球金融体系中的地位。此后，文莱继续发行伊斯兰债券，虽然债券品种与期限愈加多样化，但期限多是在一年以下。如图 9 - 2 所示，2023 年文莱债券期限为 3 个月的规模最大，超过 1 年的甚少。在《文莱 2035 年远景展望》中，文莱政府认为基于本国穆斯林人口密度大的优势，可争取把国家建设成为伊斯兰金融中心。但直至今天，文莱的伊斯兰债券只有发行市场没有交易市场，债券发行权力掌握在政府手中，其他个人或者机构没有权力发行。债券的发行和管理机构均为文莱中央银行。此外，在文莱金融体系中票据还可正常发行，但是数量并不多，期限通常为 13 ~ 15 天，发行额为 5 千万文莱元（见图 9 - 2）。

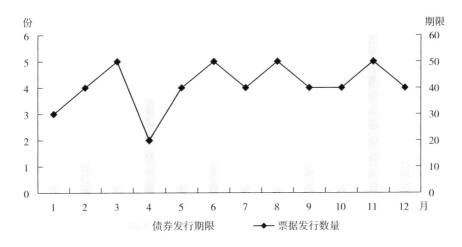

图 9 - 2 2023 年文莱票据发行数量与债券发行期限

［资料来源：BDCB 官网（www.bdcb.gov.bn）；时间截至 2023 年 12 月 14 日］

（三）保险业

2022 年，文莱传统保险和伊斯兰保险经营商共有 11 家，其中有 7 家传统保险公司和 4 家伊斯兰保险经营商（见表 9－1）。传统保险和伊斯兰保险经营商的资产从 2021 年的 19.8 亿文莱元下降到 18.8 亿文莱元，同比下降约 4.66%[1]，原因在于人寿和非人寿保险业务的投资、可从再保险公司收回的投资以及其他资产均分别下降 11.32%、12.71% 与 16.07%。整个行业保险毛保费总额从 2021 年的 3.1313 亿文莱元增加至 2022 年的 3.2970 亿文莱元，增长约 5.28%，主要依靠人寿保险业务以及能源和个人事故业务的保费增长。就市场份额而言，传统保费仍占据主导地位，市场份额为 53.48%，而伊斯兰保费市场份额为 46.52%。[2]

表 9－1 文莱保险业公司情况 单位：家

公司类型	数量
常规业务的传统保险公司	4
常规业务的伊斯兰保险公司	2
传统人寿保险公司	3
人寿伊斯兰保险公司	2
合计	11

资料来源：*BDCB Annual Report* 2022。

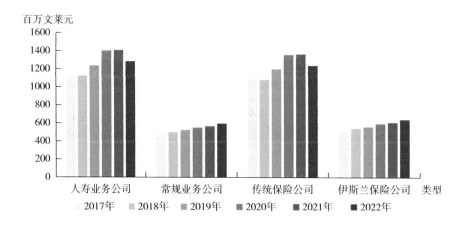

图 9－3 2017—2022 年文莱不同类型保险公司总资产情况

（资料来源：《*BDCB Annual Report* 2022》）

2006 年，文莱发布《保险业法案》，对保险业运营予以规范管理，但该保险业法案中并未涉及针对伊斯兰保险业的具体条款，对伊斯兰保险公司运营也未产生任

---

① 资料来源：*BDCB Annual Report* 2022。

② 资料来源：*BDCB Annual Report* 2022。

何影响。因此，现阶段伊斯兰保险业管理框架仍然基于传统保险业，这也就导致了在与传统保险业的市场竞争中，伊斯兰保险业处于不利地位。

（四）伊斯兰金融

文莱的第一家伊斯兰银行——文莱伊斯兰银行，是首家全能伊斯兰商业银行。文莱伊斯兰银行的前身是成立于 1980 年 7 月 2 日的岛屿发展银行，由于管理结构变化，该银行 1986 年 7 月更名为文莱国际银行，所经营业务仍然属于传统银行业务，直至 1993 年更名为文莱伊斯兰银行后才真正转变为伊斯兰银行。文莱伊斯兰银行的主要业务是为穆斯林提供贸易和商业金融服务，虽然存在一些初期运作问题，但也吸引了包括非穆斯林在内的大量客户。

文莱的第二家全能伊斯兰银行——文莱伊斯兰发展银行，前身为政府控股的文莱发展银行。2000 年 4 月 4 日，文莱发展银行转变成为一家伊斯兰银行。由于伊斯兰银行与传统银行的交易、会计系统存在较大区别，整个转变过程长达 3 个月之久，直到当年 7 月文莱伊斯兰发展银行才真正成立。

2006 年 1 月 1 日，经文莱政府批准，文莱伊斯兰银行和文莱伊斯兰发展银行合并为文莱达鲁萨兰伊斯兰银行。此次合并是文莱政府加强伊斯兰银行和保险业等金融机构发展的重要举措之一，标志着文莱伊斯兰银行业发展进入一个新阶段。文莱政府希望新的伊斯兰银行更加具有竞争力和发展力，能够在新的服务领域和海外开展业务，提供更具效率和竞争力的服务，为国家经济发展，特别是伊斯兰金融领域发展作出更为重大的贡献。目前，除了拥有伊斯兰银行业外，文莱还有短期伊斯兰债券市场，其他伊斯兰金融服务涵盖保险、资产管理、共同基金和信托服务等多个领域。

文莱的伊斯兰金融部门发展始于 1991 年，当时成立的伊斯兰信托基金为文莱第一家伊斯兰金融机构，此后伊斯兰金融机构逐步发展与完善。目前，伊斯兰金融业已发展形成为包括 11 家完全成熟的伊斯兰金融机构，具有 1 个伊斯兰窗口和 1 个符合伊斯兰教法的文莱中央银行金融科技沙盒申请人。2021 年 4 月，渣打证券成为文莱第一家获准通过伊斯兰窗口提供伊斯兰单位信托的传统金融机构。截至 2021 年底，伊斯兰金融机构持有的总资产占文莱金融业总资产的一半以上[①]，在全球伊斯兰金融机构资产中排名第八位。*Islamic Finance Development Report* 2022：*Embracing Change* 报告显示，2022 年，世界各国伊斯兰金融发展指标评比中，文莱评分为 31，取得了排名第 12 位的好成绩，与 2021 年该指标排位持平。

文莱实行两级伊斯兰教法治理结构，确保伊斯兰金融活动符合伊斯兰教法。两

---

① 资料来源：*BDCB Annual Report* 2021。

级伊斯兰教法治理结构如下：一是伊斯兰金融监督委员会（Syariah Financial Supervisory Board，SFSB），文莱中央银行是其秘书处。伊斯兰金融监督委员会根据2006年《伊斯兰金融监督委员会令》成立，是文莱伊斯兰金融业的最终主管部门，负责根据伊斯兰教法原则，为伊斯兰金融活动确定伊斯兰教法。二是伊斯兰咨询机构（Syariah Advisory Body，SAB），与SFSB互补，专门负责为维护业务开展能符合伊斯兰教合规性而向各机构部门提供针对性建议。

有别于传统的商业银行管理模式，"互助"和"共同价值"等伊斯兰思想在商业银行运营中得以更多的体现，这些教条既与现代金融理念相契合，又能在经营范围、利息收付、负债关系等方面与传统商业银行管理有着明显区别，具体如表9-2所示。

表9-2　　　　　　伊斯兰金融业务管理模式与传统商业银行管理模式比较分析

项目	伊斯兰金融业务管理模式	传统商业银行管理模式
业务范畴	以法律和伊斯兰教义为边界	以法律允许为边界
管理目标	互帮互助、追求共同利益	利润最大化
重点盈利渠道	长期股权投资	存贷利差
利息核算	不核算	核算后收付
风险管理	共担风险，互利共赢	自负盈亏，要求抵押、担保等
负债关系	投资者或存款人为合伙关系	存贷关系

三、金融监管机构

2012年，文莱财政部下属新机构——金融管理局成立，苏丹授命皇储比拉担任主席。从2021年6月26日起，该机构更名为文莱中央银行。文莱中央银行由前财政部管辖的金融机构局、研究与国际局、文莱国际金融中心以及文莱货币与金融委员会四个部门拆分重组后合并而成。文莱中央银行作为独立运作的权力机构，掌管国家货币及金融事务，负责制定国家货币政策并监管国内金融机构。文莱中央银行的主要目标包括保持物价稳定，确保金融体系的稳定，协助建立运行和监督支付系统。2022年，包括新发行的和处理过的纸币的总发行额为18.3148亿文莱元，比2021年的17.6321亿文莱元有所增加。[①] 尽管面临新冠疫情的挑战，文莱中央银行仍然履行其职责，确保国家支付和结算系统（包括实时结算系统、自动清算所系统和中央证券存管系统）顺利运作。

根据《伊斯兰金融监督委员会令（2006）》，文莱的伊斯兰金融监督委员会配合

---

① 资料来源：*BDCB Annual Report* 2022。

中央银行的金融监管工作，确保伊斯兰金融机构的运营符合伊斯兰教法，并对所涉及的金融业务问题作出裁决，就与伊斯兰金融业务有关的问题、活动或交易提供建议。

银行协会是文莱银行业自律组织，其主要职责为制定相关规则以指导并约束协会成员银行；督促协会成员银行执行国家法律法规和各项政策；维护协会成员银行的合法权益，防范协会成员银行合法权益被侵害；促进文莱银行业和其他国家的交往与合作。

2021 年，受《证券条例》监管的人员总数从 2020 年的 166 人减少到 155 人，主要原因在于资本市场服务代表执照（Capital Markets Services Representative's Licence，CMSRL）持有总数减少了 9 个，余下 148 家公司持有执照。其中，一家持有资本市场服务执照（Capital Markets Services Licence，CMSL）的公司在 2021 年第二季度被吊销执照，一个此前受认可的金融机构在第三季度被暂停认可资格。

四、外汇制度

文莱中央银行负责外汇储备及监督工作。受历史关系影响，文莱本身并无外汇数额限制，一直延续货币等值互换的协定。1952—1967 年，文莱独立前曾与马来西亚和新加坡共同组建单一货币区，并有效实行了近 15 年。1967 年，该制度取消，文莱恢复发行本国货币"文莱元"，但仍与新加坡签订"货币等值互换协定"，双方货币按 1:1 汇率等值流通，文莱元与新加坡元平价挂钩。这一举措帮助了文莱稳定整体物价，文莱长期以来的通货膨胀率一直保持着稳定的低水平，1983—2021 年通货膨胀率平均为 1.1% 左右。除新加坡元外，文莱中央银行不监督或指导任何涉及银行的外币兑换交易。至今，文莱仍然没有设置外汇限制，允许非居民开立银行账户，且不限制非居民借款。外资企业在当地开立外汇账户则须提供公司注册文件及护照复印件等材料。个人可自由携带现金出入境，无须进行申报，个人及公司外汇可自由汇出，但在汇出时说明具体原因。人民币与文莱元可进行直接兑换。

随着新冠疫情后期管制措施的取消，2022 年文莱外汇买卖均大幅增加。2022 年文莱的货币兑换与 2021 年相比，在买入方面，买入外币从 430 万文莱元增加到 1518 万文莱元。在卖出方面，卖出外币从 818 万文莱元增加到 8995 万文莱元。马来西亚林吉特在买卖外币总额中所占比例最高，分别为 55%（4904 万文莱元，成交 90573 笔）及 36%（543 万文莱元，成交 16220 笔）。然而，与 2021 年相比，汇出汇款和交易数量有所下降，分别下降了 1%（约 1 亿文莱元）和 6%（114 万笔交易），资金主要是向马来西亚、印度尼西亚汇款。向马来西亚汇款共 166941 笔，总额为 4.4472 亿文莱元，向印度尼西亚汇款共 362756 笔，总额为 2.792 亿文莱元。78% 的汇款因个人原因汇出。①

第二节　文莱金融业发展：立足国情，独出心裁

一、银行体系占主导地位

传统金融业中往往包括银行市场、证券市场、保险市场等，多方发力，为企业和个人提供完善和谐的投融资渠道。然而，文莱的金融却是以银行为主导，保险业相对繁荣，股票市场至今仍未建立，整体资本市场处于低水平发展阶段。

从金融机构数量来看，2021 年，文莱传统金融机构与伊斯兰金融机构共有 21 家，其中传统性质与伊斯兰性质银行的资产占全部金融机构的 82.2%（见表9－3、图 9－4）。2022 年，文莱的金融部门资产同比增长 4.36%，达到 245.6 亿文莱元。银行部门（包括文莱伊斯兰信托基金）仍然占主导地位，其资产占总资产的84.21%，其次是金融公司，占 8.13%，传统保险与伊斯兰保险占 7.66%（见图9－5）。②

表 9－3　　　　　　　　　　2021 年文莱金融机构情况

受 BDCB 监管的金融机构	金融机构数量（家）	金额（亿文莱元）	所占份额（%）
传统银行（Conventional Banks）	6	72	30.5
伊斯兰银行（Islamic Banks）	2	122	51.8
金融公司（Finance Companies）	2	22	9.3
传统保险公司（Conventional Insurance）	7	14	5.9
伊斯兰保险（Takaful）	4	6	2.5
合计	21	236	100

资料来源：*BDCB Annual Report* 2021。

① 资料来源：*BDCB Annual Report* 2022。
② 资料来源：*BDCB Annual Report* 2022。

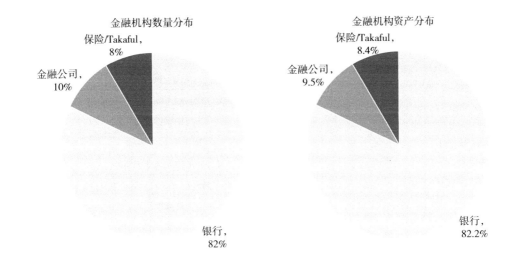

图 9－4　文莱金融机构数量与资产分布

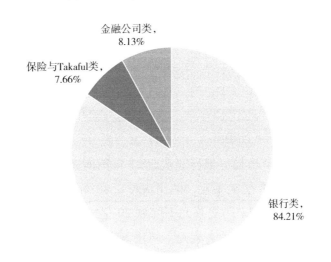

图 9－5　2022 年文莱金融业各部门资产占比

（资料来源：《BDCB Annual Report 2022》）

表 9－4　　　　　　　　　　　文莱银行和金融公司一览

类别	性质	金融机构
银行类 （8 家）	传统银行	Baiduri Bank Berhad （佰都利银行）
		Standard Chartered Bank （渣打银行）
		Malayan Banking Berhad （马来亚银行）

续表

类别	性质	金融机构
银行类 （8 家）	传统银行	United Overseas Bank Limited （大华银行）
		Bank of China [Hongkong] Limited （中国银行）
		RHB Bank Berhad （马来西亚兴业银行）
		State Street [Brunei] Sdn. Bhd. （道富银行）
	伊斯兰银行	Bank Islam Brunei Darussalam [BIBD] Berhad （文莱达鲁萨兰伊斯兰银行）
信托基金类 （1 家）	信托基金公司	Perbadanan Tabung Amanah Islam Brunei （文莱伊斯兰信托基金公司）
金融公司类 （2 家）	传统金融公司	Baiduri Finance Berhad （佰都利金融公司）
	伊斯兰金融公司	BIBD At – Tamwil Ber had
Islamic SME Bank （1 家）		Bank Usahawan （没有具体数据）

资料来源：BDCB 官网，www. bdcb. gov. bn。

在资产方面，由于投资增加，银行业从 2021 年第四季度的 193.6 亿文莱元增长至 2022 年第四季度的 206.8 亿文莱元，同比增长 6.82%。然而，在同一时期，金融公司资产下降了 9.22%，从 22 亿文莱元下降到 20 亿文莱元。传统保险与伊斯兰保险也从 20 亿文莱元下降到 18.8 亿文莱元，同比下降约 4.66%[1]，主要原因在于人寿和非人寿保险的投资、可从再保险公司收回的投资以及其他资产均表现出下降状态。然而，金融公司具有向社会企业和个人吸收存款、发放贷款的功能，执行着传统银行中的一部分职能，因此，若将金融公司与银行作为广泛意义上的银行业来考察，在文莱金融体系中，银行业的资产分量是最足的，银行占据着主导地位，承担着为经济主体提供金融服务的主要职能。

二、伊斯兰金融发展良好

文莱人口大部分为穆斯林，信仰伊斯兰教。浓厚的宗教文化氛围使得社会经济发展都带有强烈的伊斯兰文化属性，基于此种文化氛围，文莱在发展传统金融的同

---

① 资料来源：*BDCB Annual Report* 2022。

时，也孕育了特色的伊斯兰金融。

将银行业划分为传统银行和伊斯兰银行（包括文莱伊斯兰银行和文莱伊斯兰信托基金公司），如图 9-6 至图 9-8 所示，2019—2021 年，无论是资产、存款还是融资方面，伊斯兰银行占银行业的主要部分，比例均超过 60%。在整个金融体系中，银行业占据主导地位，而在银行业中占据主导地位的则是伊斯兰银行，传统银行处于次要地位。这与文莱注重发展伊斯兰金融和自主把握经济命脉的思想吻合，因此，也就导致了在相当程度上伊斯兰金融业是垄断发展的。尽管发展的道路上具有"计划经济"性质，但确实取得了一定成绩，2022 年，文莱在世界伊斯兰金融发展指标得分排名中位列第 12 名（见表 9-5），伊斯兰金融资产在财务绩效指标方面排名第 8 名，绩效方面保持领先地位。目前文莱政府仍在积极深化伊斯兰金融市场。

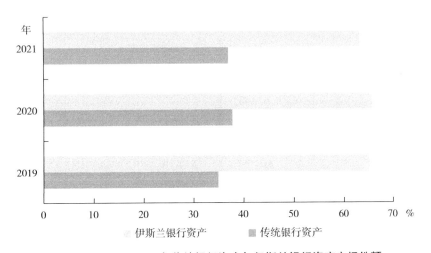

图 9-6　2019—2021 年传统银行资产与伊斯兰银行资产市场份额

（资料来源：2019—2021 年文莱金融稳定报告）

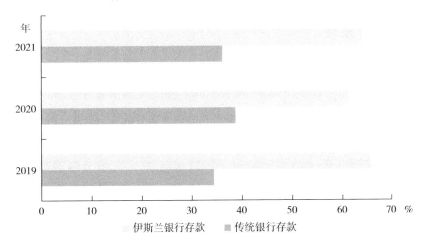

图 9-7　2019—2021 年传统银行资产与伊斯兰银行存款市场份额

（资料来源：2019—2021 年文莱金融稳定报告）

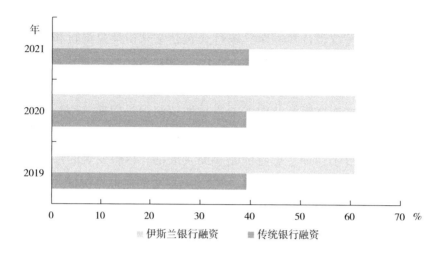

图 9 - 8 2019—2021 年传统银行资产与伊斯兰银行融资市场份额

（资料来源：2019—2021 年文莱金融稳定报告）

表 9 - 5 　　　　　2022 年世界各国伊斯兰金融发展指标（IFDI）得分及排名

国家	排名	2022 年 IFDI 得分	国家	排名	2022 年 IFDI 得分
马来西亚	1	113	巴基斯坦	8	43
沙特阿拉伯	2	74	卡塔尔	9	38
印度尼西亚	3	61	孟加拉国	10	36
巴林	4	59	马尔代夫	11	32
科威特	5	59	文莱	12	31
阿拉伯联合酋长国	6	52	约旦	13	29
阿曼	7	48	苏丹	14	27

资料来源：*Islamic Finance Development Report 2022：Embracing Change*。

三、王室参与感强

文莱是一个奉行"马来伊斯兰君主制"的国家，苏丹政府大力推行"君主制"政策。国家元首为苏丹·哈吉·哈桑纳尔·博尔基亚·穆伊扎丁·瓦达乌拉（Sultan Haji Hassanal Bolkiah Muízzaddin Waddaulah），苏丹不仅兼任首相，同时还在重要的经济领域担任财政与经济部长，拥有着能直接调控货币政策、掌管国家财政支出的权力，这彰显着其至高无上的王室地位。2011 年 1 月，文莱金融管理局设立之初，董事局主席由王储比拉担任。2021 年 6 月，文莱金融管理局调整为文莱中央银行，文莱中央银行的相关职能不变，苏丹博尔基亚组建新的董事会并任命新成员。可见，王室不仅仅是扮演象征性的角色，在与文莱经济命脉相关的经济金融领域，能实际参与管理与控制，拥有着实实在在的权力，作为监管金融机构的一把手，集中掌握着文莱经济与金融的发展命脉。

表 9 – 6 文莱的保险公司和伊斯兰保险公司

性质	序号	公司名称	所属集团
非人寿 保险公司	1	国民保险有限公司 （National Insurance CompanyBerhad）	—
	2	标准保险有限公司 （Standard Insurance Sdn Bhd）	—
	3	东京海上保险新加坡公司 （Tokio Marine Insurance ingapore Limited）	—
	4	奥德利保险公司 （Audley Insurance Company SdnBhd）	—
人寿 保险公司	1	友邦新加坡私人有限公司 （AIA Singapore Private Limited［Brunei Branch］）	—
	2	大东方人寿保险有限公司 （The Great Eastern Life AssuranceCompany Ltd）	—
	3	东京海上生命保险新加坡 有限公司（Tokio Marine Life InsuranceSingapore Ltd）	—
常规业务的 伊斯兰保险公司 （General Takaful）	1	Insurans Islam TAIB General Takaful Sdn Bhd	Perbadanan Tabung Amanah Islam Brunei
	2	Takaful Brunei Am Sdn Bhd	Syarikat Takaful Brunei Darussalam Sdn Bhd
家庭业务的 伊斯兰保险公司 （Family Takaful）	1	Insurans Islam TAIB Family TakafulSdn Bhd	Perbadanan Tabung Amanah Islam Brunei
	2	Takaful Brunei Keluarga Sdn Bhd	Syarikat Takaful Brunei Darussalam Sdn Bhd

文莱有着特色的伊斯兰保险业务，共有伊斯兰保险经营商 4 家（见表 9 – 6），分别归属于 Syarikat Takaful Brunei Darussalam Sdn Bhd（STBD）和 Perbadanan Tabung Amanah Islam Brunei（TAIB）这两个大集团。其中 STBD 是由苏丹博尔基亚直接控股，TAIB 也是由苏丹依法设立。STBD 最大的股东为苏丹·哈吉·哈桑纳尔·博尔基亚基金会（Sultan Haji Hassanal Bolkiah Foundation），持股比例高达 69%。从该基金会的名称可知，基金会与苏丹博尔基亚密切相关，基金依据"苏丹·哈吉·哈桑纳尔·博尔基亚基金会法"设立，该法规定苏丹博尔基亚及其王室成员可以随时出资，这也意味着苏丹及其王室成员随时可以通过控股影响伊斯兰保险公司的经营和发展。尽管 TAIB 的股东资料并未公开，但其在 1991 年由苏丹博尔基亚设立组建，很难不让人与王室联系在一起。

进一步观察分析，2018—2022 年文莱传统保险公司与伊斯兰保险公司保费收入占整个保险业的保费收入比例图（见图 9 – 9），文莱伊斯兰保险公司的保费收入在文莱国内保险市场中的比例较高，基本与传统保险公司"平分天下"。换言之，文莱的伊斯兰保险业发展离不开王室的参与和支持，受到了文莱王室的深刻影响。

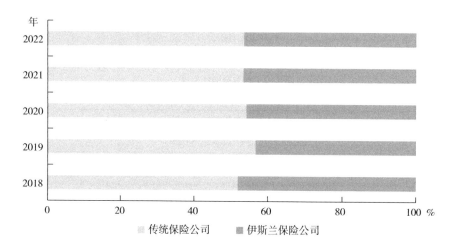

图 9 – 9　2018—2022 年文莱传统保险公司与伊斯兰保险公司占总行业保费收入比例
（资料来源：《BDCB Annual Report 2022》）

第三节　中国—文莱金融合作：现状与典型案例

一、中国—文莱金融合作现状

（一）银行业合作

2010 年 1 月 12 日，中国银联股份有限公司驻新加坡代表处和文莱佰度里银行商定关于中国银联在文莱开通银联卡服务业务，为文莱本地持卡人在中国境内消费提供便利。同年 3 月 3 日，文莱香港汇丰银行商业部为文莱客户提供以人民币作为贸易往来结算货币的服务。2010 年，"中国—东盟银联体"成立，文莱伊斯兰银行等 11 国的主要银行积极加入，为促进多边经贸交流和区域经济合作提供金融支持和服务。2013 年，文莱伊斯兰银行成为该组织轮值主席，为深化与中国及东盟各国银行业的务实合作提出一系列的合理意见和建议，该组织在中国和东盟地区的影响力逐渐扩大。

2016 年，中银香港文莱分行在斯里巴加湾市正式对外营业，成为唯一一家在文莱经营的中资银行，开业以来，为文莱个人、企业和机构等客户提供多元化的金融及投资理财服务，如银团贷款、人民币服务、现金管理、贸易融资等。同年，中国银行广西分行又联动中银香港、中银香港文莱分行筹备组为广西某企业办理首笔汇往文莱的人民币境外直接投资业务。最终，中银香港文莱分行在持续深耕当地市场中，为众多文莱客户提供服务，营业收入呈现增长趋势（见图9-10）。

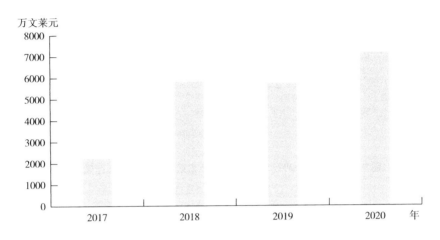

图9-10　2017—2020年中银香港文莱分行总营业收入

（资料来源：中银香港文莱分行年报）

（二）货币市场合作

截至2021年末，中国分别与越南、印度尼西亚、柬埔寨签订了双边本币结算协议，与印度尼西亚、马来西亚、新加坡、泰国等国签订了货币互换协议。然而文莱尚未与中国签署双边本币互换协议和结算协议，也并未将人民币纳入外汇储备货币，双方货币市场的交往活动甚少，主要原因在于文莱金融市场仍处于相对低级的发展状态，经济金融基础条件较差，金融市场的开发程度较低。

（三）资本市场合作

2014年2月，中国证监会与文莱金融管理局签署两国证券期货管理合作谅解备忘录。该备忘录是文莱与外国金融与证券管理机构签署的第五份类似文件，体现了文莱金融机构具有向中国证监会申请合格境外机构投资者资格，可在中国市场上投资。2015年7月29日，文莱投资局成为我国获批QFII的机构之一。截至2020年5月31日累计批准额度为2亿美元。① 受宏观经济环境影响，近几年中国对文莱的直接投资波动较大，如图9-11所示。

---

① 资料来源：www.safe.gov.cn。

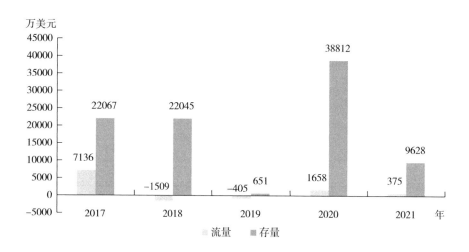

图 9 - 11　2017—2021 年中国对文莱直接投资的流量与存量情况

（资料来源：《2021 年度中国对外直接投资统计公告》）

二、典型案例：多种融资方式结合，推动投资项目显成效

（一）项目概况

文莱 PMB 石油化工项目建在文莱的大摩拉岛，是我国民营企业在海外最大的投资项目，也是我国首个按照"中国标准"建设的海外炼化项目。该项目由恒逸石化股份有限公司与文莱政府合作，恒逸石化为大股东，持股 70%。拥有文莱政府主权基金背景的达迈控股有限公司持剩余 30%的股份，以持股配比分派收益，最终管理权归恒逸集团所有，项目的建设工作由恒逸实业（文莱）有限公司［以下简称恒逸实业（文莱）］进行。文莱 PMB 石油化工项目主要进展如表 9 -7 所示。

表 9 - 7　　　　　　　　　　　文莱 PMB 石油化工项目主要进展

时间	项目主要进展
2012 - 04	发布公告，正式向公众宣布投资建设文莱 PMB 项目（一期）
2013 - 02	项目一期获国家发展改革委批复
2014 - 01	恒逸实业（文莱）签署《土地租赁协议》，租赁土地位于文莱大摩拉岛，租赁土地面积为 260 公顷，租赁期限为 30 期，到期前可申请续期 30 期
2015 - 11	拟公开增发募集资金用于文莱 PMB 项目一期建设
2016 - 07	恒逸石化非公开增发获证监会批准。2016 年 10 月，增发完成，募集到资金净额 37.6 亿元
2017 - 03	项目实施协议正式签署
2018 - 08	获得银团贷款 17.5 亿美元，贷款期限为 12 年（3 年宽限期）
2019 - 11	一期全面投产
2020 - 09	宣布拟投资建设文莱 PMB 石油化工项目二期工程

（二）贷款情况

2018年8月19日，恒逸石化获批17.5亿美元的银团贷款，贷款期限为12年。由于贷款金额巨大，国家开发银行和中国进出口银行联合牵头组成银团（银团组成方包括国家开发银行、中国进出口银行、中国银行股份有限公司、中国工商银行股份有限公司、招商银行股份有限公司）对文莱PMB项目贷款。恒逸石化、恒逸实业（文莱）及发行人等相应主体为项目贷款提供相应担保。担保条件为发行人为6.7亿股恒逸石化股票质押做担保，发行人直接及间接持有恒逸石化13.64亿股股权，合计已被质押8.59亿股，占发行人合计持有恒逸石化股权比例的62.98%。同时，恒逸集团将其直接持有的浙商银行股权全部质押给该笔借款银团作为担保。以上两笔质押为过渡期质押，不涉及股票补仓义务，不存在平仓风险。具体贷款事项如表9-8所示。

表9-8　　　　　　　　文莱PMB石油化工项目银团贷款具体事项

股东名称	是否为第一大股东及一致行动人	授信质押股数	解质押日期	质权人	本次质押股占其所持股份比例	用途
恒逸集团	是	671,257,326	根据合同约定办理解质押手续	国家开发银行	58.11%	融资授信

资料来源：恒逸石化，www.hengyishihua.com。

（三）贷款担保情况分析

1. 被担保方恒逸实业（文莱）的股权结构

如图9-12所示，恒逸实业（文莱）实际上是恒逸集团旗下的一个子公司，恒逸集团通过恒逸投资（恒逸石化）、浙江恒逸和香港天逸对恒逸实业（文莱）进行控制。换言之，恒逸集团是恒逸实业（文莱）的最终控制人，拥有70%的控制权。因此，在此次银团贷款中，股权控制链上的浙江恒逸、恒逸投资以及香港天逸一起为恒逸实业（文莱）项目贷款提供担保。另外，由股权结构图可知，恒逸实业（文莱）剩余的30%股权为文莱的达迈控股有限公司拥有，而该股权的最终控制人为文莱财政部。

2. 被担保方恒逸实业（文莱）的财务情况

由表9-9可知，银团贷款前恒逸实业（文莱）已经实现了营业利润由负转正。2017年前9个月，恒逸实业（文莱）营业利润达到104.87万美元，净利润达到106.38万美元。财务数据充分说明了文莱PMB石油化工项目的可行性，也为银团贷款提供了财务保障。

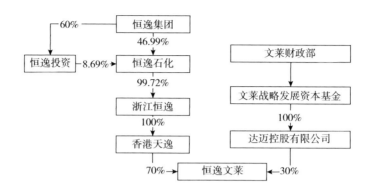

图 9 - 12　恒逸实业（文莱）的股权结构

（资料来源：巨潮资讯网，http://www.cninfo.com.cn）

表 9 - 9　　　　　　　　银团贷款前恒逸实业（文莱）主要财务数据　　　　　　单位：万美元

项目	2017 年 9 月 30 日（未经审计）	2016 年 12 月 31 日（经审计）
总资产	80329.94	24067.88
总负债	2068.34	5912.66
银行贷款总额	—	—
流动负债总额	2066.43	5911.65
净资产	78261.60	18155.22
或有事项总额（包括担保、质押、诉讼与仲裁）	—	—
营业收入	—	—
营业利润	104.87	-413.38
净利润	106.38	-382.49

资料来源：巨潮资讯网（www.cninfo.com.cn）。

3. 担保情况概述

国家开发银行和中国进出口银行联合牵头的银团（以下简称"银团"）拟向恒逸石化控股子公司恒逸实业（文莱）提供 17.5 亿美元或等值境外人民币的项目贷款，贷款期限为 12 年（含 3 年宽限期）。根据对该项目贷款出具的承诺事项，公司及其子公司拟为此次项目贷款提供以下相关担保：恒逸石化和逸盛石化的连带责任保证；香港天逸持有恒逸文莱的 70% 股权；浙江恒逸直接或间接持有的逸盛石化的 70% 股权；浙江恒逸持有的恒逸己内酰胺的 50% 股权；恒逸石化持有的浙商银行 748069283 股股票；项目建设期，恒逸文莱享有项目建设合同项下权益的 70%；项目建成后，恒逸文莱享有项目资产的 70%；恒逸文莱开立对二甲苯和苯的销售收入账户；恒逸文莱开立的汽油、柴油、航空煤油、LPG 等销售收入账户的 70% 的权益。该笔项目贷款担保已通过公司第十届董事会第四次会议审议。

本章小结

文莱独特的政治制度和经济结构对金融业发展的影响尤为深刻，虽然国家金融发展起步晚，机构种类较少，但是创新性表现突出，"伊斯兰"特征明显，文莱的伊斯兰金融在全世界伊斯兰金融排行中位列前茅。2006年1月1日，经政府批准，文莱伊斯兰银行和文莱伊斯兰发展银行合并为文莱达鲁萨兰伊斯兰银行，标志着伊斯兰银行业发展进入了一个新发展阶段。

目前，文莱的金融业发展呈现出银行体系占主导地位、伊斯兰金融发展良好和王室参与感强的明显特征。在苏丹带领下的文莱描绘了未来金融业的发展蓝图，期望通过五大支柱打造充满活力和多样化的金融部门。此外，文莱元与新加坡元平价挂钩，与新加坡金融市场联系密切，未来的文莱金融业将顺应时代发展和民众需求，突破传统性的发展渠道。

由于互联网科技的迅猛发展，文莱经济领域的改革和创新迫在眉睫，银行业受重视的程度将逐渐加大。在RCEP等区域性协议带动下，中国必将继续加强与文莱在银行业、货币市场、资本市场、金融监管等领域的交流合作，进一步推动双方在基础设施建设、数字经济和智慧城市建设、绿色经济、海洋经济等领域深度合作，促使中文双方合作取得新成效，让中国与文莱同道相成的步伐更加有力。

[第十章]

越南金融业

2021 年，越南人均 GDP 为 3756.5 美元，在东盟十国中排名第六位，促进经济发展、提高国民收入成为当前国家发展的要务。作为国民经济的神经中枢，金融业在一国经济发展中发挥着日益重要的作用。1976 年南北统一以来，越南金融业经历了统一与建设时期、改革与发展时期、革新与开放时期三个发展阶段，金融总量不断增加，金融结构持续完善，与中国的金融合作也愈加深入，但是仍然存在基础设施不完善、产品单一化、风险承担能力不足、电子信息化程度较低等问题，严重制约着自身发展与经济增长。

第一节　越南金融业发展历程：循序渐进，多点开花

一、越南金融业发展历程

（一）统一与建设时期（1976—1985 年）

1976 年，越南完成统一，越南北方对南方进行了大规模的社会主义改造，并实行国有化政策。统一之初，越南北方接管了南方的金融系统，建立起全国统一的金融体系。在此阶段，越南金融业发展十分缓慢，格局分布也甚为单一，主要包括国有银行和保险公司。

1. 银行业形成一级体系

1976 年 7 月，越南南方的国家银行被国有化并与北方的中央银行合并为全新的中央银行——越南国家银行（State Bank of Vietnam）。成立之初，越南国家银行便清理了全国几十家私营银行和外资银行，建立起全国统一的支付体系。此时，作为"大一统"的银行，越南国家银行不仅具备发行和管理货币、制定货币政策、监管全国金融机构经营活动等多项中央银行职能，还具备吸收存款、发放贷款、提供支付结算服务等商业银行职能。

2. 保险业垄断经营

在一级银行体系建成的同时，越南保险市场也完成了相应的"大一统"。1977年，成立于1964年的国有越南保险公司（以下简称保越公司，Bao Viet）将越南南方的保险机构悉数合并，完成全国保险体系的统一。此后十余年，保越公司向社会公众提供寿险、财险等基础性保险业务，成为越南唯一的保险公司，实现对全国保险市场的绝对垄断。

（二）改革与发展时期（1986—2005年）

1986年，越南共产党召开第六次全国人民代表大会，正式确定"革新开放"路线，并对市场经济体制进行改革，中央计划经济就此转变为"社会主义指导下的市场经济"。与此同时，越南政府也对金融系统实施相应的革新，以银行业为主导的金融系统开始逐步建立起来。

1. 银行业形成二级体系

1988年3月，越南部长理事会颁布第53/HDBT号文件，确定银行系统商业化转型的基本方向。1990年5月，理事会相继颁布《越南国家银行法》《银行、信用合作社和金融公司法》，将商业银行职能从越南国家银行中剥离出来，并相应成立了4家国有银行，每一家银行都面向不同的经济部门履行具体职能。国家银行原有面向工业和商业的贷款职能划拨给了越南工商银行（Vietinbank），原有面向农业的贷款职能划拨给了越南农业农村发展银行（Agribank），原有面向国际业务的职能划拨给了越南对外贸易银行（Vietconbank），原有面向基础设施建设的职能划拨给了越南投资与发展银行（BIDV）。此后，越南国家银行的职能收缩为中央银行职能，包括制定和实施货币政策、管理外汇储备、监管信贷机构等。

与此同时，越南政府对商业银行进行结构性改革，优化银行体系结构。1988年，越南成立股份制商业银行，采取股份制形式，按照商业银行经营原则进行运营。进入20世纪90年代，支持外贸、房地产、建筑业等特定行业的专业银行相继涌现，越南国家银行便顺势实现将专业银行与商业银行予以划分，进行分业监管。发展到21世纪初，越南银行业逐渐形成国有、股份和合营等多种形式并存的多元化银行体系。

2. 保险业多元化发展

（1）保险业初步放开。1994年，越南颁布10号决议，决定逐步放开保险市场，允许成立非寿险公司和合资保险经纪公司。保越公司的垄断地位随即瓦解，1995年保越公司一分为二，一家是现在的越南保险公司，另一家是胡志明保险公司。与此同时，越南政府投资400万美元设立全资国有保险公司——越南再保险公司，成为越南国内唯一的国有再保险公司。而且越南法律规定，保险公司必须将其业务收入的 20% 向越南再保险公司办理分保，其余 80% 可自由分保。此后两年，保龙保险公司、Petrolimex 石油保险股份公司、石油保险公司等国内非寿险公司陆续成立，越南的保险市场规模逐渐扩大。

（2）保险市场向外资开放。1994 年，越南官方发布公告，允许外国保险公司在越南设立代表处，越南保险市场开始对外资开放。1995—1996 年，越南政府先后批准美国国际保险公司（AIG）、德国安联保险公司（AGF）、法国安盛天平财产保险公司（AXA）等数十家外国保险公司在越南设立代表处。1999 年，越南再次放松保险市场管制，许可外国资本在越南成立完全持股的保险公司，但是仅允许从事人寿保险业务。此后两年，加拿大宏利人寿保险、英国保诚人寿保险、法国 Prevoir 人寿保险、纽约人寿保险等国际保险公司相继入驻越南人寿保险市场。随着本土保险公司、外国保险公司数量的日渐稳定增加，为了更好地管理保险市场，2003 年越南财政部（The Ministry of Finance of The Socialist Republic of Viet Nam）成立保险司，负责直接监管全国保险业。

3. 证券业"萌芽破土"

1999 年 11 月 26 日，越南第一家证券公司——保越证券股份公司（BVSC）成立，注册资金 7223 亿越南盾，主要经营证券经纪、投资银行业务、投资分析和决策建议等业务。2000 年 7 月，越南第一家证券交易中心——胡志明证券交易中心成立，成为东盟 10 国中第 7 个建立证券市场的国家，首轮共 7 只股票上市，越南证券业终于"萌芽破土"。此后 5 年，MB 证券股份公司（MBS）、越南外贸银行证券股份有限公司（VCBS）、胡志明证券股份公司（HSC）等证券公司也相继投入运营，主要从事证券经营及投资、证券存管、承销证券、金融咨询等业务，越南证券市场日渐完善。2005 年 3 月，越南第二家证券交易所——河内证券交易所也投入运营，越南证券市场的体系架构基本建成。

（三）革新与开放时期（2006 年至今）

2006 年 11 月 7 日，越南加入世界贸易组织，金融业的国际化发展趋势愈加明显；与此同时，保险业和证券业经营服务散乱、缺乏行业规范等问题不断凸显。为此，越南金融监管当局双管齐下，对内，深入进行金融改革，逐步优化金融系统；对外，积极顺应时代潮流，开启国际化发展战略。

1. 银行业对外资开放

"入世"之后，根据加入世界贸易组织的承诺，外国投资者可在越南设立 100% 持股的商业银行，且业务范围扩充至信用卡、房屋按揭和私人贷款等领域。2010 年，越南出台《信贷机构法》，对外国银行在本地开设分行作出全面而清晰的规定，外资银行迎来新一轮发展机遇。2009 年 12 月 16 日，中国工商银行在越南开设第一家分行——中国工商银行河内分行，主要提供外汇结算、国际贸易、担保业务、内保外贷等一系列金融服务。2016 年之后，大众银行（马来西亚）、联昌国际银行（马来西亚）和大华银行（新加坡）等外国银行也相继入驻越南，主要提供个人金融业务、公司金融业务和国际金融业务。此后，外资银行在越南金融市场蓬勃发展，逐渐占据一席之地。

2. 保险业规范经营

为促进保险市场安全、平稳运作，2009 年，越南财政部将保险司改组为保监局（Insurance Supervisory Authority），作为财政部的下属机构对保险业进行直接监管，并颁布决议明确保监局的组织架构和相应职权。2010 年，越南颁布《保险法修正法》，对保险公司的设立、运营和破产加以规制。2012 年之后，越南财政部对保险公司进行分业监管，保险公司被分为四类：一是具有良好流动性和盈利能力的保险公司；二是虽满足偿付能力充足率要求但经营成本较高或无法实现连续两年盈利的保险公司；三是无法达到最低偿付能力要求的保险公司；四是偿付能力不足的保险公司。自此，越南财政部对盈利能力、偿付能力不足的保险公司进行更为严格的监管。

3. 证券业进一步发展

为促进证券市场高效、透明运转，2019 年 1 月 14 日，越南当局开始重组河内证交中心和胡志明证交中心，并建立越南证券交易所。越南证券交易所的总部位于河内，将作为河内证交中心和胡志明证交中心的母公司，注册资本为 3 万亿越南盾（约合 1.3 亿美元），为国家独资有限公司，由财政部代表国家行使资本所有权。而河内证券交易中心和胡志明证券交易中心作为越南证券交易所的子公司，具有独立法人地位，进行独立运营。

此外，越南证券交易所分三个阶段逐步设立，以确保市场平稳运作。2019—2020 年，河内和胡志明交易中心的运营将继续照常进行，同时建立越南证券交易所；2020—2023 年，上述两个子交易中心上线运作市场信息系统；2023 年后完成越南证券交易所私有化。

二、越南金融业发展的影响因素

（一）政治局势稳定，为金融发展创造良好环境

建国以来，越南国内政治局势较为平稳，越南政府始终把国家稳定和社会进步放在首位。1996 年，越南共产党召开第八次全国人民代表大会，提出建设工业化、现代化国家的总目标。2010 年，越南政府树立"民富国强、社会公平、民主、文明"的新目标，并争取到 2020 年基本实现工业化、现代化。政治局势稳定使得经济

政策得以平缓变化，越南金融业的演变发展便不会由于政策变化而无法持续。此外，稳定的政治局势和社会主义性质也决定着越南金融业以国有金融机构为主导、民营金融机构为重要组成部分的结构特点。

（二）社会问题严重，倒逼金融行业加速发展

建国之前，越南陷入长期战乱与社会动荡，致使社会矛盾不断累积，即使在统一之后，仍然存在着诸多问题难以解决，主要包括贫富差距极大、社会治安较差、基础设施落后和反政府武装活跃等。严重的社会问题虽然不利于国家的稳定与经济的发展，但是也倒逼着金融行业加速发展。主要原因在于，社会问题的存在会导致贷款需求增加，而社会问题的解决不仅需要大量的资金支持，还需要政府与金融机构的通力合作。在此背景之下，越南金融业逐渐发展壮大起来，体系结构不断获得优化。

（三）亚洲金融危机"触目惊心"，促进政府加强监管

1997 年亚洲金融危机对越南经济和金融造成了巨大的冲击。危机期间，越南经济陷入迟滞，通货膨胀压力陡增；越南盾大幅贬值，国家财富损失惨重；企业负债不断加重，投资和出口均出现大幅度减少。与此同时，金融业也遭受重创，众多中小型金融机构在危机中纷纷倒闭，致使经济形势进一步恶化；作为经济的稳定器，银行业不仅没有助力国家经济渡过难关，反而加速了危机的传播。面对金融危机带来的巨大冲击，越南政府逐渐认识到在推行对外开放、大力吸引外资的同时，必须加强对金融系统实施监管，规范金融行业的设立与经营。此后，越南政府对金融业进行改革，加强对银行业和保险业的监管，并更加谨慎地对待金融自由化，牢牢把握本国汇率的主导权，警惕国际投机资本的流动。

第二节　越南金融业发展现状：未艾方兴，方兴不已

一、金融管理制度

（一）金融监管体系

越南金融业实行分业监管，监管主体由越南国家银行、财政部和国家证券委员会组成。其中，越南国家银行监管银行业，负责制定货币政策、保证币值稳定、抑制通货膨胀、管理国际储备、监管商业银行的经营活动等；越南财政部对保险业进行监管，负责检查、监控保险活动，签发或撤销保险公司的经营许可证等；国家证券委员会监管证券业，负责核准公司上市许可、监管证券经营活动和服务、对违规行为进行处罚等，具体情况如表 10 - 1 所示。

表 10 - 1 越南主要金融监管机构及其职责

序号	金融监管机构	监管行业	主要职责
1	越南国家银行	银行业	发行和管理越南货币，维持币值和制定越南货币政策，提供政府经济政策建议，管理越南国际储备，监督越南各商业银行的活动等
2	越南财政部	保险业	负责保险业行政管理，颁布行业法规，签发或撤销保险公司的经营许可证，检查、监控保险活动，处理违禁操作者等
3	国家证券委员会	证券业	负责证券市场的行政管理，审核发布证券公司上市许可证，监管证券交易与服务，监管证券公司经营活动，处理违规经营的证券活动等

资料来源：根据公开资料整理。

（二）货币政策和财政政策

新冠疫情暴发以来，越南主要采取扩张性货币政策和财政政策。在货币政策方面，2020 年越南国家银行先后进行三轮降息，力图促进国内消费和投资增长；2021年，根据政府制定的 6.5% 的经济增长目标，越南国家银行将全年信贷增长目标定为 12%，以促进银行市场良性发展。同时，越南国家银行指导商业银行将贷款重点投放于制造业、建筑业等优先领域，并限制向房地产和证券等风险行业提供贷款，有效维护国内金融稳定。在财政政策方面，2020—2021 年，越南政府先后推出两轮一揽子财政刺激方案，共计 280 万亿越南盾，占 GDP 的 3.6%，主要用于扩大公共支出、推迟和削减税收、降低行政费用等。2022 年 1 月，越南国会通过疫情之后重振经济的政策方案，重点支持关键领域的经济增长，计划帮助越南在 2021—2025 年实现 6.5% ~7% 的 GDP 增长速度。与此同时，越南国会也批准了约 150 亿美元的一揽子计划，具体包括降低增值税和所得税、加大医疗保健的政府投资、扩大执业培训和社会保障投资，并投入 114 万亿越南盾支持交通、数字化、水利、气候变化等基础设施项目等。[①]

二、金融总量

首先，越南经济发展较快，国内生产总值高速增长。2008—2021 年，越南名义 GDP 由 991.3 亿美元增长至 3661.38 亿美元，年均增长速度高达 12.77%。其中，2014—2016 年国际大宗商品市场发生剧烈震动，原油、铁矿石、铜等商品价格大幅下跌，而且越南国内先后发生罕见的干旱、洪涝等自然灾害，越南名义 GDP 出现较大起伏。其余时间，随着政府持续推行"革新开放"政策、释放经济发展潜力，越南的名义 GDP 均保持着较快增长趋势，如图 10 - 1 所示。

---

① 凤凰网：《越南发展经验与中国改革开放高度趋同，但在全球价值链上难以取代中国地位》，https://finance.ifeng.com/c/8GKUO3M9J9S，2022 - 05 - 26。

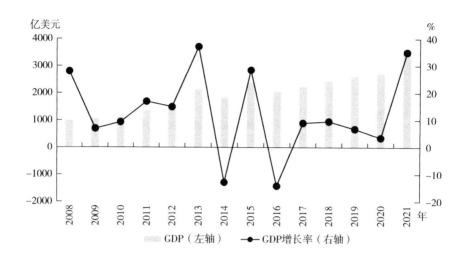

图 10 - 1　2008—2021 年越南的名义 GDP

（资料来源：快易理财网，https：//www.kylc.com/fund）

其次，通货膨胀率明显改善。2011 年，越南的通货膨胀率（CPI 增长率）达 18.68%，成为亚洲通货膨胀最为严重的国家，主要由货币投放增长较快、本币贬值、经济持续过快增长以及自然灾害频发等因素所致。在越南政府采取适度降低经济增长、实行紧缩的货币和财政政策、限制部分产品出口、实行限价等综合调整政策之后，越南的通货膨胀率迅速得以有效缓解。2015 年以来，越南的通胀率在 3% 上下波动，表现较为出色，如图 10 - 2 所示。

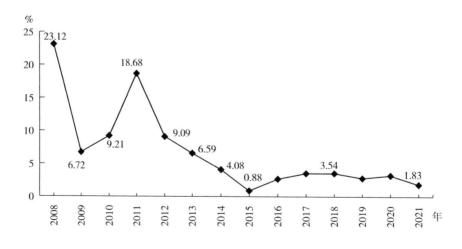

图 10 - 2　2008—2021 年越南的通货膨胀率（CPI 增长率）

（资料来源：快易理财网，https：//www.kylc.com/fund）

再次，广义货币量增长十分迅速，经济货币化程度不断加深。2008—2021 年，越南广义货币量 M2 由 1513.54 万亿越南盾增长至 11310.7 万亿越南盾，13 年间扩大近 10 倍。与广义货币量高速增长相伴，经济货币化水平不断提高，2012—2020 年，越南广义货币量占 GDP 比重由 78.37% 增长至 140.60%，翻了近一番，如图 10 – 3 所示。这些数字表明，在经济迅猛增长、广义货币量稳定增加的推动之下，越南的经济货币化程度不断加深，金融深度显著上升趋势。

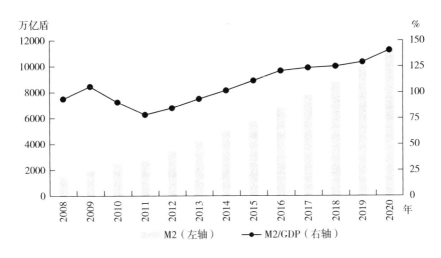

图 10 – 3   2008—2020 年越南的广义货币量 M2

(资料来源：快易理财网，https://www.kylc.com/fund)

最后，总储蓄也呈现较为稳定的增长趋势。2008—2021 年，越南总储蓄由 276.6 亿美元增长至 1195.5 亿美元，年均增长速度高达 13.14%。具体而言，2010 年越南逐渐摆脱全球金融危机的负面影响，总储蓄相较上年增长 68.79%；随后，越南政府推出刺激国内购房的宏观政策，国内消费逐年上升，总储蓄增长速度也开始下滑；2015 年，越南政府进一步刺激国内消费，允许外国资本投资本地房地产行业，总储蓄在当年下降 12.79%。但是，在经济持续发展、国内生产总值稳步增长的驱动之下，2016 年之后的总储蓄还是继续保持稳定的正增长。近几年，为了走出疫情、促进经济复苏，越南政府主要采取扩张性货币政策和财政政策，总储蓄的增长速度略有下滑，如图 10 – 4 所示。

总而言之，随着政府持续推进"革新开放"政策、释放经济发展潜力，越南金融总量增长十分迅猛，国内生产总值稳定增加，通货膨胀率也保持在正常水平，经济货币化程度也不断加深，金融深度显著提高，投资发展潜力也表现不俗。

三、银行业发展现状

经过数十年的改革与发展，越南银行业已然初具规模。截至 2022 年 10 月 31 日，越南银行系统由国家银行、4 家国有商业银行、31 家股份制商业银行、2 家政策性银

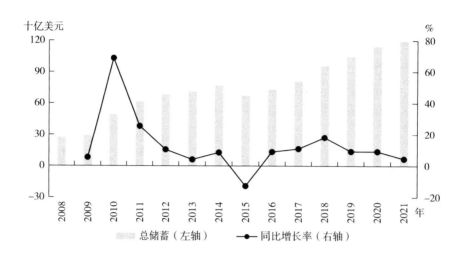

图 10 - 4　2008—2021 年越南的总储蓄和同比增长率

（资料来源：世界银行数据库，https：//data. worldbank. org. cn）

行、9 家外国银行子银行和 52 家外国银行分行组成，如图 10 - 5 所示。其中，国有银行总资产为 7367. 321 万亿越南盾，占比 44. 16%；股份制商业银行总资产为 7509. 781 万亿越南盾，占比 45. 02%；政策性银行总资产为 29. 661 万亿越南盾，占比 0. 18%；外资银行（包括外国银行子银行和外国银行分行）总资产为 1774. 28 万亿越南盾，占比 10. 64%。[①]

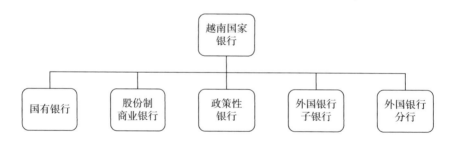

图 10 - 5　越南银行体系结构（截至 2022 年 10 月 31 日）

（资料来源：越南国家银行，https：//www. sbv. gov. vn/）

（一）国有银行占主导，股份制商业银行成为重要组成部分

经过数十年的经营与发展，越南银行业已经形成国有银行占主导、股份制商业银行为重要组成部分的市场结构。2022 年 5 ~ 10 月，越南国有银行的总资产在 7200 万亿越南盾上下波动，占整个银行系统总资产的 43% 左右；股份制商业银行的总资产在 7500 万亿越南盾上下波动，占整个银行系统总资产的 45% 左右，如图 10 - 6 所

---

① 资料来源：越南国家银行，https：//www. sbv. gov. vn/。

示。越南的社会主义体制决定了银行体系以国有银行为主导，在经济快速增长与外商投资不断增加的推动之下，近年来，股份制商业银行的规模不断扩大，逐渐在银行市场中占据一席之地。

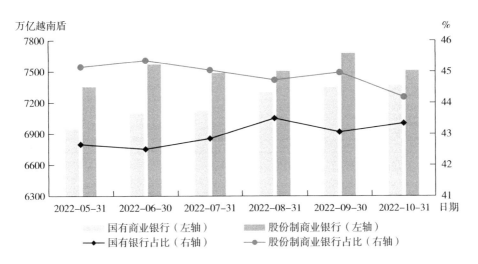

图 10 - 6　2022 年 5 ~ 10 月越南的国有银行和股份制商业银行总资产情况

(资料来源：越南国家银行，https：//www.sbv.gov.vn/)

(二) 经营风险得到控制，但风险抵御能力较弱

1. 不良贷款率变小，经营风险有效控制

2014—2020 年，越南银行业的不良贷款率分别为 3.5%、2.8%、2.6%、2.1%、2.1%、1.8% 和 1.9%，7 年平均为 2.4%，如图 10 - 7 所示。与其他东盟国家相比，越南银行不良贷款率明显偏低，同期文莱、泰国和印度尼西亚三国的银行业平均不良贷款率均高于 2%，如表 10 - 2 所示。越南银行业的不良贷款率管控得力，2014—2019 年，越南银行不良贷款率由 3.5% 下降至 1.8%，2020 年受新冠疫情影响而略有回升。近年来，银行信贷风险管理相关法律法规不断健全，银行监督管理机制长效建立，越南银行业从业人员整体素质大幅提升，经营管理水平得以显著提高。

表 10 - 2　　　　　　　**2014—2020 年部分东盟国家的银行不良贷款率**　　　　　　　单位:%

国家	文莱	泰国	印度尼西亚	柬埔寨	马来西亚	越南
平均不良贷款率	4.00	2.93	2.40	1.83	1.56	2.4

资料来源：根据世界银行数据库计算整理，https：//data.worldbank.org.cn/。

2. 资本与资产比率偏低，风险抵御能力不足

2014—2020 年，越南银行业的资本与资产比率分别为 6.9%、6.3%、5.6%、

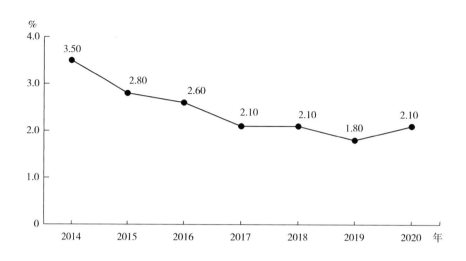

图 10 - 7　2014—2020 年越南的银行不良贷款率

（资料来源：世界银行数据库，https：//data. worldbank. org. cn/）

5.2%、5.7%、5.8%和7.2%，7 年平均为 6.1%。与其他东盟国家相比，资本与资产比率明显偏低，同期柬埔寨、印度尼西亚和文莱三国的银行业资本与资产比率均在 10%以上，而泰国、菲律宾和马来西亚三国的资本与资产比率也都在 8%以上。值得注意的是，越南银行业缺乏对资本与资产比率的良好管理，2014 年以来，资本与资产比率呈现一定的下降态势，2017 年仅有 5.2%的水平，如图 10 - 8 所示。

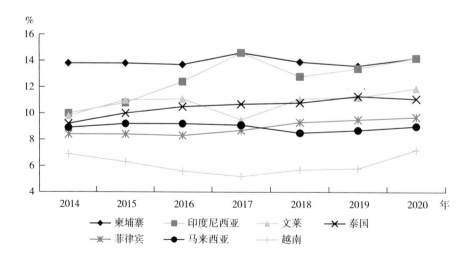

图 10 - 8　2014—2020 年部分东盟国家的银行资本与资产比率

（资料来源：世界银行数据库，https：//data. worldbank. org. cn/）

（三）基础设施落后，电子信息化程度较低

1. 基础设施落后

从商业银行分支机构数量上看，越南银行业的基础设施水平落后于同类国家。2021 年，越南每 10 万成年人仅拥有 2.9 家分支机构，世界平均水平为 11.2 家，中低收入国家为 8.9 家。与东盟国家相比也存在相当大的差距，2021 年，文莱、印度尼西亚和柬埔寨三国每 10 万成年人拥有的商业银行分支机构超过 10 家，泰国、菲律宾、马来西亚和新加坡等国也均在 10 家以上，如图 10 - 9 所示。

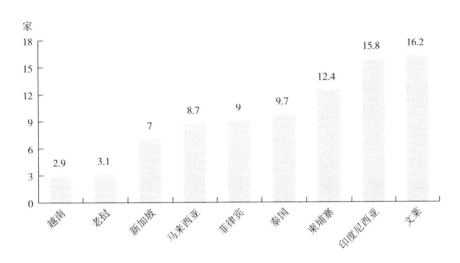

图 10 - 9　2021 年部分东盟国家商业银行分支机构数量（每 10 万成年人）

（资料来源：世界银行数据库，https://data.worldbank.org.cn/）

2. 电子信息化程度较低

从自动取款机数量来看，越南银行业的电子信息化程度较低，落后于世界平均水平。2021 年，越南每 10 万成年人仅拥有 27 台自动取款机，同期世界平均水平为 40 台，中低收入国家为 28 台。另外，与东盟国家相比，越南银行业的电子信息化程度也存在较大差距，2021 年，泰国、文莱、新加坡和马来西亚等国每 10 万成年人均拥有 50 台以上的自动取款机，而印度尼西亚和柬埔寨两国每 10 万成年人拥有自动取款机的数量也达到 30 台以上，如图 10 - 10 所示。

四、保险业发展现状

目前，越南保险业尚处于初级发展阶段，整体发展水平较低。截至 2021 年 3 月底，越南共有 70 家保险公司。其中，非寿险公司为 31 家，寿险公司为 18 家，再保险公司为 2 家，保险中介公司为 19 家，外资非寿险公司分支机构为 1 家，如图 10 - 11 所示。

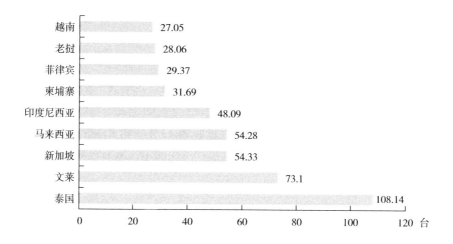

图 10 - 10 2021 年部分东盟国家的自动取款机数量（每 10 万成年人）

（资料来源：世界银行数据库，https：//data. worldbank. org. cn/）

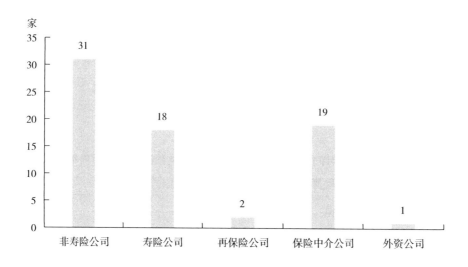

图 10 - 11 截至 2021 年 3 月越南的保险体系结构

（资料来源：越南财政部，https：//mof. gov. vn/webcenter/portal/btcen/pages_ home）

（一）市场规模较小，但发展速度较快

越南保险业虽然尚处于初级发展阶段，但是发展速度较快。2022 年，越南的保费总收入达 245.88 万亿越南盾（约合 101.15 亿美元），较上年增长约 15%。其中，非寿险保费收入达 67.61 亿越南盾，较上年增长 8%；人寿保险收入为 178.27 亿越南盾，较上年增长 11.8%。[①] 新冠疫情暴发以来，越南政府高度重视保险行业发展，为保险业逐步放开投资限制，保险业资金融通的渠道日益多元化。而且，受新冠疫

---

① 资料来源：越南财政部，https：//mof. gov. vn/webcenter/portal/btcen/pages_ home。

情影响，越南的医疗保险行业进入快速发展阶段。2022年，越南医疗保险参保人数已达8600万人，占越南总人口的88.35%。[①] 随着时间的进一步推移，社会保障特别是医疗保险的行业特点将会越发明显，越南保险业的发展前景十分可观。

（二）对外开放程度不断加深，外资保险公司数量稳步增加

在1986年越南共产党提出"革新开放"政策之后，越南保险业随即逐步开启对外开放战略。1994年，越南官方发布公告，允许外国保险公司在越南设立代表处，标志着越南保险市场正式对外资开放。2006年加入世界贸易组织之后，越南保险业进入快速开放阶段。在此阶段，越南保险业如约履行入世开放承诺，逐步完成对外资股权限制的取消。近年来，随着《区域全面经济伙伴关系协定》《越南—欧盟自由贸易协定》等多个新一代高标准自贸协定的签署，越南政府开始依据协定要求对保险市场开放进行检查，并加以适度调整；与此同时，越南保险业对外开放程度也进一步加深。截至2021年底，越南的外资原保险公司为29家，比2006年"入世"之前增加了14家，其中财险公司11家（见表10-3），寿险公司18家。根据越南财政部的统计，2021年越南全国的原保费收入为218.36兆越南盾，其中外资公司贡献了134.12兆越南盾，占比为61.42%。[②]

表10-3　　　　越南外资财险公司的基本情况（截至2021年底）　　　单位：亿越南盾

中文简称	英文简称	国家或地区	保费收入
三星	SamsungVina	韩国	1.11
三井住友	MSIG	日本	1.01
东京海上	TMIV	日本	0.75
富邦	Fubon	中国台湾	0.60
利宝	Liberty	美国	0.60
美国国际	AIG	美国	0.46
国泰	Cathay	中国	0.42
安达	Chubb	中国	0.30
昆士兰	QBE	澳大利亚	0.18
首尔保证	SGI	韩国	0.03
安盟	Groupama	法国	0.01

资料来源：越南财政部，https://mof.gov.vn/webcenter/portal/btcen/pages_home。

---

① 资料来源：新思界行业研究中心，http://newsijie.com/。

② 资料来源：越南财政部，https://mof.gov.vn/webcenter/portal/btcen/pages_home。

五、证券业发展现状

截至 2021 年 9 月底，越南证券市场总规模逾 8300 万亿越盾（约合 3608.6 亿美元），相当于 GDP 的 133.8%，上市交易企业达到 2133 家。根据越南证券托管中心（VSD）统计，越南的证券市场账户已经从 2000 年的 3000 个增加至 2021 年 9 月的逾 386 万个，99% 的账户由国内投资者开立。目前，越南共有 3 家证券交易所，分别为越南证券交易所、河内证券交易所和胡志明证券交易所。其中，越南证券交易所为河内证券交易所、胡志明证券交易所的母公司，由财政部代表国家行使资本所有权；河内证券交易所、胡志明证券交易所为越南证券交易所的子公司，具有独立法人地位，进行独立运营。

（一）总市值规模较小，但增长速度十分迅猛

2008—2020 年，越南证券市场的总市值由 94.81 亿美元增长至 1621.2 亿美元，年均增长速度高达 36.76%。具体而言，2008 年国际金融危机爆发，越南证券市场遭受重创，总市值迅速萎缩而达到谷底，仅为 94.81 亿美元；随后，越南政府积极采取应对措施，总市值开始出现反弹，2009 年的增长速度达到惊人的 179.78%；进入 2011 年，由于国际金融危机太过“触目惊心”，越南政府加强对证券市场的监管力度，企业上市、外国资本进入等都变得更加严格规范，总市值由此再次出现萎缩，较上年下降 28.36%。经过此次政策调整，越南证券市场逐渐进入稳定发展阶段，2012—2020 年，总市值在各年之间均保持着正增长，其根本原因在于受实体经济的快速发展推动，如图 10 – 12 所示。

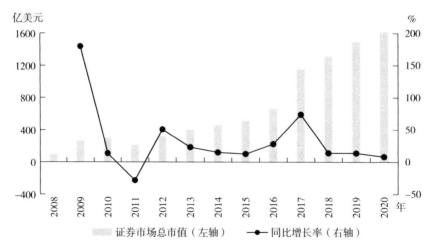

图 10 – 12　2008—2020 年越南证券市场的总市值

（资料来源：新浪财经，https：//finance.sina.com.cn/）

（二）股票市场在起伏中发展

2008—2019 年，越南股票市场"三起三落"，波动幅度非常之大。2008 年，国际金融危机爆发，越南股票市场迅速萎缩而跌至谷底，股票交易总额仅为 70.57 亿美元；2009 年，越南政府积极采取应对措施，如加强管控力度、降低利率、加大财政支出等，股票交易总额迅速反弹，达到 226.7 亿美元。但是进入 2010 年，越南国家银行采取大幅度降息措施抑制输入性通货膨胀，股票交易总额再次出现下滑；自 2013 年开始，股票市场开始恢复正常，股票交易总额出现回升。但是，好景不长，2015 年，为大规模承接来自中国的产业转移，越南政府开始大力收紧金融政策，股票交易总额再次下滑。发展到 2018 年，受益于实体经济的蓬勃发展和外国直接投资的持续增长，越南股市出现牛市行情，股票交易总额增长至 528.04 亿美元；但是，此次牛市也未能持续太久，2018 年股票交易总额便开始呈现下滑趋势，具体情况如图 10 - 13 所示。

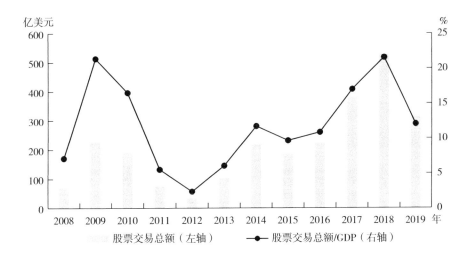

图 10 - 13　2008—2019 年越南股票交易总额变动情况

（资料来源：新浪财经，https：//finance.sina.com.cn/）

第三节　中越金融合作：由浅至深，交相辉映

自越南 2006 年加入世界贸易组织以来，越南金融业呈现稳定发展之势，私营银行不断增多，外资银行持续涌现；保险业和证券业虽然尚且处于初级发展阶段，但是发展速度极快，对外开放趋势也愈加明显。随着"一带一路"倡议提出和《区域全面经济伙伴关系协定》（RCEP）签订，中国与越南的经济往来愈加频繁，双边贸易和投资发展的金融服务需求不断增长。在此背景下，中越两国之间金融合作愈加

深入，特别是金融机构合作已经取得较为丰富的成果，合作领域和范围实现充分的拓展。

一、中越经济金融合作现状

（一）双边协定

近年来，中越经贸合作关系持续稳定发展，两国政府多次签署双边合作协定。2011 年 10 月，两国签署《中越经贸合作五年发展规划》，以加强双边贸易合作；2013 年 10 月，签署《关于建设发展跨境经济合作区的谅解备忘录》，中越跨境经济合作迎来新一轮发展机遇；2016 年 9 月，签署《中越经贸合作五年发展规划补充和延期协定》，双边贸易合作变得更加规范；2017 年 11 月，签署"一带一路"倡议与"两廊一圈"规划发展战略对接协议，并就电子商务、基础设施合作、跨境合作区谈判等签署相关协议，制定五年规划重点项目清单；2021 年 9 月，签署《关于成立中越贸易畅通工作组的谅解备忘录》，双边贸易进一步畅通（见图 10 – 14）。

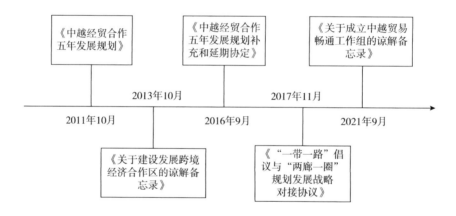

图 10 – 14　2011 年以来中越双边协定签署情况

（资料来源：中国海关总署，http：//www.customs.gov.cn/）

（二）双边贸易

中越两国互为重要贸易伙伴，两国产业链、供应链深度融合，双边贸易保持较快增长。据中国海关统计，2021 年中越双边贸易额达 2302.24 亿美元，比上年增长 18.7%。其中，中国对越南出口 1378.95 亿美元，同比增长 16.3%，自越南进口 923.19 亿美元，同比增长 22.4%，如图 10 – 15 所示。中国对越南出口商品主要类别包括：机械设备及配套用具；计算机、电子产品及其零件；电话及其零件；纺织服装和鞋制品原辅料；钢铁制品；塑料及其制品。中国自越南进口商品主要类别包括：电话及其零件，计算机和电子零部件，纱线，果蔬，机械设备及配套用具，橡胶及其制品，矿物燃料、矿物油及其产品等。

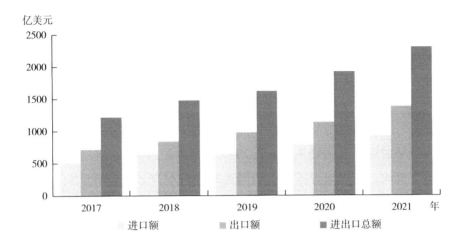

亿美元

图 10 - 15   2017—2021 年中国对越南进出口贸易情况

（资料来源：中国海关总署，http：//www.customs.gov.cn/）

（三）中国对越南直接投资

近年来，随着越南政府持续推行"革新开放"政策，为外商投资提供税收便利，中国对越南的直接投资不断增加。2016—2020 年，中国对越南直接投资流量由12.79 亿美元增长至 18.76 亿美元；中国对越南直接投资存量也由 49.84 亿美元增长至 85.75 亿美元，如图 10 - 16 所示。中国对越南的投资领域主要集中于加工制造业、房地产和电力生产等，较大的投资项目为铃中出口加工区、龙江工业园、深圳—海防经贸合作区、天虹海河工业区、赛轮（越南）有限公司、百隆东方、天虹集团、申州国际、立讯精密、歌尔科技、蓝思科技、越南光伏、永兴一期火电厂等。

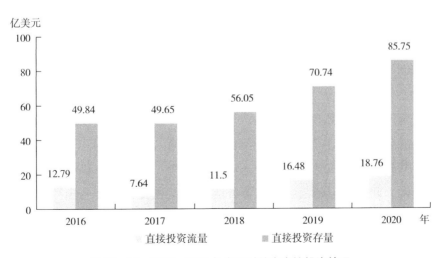

亿美元

图 10 - 16   2016—2020 年中国对越南直接投资情况

（资料来源："走出去"公共服务平台，http：//fec.mofcom.gov.cn/article/tjsj/tjgb/）

（四）中越金融机构合作情况

在双边贸易与投资快速发展的推动之下，双边企业的投融资需求显著增强，资金来往规模不断扩大。在此背景之下，中越两国金融合作稳健发展，在金融机构合作方面已经取得一定成果。

银行业方面。早在1995年，中国银行便进入越南金融市场，设立中资银行机构的第一家分行——中国银行胡志明市分行，主要提供个人金融服务、公司金融服务、国际结算和贸易融资等金融服务。进入2018年，中国五大国家控股型商业银行均在越南设立分支机构，各大银行所设立的网点基本辐射至越南的两大经济相对发达地区——红河三角洲和湄公河三角洲。

保险业方面。2017年，中国平安财产保险股份有限公司与越南保越保险总公司正式签署战略合作协议，为未来的跨境保险合作奠定了坚实基础。

证券业方面。2012年，中国上海证券交易所与越南河内证券交易所签订了合作备忘录，旨在帮助越南发展刚刚建立起来的证券市场，这一事件成为中越证券领域合作的开端。2017年，深圳证券交易所携手多家中资证券公司与越南西贡商信银行证券公司、越南投资等越方机构成功举办中国—越南资本合作论坛，充分表明两国之间的资本市场合作又向前迈进一大步。

二、未来中越金融合作发展建议

（一）维护友好关系大局，完善沟通协调机制

两国政府要为中越金融合作塑造良好环境，首要在于两国政治关系的稳定发展。中越南海争端问题复杂，在短期内难以解决的客观现实之下，要争取与越南达成共识，同时，持续完善对越南的信息传递渠道，消解疑虑或误会，避免由于信息缺失或不对称问题，造成越南方面对华战略的误判，为未来中越金融领域和其他领域的进一步合作创造良好的外部环境。

（二）对接发展倡议，寻求自身利益过程中分享发展红利

在经济全球化的大潮下，各国经济发展要结伴而行，整合域内资源、发挥各自优势才能形成合力。中国"一带一路"倡议与越南"两廊一圈"蓝图同样是在平等互利、合作共赢理念下推进区域经济一体化的构想，在很多方面存在一致性，完全可以相互对接。此外，中越金融合作会可能在一定程度上受到两国贸易关系不平衡状态的影响，中方可以考虑为越南出口商品提供一定的优惠政策，鼓励居民和企业购买越南具有竞争力的商品，减少越南对华贸易逆差额，同时进一步提升中国在越南对外经济格局中的地位，注重增强中国在越南制定针对性贸易壁垒时的话语权，以促其谨慎行之。

（三）继续加大贸易和投资合作

金融领域合作与实体经济领域间合作相辅相成，贸易与投资合作通常能够促进金融合作，而金融合作的发展又会进一步带动贸易和投资的融合发展。当前，我国各类企业具有强烈的"走出去"意愿，而越南国家基础设施建设领域薄弱、资金缺口较大，对外国直接投资的需求十分旺盛。因此，在中越两国双边贸易不断发展的背景之下，我国继续加强对越南的投资和贸易往来，能够为进一步深化两国金融合作提供着力点。

（四）密切金融机构合作，不断拓展合作领域

现阶段，中越金融机构合作虽然已经取得长足进展，但是仍然存在亟待开发的巨大潜力，两国金融机构应增强合作意识，同频共振，协同发力，持续提升合作成效。一方面，随着国民经济持续发展和居民收入不断提高，越南中产阶级数量逐渐增多，保险、证券投资需求将显著提升，不断地拓展保险业、证券业合作空间，能够为双边再保险和证券领域合作奠定下坚实基础；另一方面，随着中越产能合作的全方位推进，更多的中国企业前往越南投资建厂，两国银行业除通过集中资金管理、组织银团等方式提供资金支持外，还应积极向跨境经营公司供给更具创新性、差异化的金融产品和服务。

本章小结

1976 年，越南在饱经内外战乱与社会动荡之后终于完成国家统一，越南的经济与金融发展才具备相对稳定的政治社会环境。在此形势之下，历经统一与建设时期、改革与发展时期、革新与开放时期三个发展阶段，越南金融业持续探索，逐渐建立起相对完整的体系架构，金融总量持续增长，金融深度不断加深，但是整体上却处于相对较低的发展水平，银行业风险抵抗能力较弱、基础设施有待完善、电子信息化程度不高等瓶颈问题日渐凸显，难以满足国家经济发展要求和民众金融服务需求。

作为与我国陆海相连、山水相依的国家，中越金融合作具备天然区位优势。近年来，中越两国多次签署经贸合作协定，双边贸易额持续稳定增长，中国对越直接投资也与日俱增，两国金融合作潜力巨大，中越两国应该持续完善沟通协调机制，深度对接未来发展规划，继续加大双边贸易和投资合作，促进双边贸易的平衡发展，不断向纵深拓展金融合作领域，充分地释放发展潜力。

［第十一章］

柬埔寨金融业

2021 年，柬埔寨人均 GDP 为 1625.2 美元，在东盟十国中排名倒数第二位，促进国家经济发展、提高国民收入成为柬埔寨政府的第一要务。作为国民经济活动的中枢，金融业在一国经济发展中发挥着十分重要的作用。1953 年建国以来，柬埔寨金融业历经独立与建设时期、动荡与衰退时期、和平与恢复时期、改革与发展时期四个发展阶段，逐渐形成了以银行业为主导的体系结构，金融总量稳步增加，体系结构不断完善，但是仍然存在发展不均衡、创新驱动力不足、"美元化"程度过高等诸多问题，制约着自身规模扩大与经济总量的进一步增长。

第一节　柬埔寨金融业发展全景：
从"一枝独秀"到"多面开花"

一、柬埔寨金融业发展历程

（一）独立与建设时期（1953—1970 年）

1953 年，柬埔寨摆脱法国殖民统治，成为独立国家。独立后的柬埔寨在西哈努克的带领下实施了一系列社会变革措施，在一定程度上促进了当地经济发展。1954年，柬埔寨中央银行的前身——柬埔寨国家银行（NBC）成立，负责监管全国的金融机构，并统筹货币的印刷与发行。在国家银行监管之下，国家发展银行等金融机构不断涌现，柬埔寨金融业初具雏形。

独立后的柬埔寨度过了十年快速发展时期，工业化水平稳步提升，金融机构不断增多，但是经济上仍然残留着殖民地经济和封建经济的性质，遗留的法国资本和新进入的美国资本基本控制着金融、货币、进出口贸易等主要经济部门，广大农民也受到封建主、高利贷者和中间商人的层层剥削。为此，柬埔寨政府开始实行国有化政策，对国内旧的经济体制进行改造，以期建立国家新的财政金融体系。1964 年，柬埔寨政府开始改革银行系统，将银行和外贸部门国有化。此后，柬埔寨国家银行成为国有性质的半自治机构；私人银行和外资银行均被关闭，诸如 Inateancheat Development Bank、Rural Agricultural Bank 等国有银行逐渐兴起。柬埔寨金融业开始走上独立自主的道路，体系结构基本建成。

（二）动荡与衰退时期（1970—1992 年）

1970 年 3 月，时任柬埔寨内阁首相兼军队总司令的朗诺发动政变，宣布成立"高棉共和国"。此后二十年，柬埔寨深陷国内外战争的泥潭之中，金融业发展十分缓慢，保险业、证券业尚未建立。

从 1970 年开始，朗诺政府着力废除西哈努克执政时期推行的国有化政策，实行经济自由化。此后五年，银行系统被短暂开放，私人银行和州银行可以在国家银行的授权和监管之下进行长期经营。但是由于经济政策反复无常，加上金融部门的部分员工能力不济，银行业发展依然十分缓慢。

1975 年，柬埔寨共产党接管政权，在全国范围内实行计划经济体制，并意图建成非货币化的农业社会。在此期间，民主柬埔寨政府对经济进行全面改组，将私人商店、工厂全部收归国有，废除商品交易，取消集市贸易。与此同时，柬埔寨国家银行也被关闭，总部大楼被恶意炸毁，私人银行和外资银行均被废除，瑞尔纸币也停止流通，全国的金融系统皆被摧毁。

1979 年，越南入侵柬埔寨并扶持柬埔寨人民共和国政权，新政府掌权后，开始改变经济政策，推行经济自由化，并恢复国家金融系统。同年，柬埔寨人民共和国重新建立国家的中央银行，但是此后十多年被改称为"柬埔寨人民银行"，直到1992 年 1 月，国民议会通过"关于更改柬埔寨银行组织的名称、职责的条例"，柬埔寨中央银行才得以恢复"柬埔寨国家银行"名称。在此期间，私人银行和外资银行也相继出现，但是由于国内局势反复动荡、民族战争此起彼伏，柬埔寨的金融业发展仍然未见起色。

（三）和平与恢复时期（1992—2010 年）

1992 年，柬埔寨国内各派势力实现大和解，并在巴黎共同签署《柬埔寨和平协定》。1993 年，在联合国主持下，柬埔寨进行首次大选，颁布新宪法，改名为"柬埔寨王国"，柬埔寨进入和平重建的新时期。在此阶段，柬埔寨金融业发展速度较快，保险业开始起步。

1. 银行系统不断优化

随着国内外局势的逐渐缓解，私人银行和外资银行得以恢复。1994 年，柬埔寨政府成立柬埔寨联合商业银行（Union Commercial Bank），发展至今，联合商业银行已经成为柬埔寨国内最大的商业银行之一。1996 年，国民会议通过《柬埔寨国家银行法》，正式将柬埔寨国家银行设立为中央银行，并成立独立的央行董事与董事会，负责制定业务政策和发放决策、法规、通知及其他指令。2008 年 1 月，柬埔寨皇家政府成立金融情报局（CAFIU），旨在清扫洗黑钱和资助恐怖主义活动，维护国际金融安全与国内金融稳定，其主要功能是从报告实体中接收可疑报告和其他信息，并对其进行全面分析，然后传达给执法机构进行调查。

2. 保险业初步建立

1992 年 1 月，柬埔寨国会通过《保险业务设立法》，由政府监管保险业务；此后五年，柬埔寨发布一系列法规和条例，进一步完善保险业务管理，柬埔寨保险业进入稳步发展阶段。进入 21 世纪，政府重新修订保险相关法律。2000 年，颁布新的《保险法》，民营保险公司获准经营，并给予一定税收优惠以吸引更多投资进入该领域。2001 年，在《保险法》的基础上，柬埔寨政府进一步颁布《保险法实施细则》；同时，将财经部金融产业司设立为保险行业监管机构，直接监管保险业。2001 年 12月，国有的柬埔寨国家保险公司成立；2002 年 1 月，国有柬埔寨再保险公司成立；2005 年 10 月，柬埔寨进一步成立柬埔寨保险协会（GIAC），至此，柬埔寨保险市场体系架构基本建成。

（四）改革与发展时期（2010 年至今）

1. 银行业对外资开放

2010 年开始，柬埔寨加大外资优惠力度，旨在吸引更多、更优质的外国资本进入国内银行业。此后，数家中资银行开始进入柬埔寨金融市场，2010 年 12 月 8 日，中国银行金边分行正式成立，主要从事公司金融、贸易金融、个人金融及全球市场等业务。2011 年 11 月 30 日，中国工商银行也在金边开设分行，主要开展结算、银行卡、电子银行、人民币等业务。2017 年，中国银行金边分行又在柬埔寨西哈努克港、暹粒等地开设支行，以更好地支持双边贸易和投资发展。

2. 保险业进一步发展

在银行业不断扩大规模的同时，柬埔寨保险业也取得一定进展。2012 年，柬埔寨第一家人寿保险公司成立，寿险市场开始逐步形成。2014 年 6 月，国会修订《保险法》，将保险牌照分为四类——财险公司、寿险公司、综合保险公司和小额保险公司，并规定保险公司必须采取有限责任公司形式进行业务经营。近年来，随着社会公众保险意识不断增强，外资保险公司也开始进入柬埔寨保险市场。

3. 证券业"萌芽破土"

进入 21 世纪，柬埔寨当局便开始计划建设证券市场。经过十年左右的筹备，2011 年 7 月 11 日，柬埔寨唯一的证券交易所——柬埔寨证券交易所（CSX）在金边成立。该证交所由柬埔寨政府与韩国证券公司合作成立，其中柬方持股 55%，韩方持股45%。2012年4月18日，柬埔寨证券交易所首次进行股票交易，并提供市场运营、清算和存管业务，柬埔寨正式踏入证券交易时代。

二、柬埔寨金融业发展现状

（一）金融总量

首先，国内生产总值持续稳定增长。2012—2021年，柬埔寨名义GDP由56.68万亿瑞尔增长至110.51万亿瑞尔（约合269.6亿美元），年均增长速度高达7.8%。具体而言，2020年之前，柬埔寨政府持续扩大对外开放、吸引外商投资，名义GDP呈现稳定增长之势，同比增长率均保持在8%以上。2020年，新冠疫情暴发，柬埔寨国内生产活动、对外进出口贸易均遭受巨大冲击，名义GDP减少3.75%；2021年，在政府采取一系列防疫措施之后，名义GDP便逐渐恢复正增长，达到历史最高水平，如图11-1所示。

图11-1　2012—2021年柬埔寨的名义GDP

（资料来源：世界银行数据库，https://data.worldbank.org.cn/）

其次，虽然国内生产总值高速增长，但是柬埔寨的通货膨胀率却一直维持在较低水平。2012—2021年，柬埔寨的通货膨胀率（CPI增长率）均保持在4%以下。具体而言，2014年柬埔寨中央银行实行扩张性货币政策，增加货币供给，通货膨胀率增长至3.9%；2015年，在中央银行收紧货币政策之后，通货膨胀率迅速下滑至1.2%。2016—2019年，为维持较低的通货膨胀水平，柬埔寨政府实行温和型财政政策，同时限制部分产品出口，在此期间，通货膨胀率维持在3%及以下，2019年一度降至1.9%。2020年，新冠疫情暴发之后，通胀率略为上升，但是仍然稳定在合理范围之内，如图11-2所示。

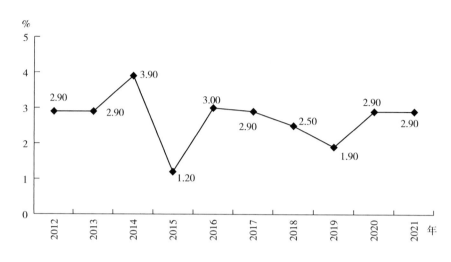

图 11 - 2　2012—2021 年柬埔寨的通货膨胀率（CPI 增长率）

（资料来源：快易理财网，https：//www. kylc. com/fund）

再次，与国内生产总值增长趋势相似，广义货币增长也呈现稳定增长之势。2012—2020 年，柬埔寨的广义货币量由 28.36 万亿瑞尔增长至 136.54 万亿瑞尔，10 年间扩大近 7 倍。而且广义货币量的增长速度也非常惊人，2012—2020 年的同比增长率均保持在 15% 以上，2014 年甚至达到 31.52%，如图 11 - 3 所示。

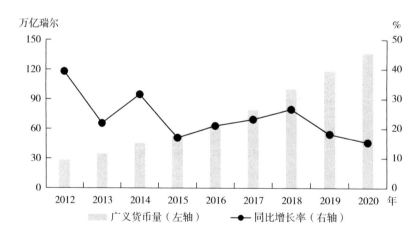

图 11 - 3　2012—2020 年柬埔寨广义货币量变动情况

（资料来源：世界银行数据库，https：//data. worldbank. org. cn/）

最后，总储蓄虽然偶有下降，但是在总体上呈现较为明显的增长趋势。2012—2021 年，柬埔寨总储蓄由 10.89 万亿瑞尔增长至 31.6 万亿瑞尔（约合 77.1 亿美元），年均增长速度高达 12.83%。具体而言，2020 年之前，随着国内生产总值和国民总收入的不断增长，柬埔寨总储蓄亦呈现快速增长之势，2012—2019 年的同比增长率均保持在10%以上，2017年更是达到惊人的26.14%。2020年，受新冠疫情影响，总储蓄出现短暂下滑，但是2021年便又很快恢复至历史最高水平，如图11-4所示。

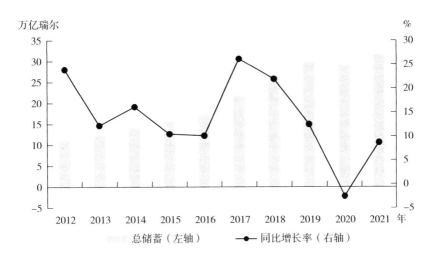

图 11-4 2012—2021 年柬埔寨总储蓄变动情况

（资料来源：世界银行数据库，https://data.worldbank.org.cn/）

总而言之，柬埔寨金融总量较小，但是增长速度极快。2012年以来，国内生产总值和总储蓄均呈现稳定增长之势，2020年受新冠疫情影响虽然出现小幅度下降，但是2021年便又恢复至历史最高水平。广义货币量更是未出现负增长，每年增长速度均保持在15%以上；通货膨胀虽然偶有波动，却仍然能够保持在合理的范围之内。

（二）银行业发展现状

经过半个世纪的改革与发展，柬埔寨银行体系已然初具规模。截至2021年12月底，柬埔寨银行体系由国家银行、10家专业银行、24家本地商业银行、18家外国银行子银行、12家外国银行分行和6家外国银行代表处组成，如图11-5所示。整个银行体系总资产为244.5万亿瑞尔（约合600亿美元），较上年增长17.5%；其中客户存款为142.9万亿瑞尔（约合351亿美元），股东权益为46.9万亿瑞尔（约合115亿美元），对外借款10万亿瑞尔（约合25亿美元）。另外，客户存款账户达到1210万个，客户信贷账户达到330万个；银行、金融机构总行和分支机构数量达到2600家，自动柜员机数量达到3512台。①

---

① 资料来源：柬埔寨国家银行，https://www.nbc.gov.kh/。

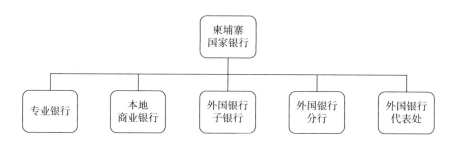

图 11 - 5 截至 2021 年 12 月底柬埔寨银行体系构成情况

（资料来源：柬埔寨国家银行，https://www.nbc.gov.kh/）

1. 信贷规模增长较快，初步适应经济发展要求

现阶段，柬埔寨信贷总量较小，但是规模扩大十分迅猛，2017—2021 年的年均增长速度高达 20.7%。与信贷规模的高速增长相伴，信贷规模占名义 GDP 的比重不断攀升，由 2017 年的 80.70% 增长至 2021 年的 149.30%，比重增速也逐年上升，如图 11 - 6 所示。与其他东盟国家相比，该比重也处于相对较高水平，如 2020 年老挝的国内信贷规模占名义 GDP 比重为 45.25%，印度尼西亚为 49.35%，缅甸为 54.04%，越南为 113.92%，新加坡为 147.15%。[①] 此外，2021 年柬埔寨名义 GDP 总量为 269.61 亿美元，其中农业增加值占比为 22.85%，成为经济稳定的基础；工业增加值占比为 36.83%，是经济增长的中坚力量；服务业增加值占比为 40.32%，逐渐成为经济发展的新引擎。银行信贷一直是支持经济活动的主要资金来源，2021 年柬埔寨信贷规模达到 400 亿美元左右，投放至农、林、渔业 7.8%；投放至建筑业 9.3%，制造业 3.9%；投放至零售业 15.8%，批发业 9.4%，房地产行业 8.6%。[②] 银行信贷大部分投入重点行业，且分配结构较为合理，正有力地促进着经济的复苏发展。

2. 不良贷款率偏低，经营风险较小

2016—2021 年，柬埔寨商业银行的不良贷款率分别为 2.1%、2.1%、2.0%、1.6%、1.8% 和 1.7%，6 年平均为 1.9%，其中 2020 年受新冠疫情影响而略有上升，2021 年又立即回落至原有水平，如图 11 - 7 所示。与其他东盟国家相比，柬埔寨银行业不良贷款率明显偏低，2021 年，菲律宾银行业不良贷款率为 40%，文莱、泰国银行业不良贷款率为 3.1%，印度尼西亚银行业不良贷款率为 2.6%，如表 11 - 1 所示。近年来，柬埔寨不断地健全与银行信贷风险管理相关法律法规，积极引进外国银行业先进管理技术和经验，持续提高从业人员各项素质，银行业整体经营管理水平实现较大幅度提升，经营风险得以有效控制。

---

① 资料来源：根据世界银行数据库计算得到，https://data.worldbank.org.cn/。

② 资料来源：柬埔寨国家银行，https://www.nbc.gov.kh/。

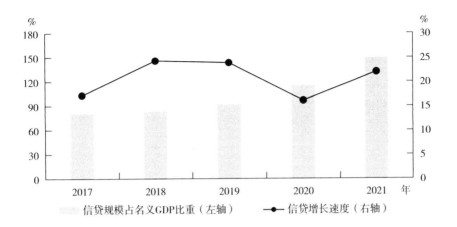

图 11－6　2017—2021 年柬埔寨信贷规模增长速度及占名义 GDP 比重情况

（资料来源：柬埔寨国家银行，https：//www. nbc. gov. kh/）

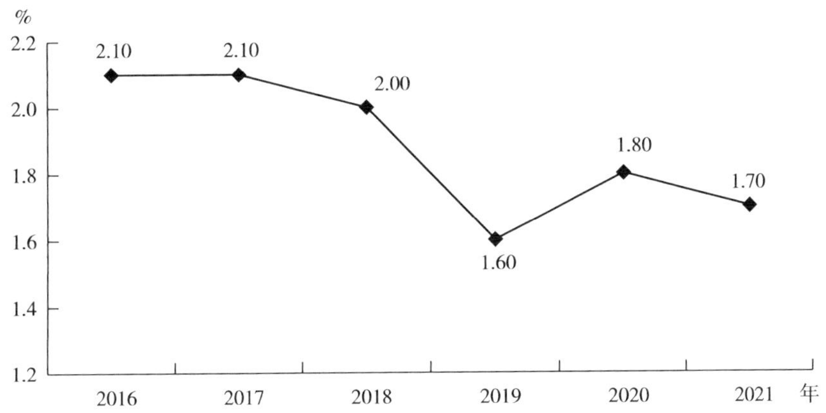

图 11－7　2016—2021 年柬埔寨的银行不良贷款率

（资料来源：世界银行数据库，https：//data. worldbank. org. cn/）

表 11－1　　　　　　　　2021 年部分东盟国家的银行不良贷款率

国家	菲律宾	文莱	泰国	印度尼西亚	马来西亚
不良贷款率	4.0%	3.1%	3.1%	2.6%	1.7%

资料来源：世界银行数据库，https：//data. worldbank. org. cn/。

3. 基础设施持续升级，但服务覆盖率亟须提高

近年来，柬埔寨商业银行分支机构数量和自动取款机数量增加极快。2016—2021 年，商业银行分支机构数量由每 10 万成年人 7 家增加至每 10 万成年人 12.4 家，年均增长速度为 15.43%；自动取款机数量由每 10 万成年人 14.49 台增加至每 10 万成年人 31.61 台，年均增长速度高达 24.29%，如图 11－8 所示。与其他东盟国家相比，柬埔寨银行业基础设施建设水平处于中上水平。2021 年，越南、老挝、新加坡、马来西亚、菲律宾和泰国等国每 10 万成年人拥有的商业银行分支机构数量均未超过 10 家；而越南、老挝和新加坡三国每 10 万成年人拥有的自动取款机数量更是不足 30 台，如表 11 - 2 所示。2016—2021 年，商业银行分支机构数量和自动取款机数量均处于不断增加中，充分表明柬埔寨银行业基础设施水平正在逐年提升。

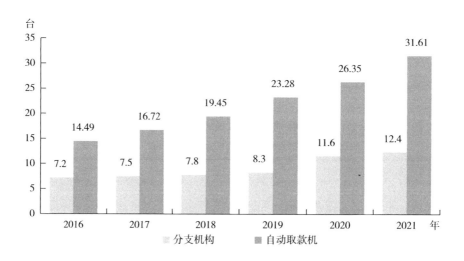

图 11 - 8 2016—2021 年柬埔寨银行业基础设施情况（每 10 万成年人）

（资料来源：世界银行数据库，https：//data. worldbank. org. cn/）

表 11 - 2 2021 年部分东盟国家银行业基础设施情况（每 10 万成年人）

项目　　　　国家	越南	老挝	新加坡	马来西亚	菲律宾	泰国
分支机构（家）	2.9	3.1	7	8.7	9	9.7
自动取款机（台）	27.05	28.06	29.37	48.09	54.28	54.33

资料来源：世界银行数据库，https：//data. worldbank. org. cn/。

虽然金融基础设施水平显著提高，柬埔寨银行业服务覆盖率却出现严重滞后。2022 年 6 月世界银行发布的《全球金融包容性指数》显示，2021 年柬埔寨成年人中拥有金融机构账户的比例仅为 32.6%，拥有借记卡或信用卡的比例仅为 14.79%，两个重要衡量指标在东盟国家排名均位列倒数第二，这表明柬埔寨银行业的服务覆盖率仍然较低，未能跟上基础设施建设进度。事实上，柬埔寨商业银行分支机构和自动取款机集中分布于首都金边及周边较发达地区，农村及其他偏远地区的居民难以接触到商业银行提供的各项金融服务，银行业区域发展极为不平衡，服务覆盖率亟须大幅提升。

4. 产品缺乏多样性，利润来源以存贷利差为主

1999 年柬埔寨颁布的《银行与金融机构法》规定，银行机构可从事三项基础业

务：一是信贷业务，包括租赁、担保和签署的承诺；二是存款业务，仅可吸收非专门用途的存款；三是支付业务，包括个人支付、国家货币支付和外汇支付。由于彼时尚未建立证券市场，证券交易须在专门委员会的授权和监管之下才可以经营。此后很长一段时间，柬埔寨银行业能够提供的金融产品仅包括存款、贷款、转账结算、外汇和证券交易等基础性业务。由于所经营业务以存款、贷款、借记卡、信用证和支付业务等基础性服务为主，柬埔寨银行业的利润主要来源于贷款利息收入，非利息收入占比极低。2018—2021 年，柬埔寨银行业的利息收入由 7.72 万亿瑞尔增长至 14.05 万亿瑞尔，年均增长速度高达 22.1%；非利息收入由 1.32 万亿瑞尔增长至 2.02 万亿瑞尔，年均增长速度为 15.46%，如图 11-9 所示。柬埔寨银行业的非利息收入总量远不及利息收入，增长速度上也存在着明显差距，说明银行业的利润来源过度依赖于存贷利差，存在潜在的经营隐患。

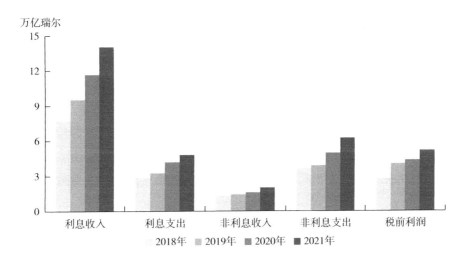

图 11-9　2018—2021 年柬埔寨银行业损益

(资料来源：柬埔寨国家银行，https：//www.nbc.gov.kh/)

5. 美元化程度过高，限制了中央银行调控能力

柬埔寨美元化由来已久，主要由政治因素引起。20 世纪七八十年代，柬埔寨陷入长期战乱与社会动荡之中，金融系统被反复践踏，社会公众对本国货币的信心持续降低，转而更加依赖美元、越南盾等外国货币。1991 年《巴黎和平协定》签署，美元开始作为交易媒介和计价单位与柬埔寨瑞尔同时使用，美元正式"落户"柬埔寨。1993 年《外汇法》颁布，允许外汇自由进出，为美元的流通创造宽松的市场环境，柬埔寨美元化就此一发而不可收拾。2021 年，柬埔寨的美元存款占总存款的

91.4%，瑞尔存款仅占 8.6%；美元贷款占贷款总额的 88.6%，瑞尔贷款仅占 11.4%。[①] 高度的美元化虽然可以规避汇率风险、吸引外资、抑制资金外流、促进国际贸易发展等，但是也会为金融体系带来诸多弊端。一方面，中央银行货币政策难以有效实施。随着美元化程度不断加深，本国货币瑞尔的使用量逐年下降，而柬埔寨国家银行无法发行美元，使得国家银行不能根据经济运行状况及时调整货币政策，如改变货币供应量、调整利率等。另一方面，中央银行作为"最后贷款人"的功能被严重削弱。由于柬埔寨国家银行无法发行美元，只能使用有限的外汇储备，若出现银行挤兑现象，国家银行将无法为商业银行提供资金融通，整个银行体系都将面临着极大的安全隐患。

（三）保险业和证券业发展现状

现阶段，柬埔寨保险业和证券业均处于初级发展阶段，整体发展水平较低。

截至 2021 年底，柬埔寨保险市场由 18 家财产保险公司、14 家人寿保险公司、7 家小额保险公司和 1 家再保险公司构成，如图 11 - 10 所示；保险渗透率（总保费/GDP）仅为 1.1%，保险密度（总保费/总人口）仅为 18 美元。此外，2020 年保费收入为 2.72 亿美元，较上一年增长 7.3%；其中普通保费收入 1.14 亿美元，寿险保费收入 1.52 亿美元，小额保险保费收入近 600 万美元。[②] 柬埔寨的主要保险公司包括柬埔寨国家保险、Campubank Lonpac 保险、Forte 保险、Infinity 保险、亚洲保险、柬越保险、柬埔寨人寿保险（Cambodia Life）和金城人寿保险公司（SVL）等，主要经营险种包括灾难险、工程险、意外险、车险、健康医疗险、人寿险、杂项险等。

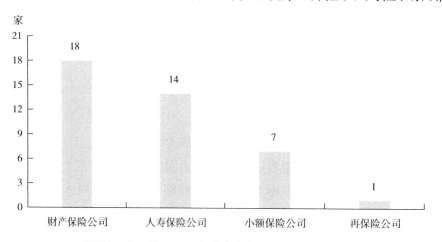

图 11 - 10 截至 2021 年底柬埔寨保险市场构成情况

（资料来源：中国"一带一路"网，https：//www.yidaiyilu.gov.cn/index.htm）

---

① 资料来源：柬埔寨国家银行（https：//www.nbc.gov.kh/）。
② 资料来源：中国"一带一路"网（https：//www.yidaiyilu.gov.cn/index.htm）。

与国内银行业和保险业相比，柬埔寨证券业的发展水平更低，国内唯一的证券交易所——柬埔寨证券交易所（CSX）于 2011 年 7 月 11 日在金边成立。截至 2022 年底，柬埔寨股票市场分为主板（Main Board）和成长板（Growth Board），其中主板有 7 家上市公司，成长板仅有 2 家上市公司，主要涉及港口服务、特区开发商、金融和电力等领域，具体情况如表 11 - 3 所示。

表 11 - 3 　　　　　截至 2022 年底柬埔寨证券市场上市公司基本情况

公司名称	主营行业	员工数量（人）	上市时间
金边水务局（PWSA）	水务	1219	2012 年 4 月 18 日
Grand Twins 股份有限公司（GTI）	服装	3790	2014 年 6 月 16 日
金边港口（PPAP）	港口服务	657	2015 年 12 月 9 日
金边经济特区有限公司（PPSP）	特区开发商	107	2016 年 5 月 30 日
西哈努克港（PAS）	港口服务	1381	2017 年 6 月 8 日
爱喜利达银行（ABC）	金融	12081	2020 年 5 月 25 日
佩斯泰克股份有限公司（PEPC）	电力	165	2020 年 8 月 12 日
DBD 工程有限公司（DBDE）	建筑与工程	880	2021 年 9 月 6 日
JS 土地公司（JSL）	公寓开发商	14	2022 年 2 月 10 日

资料来源：柬埔寨证券交易所，http：//www.csx.com.kh/。

第二节　柬埔寨金融业发展侧影——纸币发展简史

柬埔寨全称为"柬埔寨王国"，地处东南亚中南半岛南部，全国土地面积为 18.1035 万平方公里，西北与泰国接壤，北部毗邻老挝，东部侧靠越南，西南直达泰国湾。柬埔寨在古代又称"高棉"，建国于 1 世纪，是一个历史悠久、文化厚重的国家，不仅拥有宏伟而壮丽的吴哥窟，还拥有神秘而威严的贡开金字塔。但是自 19 世纪中叶被法国殖民者侵占之后，这个古老的国度便陷入上百年的动荡与衰退之中，经济发展停滞不前，金融演变也甚为缓慢，纸币变迁更是起伏跌宕。览阅柬埔寨纸币的演变历程，不仅可以目睹柬埔寨那波折起伏的纸币变迁史，更能一览柬埔寨那令人触目惊心、百感交集的社会变迁史。

一、"法属印度支那"时期纸币

1862 年，法国殖民者以交趾支那为跳板，凭借坚船利炮一举轰开柬埔寨紧闭的国门，柬埔寨的防御力量未进行太多抵抗便应声而倒。1863 年 8 月，柬埔寨国王诺罗敦一世被迫与法国签订《乌东条约》，此后将近 90 年时间，柬埔寨沦为法国的殖民地，与老挝、越南合称为"法属印度支那"。在此期间，柬埔寨境内的货币由法国东方汇理银行印发，货币名称为"皮亚斯特"。

二、柬埔寨第一、二、三套纸币

1940 年 9 月，日本侵略者以海军为先锋，陆军为中军，空军为两翼，自南向北将柬埔寨一口吞下，柬埔寨便落入日本人手中。五年后，日本法西斯在多方力量的联合进攻下宣布无条件投降，柬埔寨重新回到法国殖民者手中。1953 年，在西哈努克亲王的带领下，柬埔寨宣布脱离法国的管辖，终于获得民族独立。独立之初，柬埔寨经济总量极小，金融系统一盘散沙，一切百废待兴，此时柬埔寨尚不具备发行货币的能力。直到 1955 年，历经两年的恢复与建设，柬埔寨国家银行才初步具备发行货币的能力。此后十年，国家银行先后发行三套纸币，涵盖 5、10、50、100、500 瑞尔等面值，货币单位为瑞尔（Riel），1 瑞尔 = 1 皮亚斯特，辅币为仙（Sen），仙也就是分，1 瑞尔 = 100 分。

三、柬埔寨第四套纸币

然而，好景不长。1970 年 3 月，在美国中央情报局的策动之下，时任柬埔寨内阁首相兼王家武装部队总司令的朗诺趁西哈努克亲王出国访问之际发动政变，宣布剥夺西哈努克的一切职权，并成立"高棉共和国"，朗诺自立为共和国总统。此后二十余年，柬埔寨在度过短暂和平建设时期之后，便又陷入社会动荡与战乱之中，经济发展再次进入迟滞状态，金融系统更是被反复蹂躏。在高棉共和国执政时期，国家银行于 1973 年发行第四套纸币，共有 100、500、1000、5000 等瑞尔 4 种面值。

四、柬埔寨第五套纸币

1975 年 4 月 17 日，柬埔寨"红色高棉"势力攻陷首都金边，掌握柬埔寨的国家政权，将国家名称改为"民主柬埔寨"，由柬埔寨共产党（红色高棉）总书记波尔布特担任总理。"红色高棉"执政时期，实行计划经济体制，全面改组经济，将私人商店、工厂全部收归国有，废除商品交易，取消集市贸易，甚至炸毁国家银行的总部大楼，关闭全国范围内的所有金融机构。在此期间，多达 200 万的柬埔寨人因饥饿、劳累或遭到残酷处决而死亡，社会民众可谓苦不堪言。1975 年，红色高棉政权曾短暂发行第五套纸币，这套纸币由中华人民共和国代印，共有 0.1、0.5、1、5、10、50、100 瑞尔 7 种面值。由于波尔布特意图建设一个纯粹的农业社会，这套纸币在发行后不久便被"红色高棉"政府回收，纸币的设计者也被迫害致死。

五、柬埔寨第六套、第七套纸币

1978 年，在柬埔寨倒退回"以物易物"时代之际，越南趁机出兵占领柬埔寨，并扶持柬埔寨人民共和国政权，推翻"红色高棉"；与此同时，西哈努克亲王与宋双、乔森潘实现联合，组成民主柬埔寨联合政府，拒不承认越南扶持的"伪政权"。此后十余年，柬埔寨国内民族战争此起彼伏，经济发展几乎停滞不前，金融业发展也十分缓慢。在此期间，柬埔寨人民共和国先后发行过第六、第七套纸币，涵盖 0.1、0.2、0.5、1、5、10、20、50、100、200、500、1000、2000 瑞尔等面值。

六、柬埔寨第八套、第九套、第十套、第十一套纸币

1991 年，在联合国的撮合之下，柬埔寨国内各方势力实现大和解，并于巴黎签署《柬埔寨和平协定》；1993 年 5 月，柬埔寨举行首次全国大选，颁布新宪法，改国名为"柬埔寨王国"；并恢复君主立宪制，成立柬埔寨王国政府。自此之后，柬埔寨终于进入和平发展的新时期，政治局势上虽然偶有变动，但是在总体上一直保持平稳态势；经济建设也开始起步，金融总量持续稳定增长。此后十年，柬埔寨中央银行先后发行第八套、第九套纸币，共有 100、200、500、1000、2000、5000、10000、20000、50000、100000 瑞尔等面值。

2004 年 10 月 6 日，旅居北京的西哈努克国王宣布退位，王位由其子诺罗敦·西哈莫尼继承。2005—2014 年，柬埔寨中央银行先后发行第十套、第十一套纸币，涵盖 1000、2000、20000、50000、100000 瑞尔等各种面值，新国王西哈莫尼的头像也出现在新纸币上。

七、柬埔寨周年纪念钞

近年来，随着政府持续推行"对内改革、对外开放"政策，柬埔寨的经济发展潜力得以充分释放，金融总量也呈现稳定增长之势，柬埔寨逐步摘掉"世界最不发达国家"的帽子，挺进"中低收入国家"行列。为回顾波澜曲折的社会发展史，纪念这来之不易的发展成果，柬埔寨中央银行陆续推出多种纪念钞。

2013 年，中央银行发行面值 1000 瑞尔的"西哈努克纪念钞"和面值 2000 瑞尔的"柬埔寨国家独立 60 周年纪念钞"；2019 年，发行面值 15000 瑞尔的国王登基 15 周年纪念钞；2021 年，发行面值 30000 瑞尔的"纪念巴黎和平协议签订 30 周年纪念钞"。

第三节　中柬金融合作：相得益彰

自 1999 年加入世界贸易组织以来，柬埔寨金融业发展十分迅猛，金融总量呈现持续稳定增长态势，银行业表现出信贷规模快速增长、不良贷款率长期处于低位水平、基础设施建设不断完善等发展趋势，保险业和证券业虽然尚且处于初级发展阶段，但是发展势头十分强劲。在此背景之下，随着"一带一路"倡议提出和《区域全面经济伙伴关系协定》（RCEP）签订，中国与柬埔寨经济往来愈加频繁，双边贸易和投资发展对金融服务需求不断增长，双边金融合作也愈加深入，合作广度和深度不断拓展。

一、中柬经济金融合作现状

（一）双边协定

近年来，中国和柬埔寨的经贸合作关系持续稳定发展，两国政府多次签署双边合作协定。1996 年 7 月，两国政府签署《贸易协定》《投资保护协定》，旨在加强双边贸易合作，2000 年 12 月，签订《中柬关于成立经济贸易合作委员会协定》，中柬经贸合作关系取得了突破性进展。2010 年 1 月 1 日，中国—东盟自贸区全面建成，为中柬经贸合作开辟了更为宽广、畅通的渠道，并为中国企业入驻柬埔寨提供了更多机会。2018 年 3 月，两国政府签订《关于给予柬 97% 税目输华产品零关税待遇的换文》。2019 年 1 月，中柬双方领导人共同设定 2023 年双边贸易额 100 亿美元的目标。2020 年 10 月，两国政府签订《中华人民共和国政府和柬埔寨王国政府自由贸易协定》，双边贸易互动渠道得以进一步畅通，如图 11 - 11 所示。

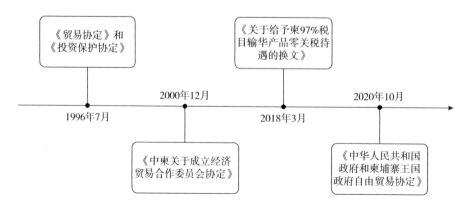

图 11 - 11　1996 年以来中柬双边经贸协定签署情况

（资料来源："走出去"公共服务平台，http://fec.mofcom.gov.cn/article/tjsj/tjgb/）

（二）双边贸易

随着两国政府频繁签署双边合作协定，畅通两国经贸合作渠道，中国与柬埔寨进出口贸易开始稳定增长。2017—2021 年，中柬进出口贸易总额由 57.91 亿美元增长至 136.65 亿美元，年均增长速度高达 24.89%；中国对柬埔寨出口额由 47.83 亿美元增长至 115.65 亿美元，年均增长速度高达 25.74%；中国对柬埔寨进口额由 10.08 亿美元增长至 21 亿美元，年均增长速度高达 21.36%，如图 11 - 12 所示。从进出口商品种类来看，中国对柬埔寨主要出口纺织品、机电产品、高新技术产品、服装、钢材、农产品等；自柬埔寨主要进口天然橡胶、服装、锯材、原木、农产品等。

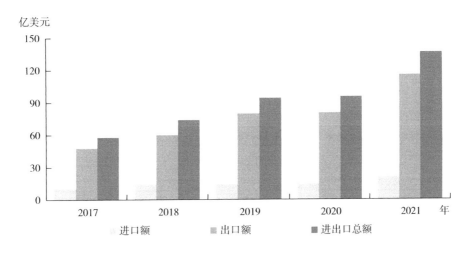

图 11 - 12　2017—2021 年中国对柬埔寨进出口贸易情况

（资料来源：国家统计局，http：//www.stats.gov.cn/）

（三）中国对柬埔寨直接投资情况

在双边贸易稳定发展的推动之下，中国对柬埔寨直接投资也取得了一定进展。2013—2021 年，中国对柬埔寨直接投资存量由 28.49 亿美元增长至 69.66 亿美元，如图 11 - 13 所示。中资企业在柬埔寨的投资产业主要分布在水电站、电网、通信、服务业、纺织业、农业、烟草、医药、能源矿产和产业园区等。

此外，2020 年中国企业在柬埔寨新签承包工程合同 181 份，合同额约 66.2 亿美元，完成营业额约 34.9 亿美元；累计派出各类劳务人员 5213 人，年末在柬埔寨劳务人员 6571 人（见表 11 - 4）。新签大型承包工程项目包括中国路桥工程有限责任公司承建柬埔寨金港高速公路项目、中国水电建设集团国际工程有限公司承建柬埔寨诺亚方舟综合体项目（一期、二期）、中国路桥工程有限责任公司承建 1551 号道路项目等。

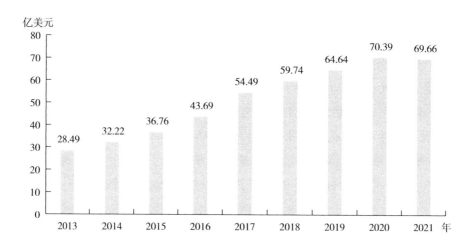

图 11 - 13　2013—2021 年中国对柬埔寨直接投资存量情况

（资料来源："走出去"公共服务平台，http：//fec. mofcom. gov. cn/article/tjsj/tjgb/）

表 11 - 4　　　　　　　　2016—2020 年中国在柬埔寨经济合作情况

项目 年份	对外承包工程		对外劳务合作	
	合同额 （万美元）	营业额 （万美元）	当年派出人数 （人）	年末在外人数 （人）
2016	213348	165598	3871	6744
2017	330058	176373	2604	5877
2018	288064	180102	3931	6593
2019	557610	227501	7092	10399
2020	662194	348846	5213	6571

资料来源：中国商务部（http：//www. mofcom. gov. cn/）。

（四）中柬金融机构合作情况

柬埔寨实行对外开放的自由市场经济政策，经济活动高度自由化，银行业也对外国资本高度开放。为吸引外资，柬埔寨官方也曾声明，外资公司有权以完全持股的方式在柬埔寨进行投资，不必拥有本地合作伙伴或本地公司参股，同时可将所赚取的利润自由汇款回国。[①] 随着柬埔寨政府的大力推动、双边贸易和投资的持续发展，中国与柬埔寨的银行合作不断深入。2010 年 12 月 8 日，中国银行在柬埔寨开设的第一家分行——中国银行金边分行正式成立；2011 年 11 月 30 日，中国工商银行也在金边开设分行。2017 年，中国银行金边分行将支行拓展至柬埔寨西哈努克港、暹粒等地，以更好地支持双边贸易和投资。2022 年 9 月 8 日，中国银行金边分行德

---

① 搜狐网：洪森，《外资公司可 100% 持有权，不限制利润汇款回国》，https：//www. sohu. com/a/298333164_756211，2019 - 02 - 27。

克拉支行正式开业，开设目的在于优化网点布局，更好地服务金边市周围的工业制造企业及其员工。随着分行网点数量的不断拓展，中国银行机构逐渐在柬埔寨金融市场占据一席之地。

二、中柬金融合作展望与建议

（一）继续加大中柬双边贸易和投资合作

金融领域合作与实体经济领域间合作相辅相成，贸易与投资合作通常能够有效促进金融合作，而金融合作发展又将进一步地带动贸易和投资的融合发展。现阶段，我国企业具有强烈的"走出去"意愿，而柬埔寨国内也存在基础设施不完善、资金缺口较大等问题。因此，在中柬双边贸易不断发展的背景之下，要继续加强对柬投资和贸易往来，为进一步深化两国金融合作提供着力点和动力源。

（二）自上而下，丰富中柬两国金融合作主体构成

中柬两国的金融合作，既有政府之间宏观战略上加强两国金融联系、推动金融经济体系一体化的需要，又有微观金融机构之间加强合作、提升金融服务能力的需求，还有民间经营主体便利贸易投资结算、促进经济交流的要求。因此，要重视各主体在深化两国金融合作中的重要作用，既要形成政府主导自上而下的合作机制，又要强化民间机构对两国金融合作的助推作用，多主体同向发力，深化中柬两国金融合作。

（三）扩大金融合作范围，扩展金融合作广度，挖掘金融合作深度

现阶段，中柬两国的金融合作范围相对较窄，主要以贸易投资基础上的金融合作为主，其他领域的金融合作涉及相对较少。随着两国贸易和投资不断发展，金融合作将随之逐步扩大范围，探索更加丰富和多元化的金融合作模式，创新金融产品和服务，开发适合中柬金融市场的金融产品和服务，包括开展双边股权合作、银团贷款、融资代理等合作，提升金融服务水平。同时，积极拓展跨境人民币业务，提高人民币在两国之间的直接结算比例，进一步提升中柬两国贸易投资的便利化程度。

本章小结

1953 年，在经历上百年社会动荡与战争之后，柬埔寨摆脱殖民统治，获得民族独立，然而独立后的柬埔寨在度过十年建设时期之后，便重陷内外战争的泥潭之中，再次经历二十余年的跌宕曲折之后，柬埔寨终于迎来和平发展的新时期，此后国家经济发展极快、金融总量不断增加。在此宏观政治社会背景之下，柬埔寨金融业历经独立与建设、动荡与衰退、和平与恢复、改革与发展四个发展时阶段，逐渐形成了以银行业为主导的体系结构，但是仍然存在发展不均衡、创新动力不足、"美元

化"程度过高等问题。

与金融行业的发展趋势一致，柬埔寨纸币的变迁史让人触目惊心、百感交集，自 1955 年发行第一套纸币至今，柬埔寨共发行十一套纸币，这十一套纸币无不诠释着柬埔寨那波澜壮阔、跌宕起伏的社会变迁史。

在柬埔寨国内政治局势逐渐走向平稳、经济总量稳步增加的同时，我国与柬埔寨的金融合作日益深入。近年来，中柬两国政府多次签署双边经贸合作协定，畅通两国经贸合作渠道，双边贸易和投资均呈现出稳定增长之势，两国银行类金融机构合作也日渐深入；与此同时，双方应该继续加大双边贸易和投资合作、丰富金融合作主体构成、扩大金融合作范围，以进一步地释放金融合作潜力。

［第十二章］

缅甸金融业

2021 年，缅甸人均 GDP 为 1209.9 美元，在东盟国家中排名倒数第一位，经济发展水平亟须提高。与其他较落后的东盟国家类似，缅甸金融业历经初步建立、风雨飘摇、改革发展、欣欣向荣和忧患突起五个发展阶段，逐渐形成以银行为主导的体系结构，金融总量增长较快，金融深度不断提升，但是受制于政治局势反复无常、社会矛盾持续累积等因素影响，缅甸金融业的发展脚步有所减缓，未来发展前景并不乐观。

第一节 缅甸金融业发展历程：一波三折风又起

一、缅甸金融业发展历程

（一）初步建立阶段（1948—1962 年）

1948 年 1 月 4 日，缅甸宣布脱离英联邦而正式独立，然而独立后的缅甸并没有迎来真正的和平，国内暴动此起彼伏，民族争斗接连不断。在此阶段，缅甸金融业发展颇为缓慢，格局分布也甚为单一，主要包括国有银行和保险公司。

1948 年 4 月，缅甸中央银行的前身——缅甸联邦银行正式成立，初始资本 5000 万缅元。成立之初，缅甸联邦银行仅作为政府的代表，并没有具备中央银行的全部职权。直到 1952 年 7 月，随着《缅甸联邦银行法》的颁布，缅甸联邦银行才拥有货币发行权；与此同时，缅甸货币局被废除，其组织机构一并纳入联邦银行的货币部门，缅甸联邦银行这才具备中央银行的基本职能。

1952 年，缅甸国家保险公司成立，总部位于缅甸仰光。一方面，缅甸国家保险公司拥有巨额储备基金，包括寿险基金和一般储备基金，拥有足够的保障能力；另一方面，国家保险公司由政府提供支持，能够在需要巨额赔偿时承担全部偿付责任。由此，国家保险公司发展较快，逐渐形成对保险市场的垄断地位。

（二）风雨飘摇阶段（1962—1988 年）

1962 年奈温发动政变，缅甸开启长达 50 多年的军人统治时期。1963 年，缅甸宣布成为社会主义国家，并开始实行缅甸式计划经济体制。在此阶段，闭关锁国政策给缅甸金融业带来了巨大的变革与震荡。

一方面，缅甸政府将全部私人银行收归国有。1967 年，《缅甸联邦银行法》出台，私营银行收归国有，外资银行被全部清除，缅甸银行业就此形成缅甸联邦银行一家独大的局面。直至 1972 年，《缅甸联邦银行法》颁布，缅甸四家国有银行——缅甸外贸银行、缅甸投资商业银行、缅甸经济银行、缅甸农业与发展银行才相继出现。

另一方面，缅甸政府还曾出现三次废钞行为。1965 年废除面值 50 和 100 的货币，1985 年废除面值 25 的货币，1986 年废除面值 35 和 75 的货币。而且，这三次废钞行为都处理得十分草率。在废钞之前，政府未对公众作出相应的提醒；在废钞之后，也不允许废钞持有人提取等值缅元。这些行为极大地动摇缅元的信誉，为日后缅甸金融业的不时震荡埋下伏笔。

（三）改革发展阶段（1988—2010 年）

1988 年 9 月，苏貌接班，并出台一系列改革措施以重整缅甸经济。在此阶段，缅甸金融业发展速度较快，私营银行得以恢复，保险业获得初步发展。

1. 银行业逐步恢复

1988 年 11 月，《缅甸联邦外国投资法》出台，准许外国银行在缅开设分行和办事处，外资银行逐渐恢复。1990 年，《金融机构法》颁布，准许私人建立银行，私营银行开始发展。1990 年 7 月，《缅甸中央银行法》颁布，设立缅甸联邦银行为中央银行，实收资本 5 亿缅元，共设行政部门、货币部门、会计部门、内部审计、研究培训部和资本市场部六个部门。1992 年 12 月，缅甸建立外汇管理部；2001 年 1 月，建立银行监管部，中央银行体系结构就此初步建成。截至 2010 年底，缅甸境内共有 13 家外国银行代表处和 19 家私人银行，银行市场已然初具规模。

2. 保险业初步发展

1988 年，缅甸官方发布公告，允许私人设立保险公司。不到一年时间，保险市场便涌现出数家寿险公司。但是，1989 年颁布的《国有经济企业法》和 1993 年出台的《缅甸保险法》再次限制私人开设保险公司，保险业又一次成为政府垄断行业。发展到 1996 年，《保险商业法》《保险商业条例》相继出台，政府开始高度关注民间资本的参与程度，并制定保险市场商业化转型的具体方案，私人保险终于迎来新生。与此同时，缅甸政府还成立了保险业监督委员会（IBSB），主要职责为设置实收资本、资产、负债、保险基金、许可费标准等，以引导保险公司规范经营，确保保险市场有效运转。

（四）欣欣向荣阶段（2010—2021 年）

2010 年，缅甸开启民主改革，主要改革措施包括建立国家人权委员会，赋予劳工组建工会、举行罢工的权利，放松出版审查等。在此阶段，缅甸金融业实现全面发展，银行业和保险业对外资开放，证券市场也终于建成。

1. 银行业开始对外资开放

2012 年 11 月，《新外国投资法》出台，给予外国资本一定的税收优惠；次年 1 月，在《新外国投资法》的基础上进一步颁布《外国投资法实施条例》，对外国资本进入作出详细而明确的规定，外资银行迎来新一轮发展机遇。2015 年 9 月 8 日，中国工商银行仰光分行正式开业，中国工商银行成为第一家入驻缅甸的中资银行。2020 年 4 月 12 日，缅甸中央银行批准中国银行在仰光开设分行，中国银行也开始入驻缅甸。

2. 保险业获得进一步发展

2012 年 9 月，保险业监督委员会（IBSB）向 12 家私营保险公司授予经营许可证，次年又相继向其授予保险牌照，缅甸保险业向私人资本进一步放开。按照监督委员会规定，私营保险公司从招标、审查到营业需花费三个月左右时间，在申请获准之后，须将 40% 的资金存放于缅甸经济银行，用以预防无法偿付的情况。此外，经营人寿保险、综合保险以及兼营两类保险的保险公司启动资金须分别达到 60 亿、400 亿和 460 亿缅元。由此可知，私人开设保险公司仍然存在诸多限制。2019 年 1 月，缅甸计划与财政部发布公告，将对外资放宽限制，准许外国保险公司在缅经营保险业务。外国资本开始入驻缅甸保险市场，但在业务范围、启动资金等方面仍然存在着诸多限制。

3. 证券业"萌芽破土"

2008 年 7 月，缅甸成立资本市场发展委员会。此后五年，证券市场发展委员会、公司小组委员会、资本市场培训委员会、证券市场会计和审计准则委员会相继成立，共同负责缅甸证券法律法规的制定、培训、监管等任务。2013 年 7 月，《缅甸证券交易法》颁布；2014 年 8 月，证券交易委员会成立，证券市场建设的准备工作基本完成。2016 年 3 月 25 日，缅甸首家证券交易所——仰光证券交易所开盘交易，缅甸正式踏入证券交易时代。

（五）忧患突起阶段（2021 年至今）

2021 年 2 月 1 日，缅甸军方悍然发动政变，时隔十年，政府机关再次被军方掌握，并开始实施为期一年的紧急状态。在此期间，军政府不仅逮捕了 4 名缅甸主要金融专家，暂停监管银行体系 200 多名职员的工作，而且还阻止储户使用大部分资金，甚至利用殴打、逮捕等暴力手段迫使民众将现金存入银行。以上举措使缅甸以银行为主导的金融体系陷入巨大的混乱之中，甚至开始出现银行危机的征兆，缅甸金融业可谓忧患丛生、风雨飘摇。

二、缅甸金融业发展的影响因素

（一）经济因素：经济发展需求是缅甸金融结构形成的基础

作为中低收入国家经济体，缅甸经济发展水平相对落后，长期以来，以农业为主导的产业结构形成缅甸自给自足的经济特征，经济主体对资金的需求量较小，且对金融功能的需求以资金融通为主。因此，在该种经济发展方式下形成以银行为主导的金融体系，能够有效满足缅甸经济主体的融资需求。另外，缅甸经济发展水平和经济发展方式成为其金融结构形成的重要基础。随着缅甸经济发展水平的不断提高，经济发展方式开始向工业化产业化转型，社会生产活动对金融机构、金融工具的需求日益增强，逐步推动了缅甸的金融结构越发趋向丰富和多元化。

（二）政治因素：政府主导是缅甸金融发展的关键

缅甸金融结构的形成与其军政权统治下的体制变更密切相关，政治因素主导着整个金融体系的发展。从殖民统治独立后，缅甸确立起社会主义制度，将所有私人金融机构收归国有，并建立中央银行，负责统一管理全国金融业务。在该阶段，高度集权下的缅甸金融结构单一，虽然发展初期在一定程度上促进了本国经济发展，但是从长期看，金融抑制导致了缅甸金融结构单一，金融体系仅仅能提供最基本的资金融通功能，反而制约了金融体系结构优化。此外，多次政府更迭造成了缅甸金融业发展极为不稳定，1988年新军政府执政后开始实行市场化改革，但军队统治特性使金融改革速度极为缓慢，国家始终掌握着整体金融体系的发展命脉。

（三）市场因素：市场化进程是缅甸金融结构改革的动力

在由计划经济转向市场经济改革的过程中，缅甸经济发展形成对多元化金融体系的需求。1988年，缅甸开始推行市场经济体制改革，打破原有计划和指令性安排，私营经济开始获得发展，形成对金融业发展的新需求。在经济改革的推动之下，缅甸政府逐步放开金融业，具体包括：允许私人建立银行和保险公司，参与金融业建设；中央银行逐渐独立于政府管制，自主制定金融政策；尝试利率和汇率制度改革，建立证券市场，加速金融自由化改革等。但是，受制于政治局势反复动荡，金融改革进程十分缓慢；政府对外资和民营金融机构的严格限制，使传统的银行机构在金融体系中仍然占据着主导地位。

第二节　缅甸金融业发展现状：山重水复疑无路

一、金融总量

首先，国内生产总值虽然偶有波动，但是在总体上还是呈现一定增长趋势。2008—2021 年，缅甸名义 GDP 由 318.31 亿美元增长至 650.92 亿美元，翻了一番。具体而言，名义 GDP 自 2008 年国际金融危机爆发以后直到 2014 年均保持较为稳定的正增长，这主要为缅甸政府持续推进民主改革、释放经济发展活力。但是，2016 年缅甸民盟上台执政，新政府出台的经济政策复杂多变且不完善，加上部分内阁成员能力欠佳，名义 GDP 出现小幅下降；2017 年开始，民盟政府逐渐稳住阵脚，并及时纠偏经济政策，名义 GDP 得以恢复正增长。但是，好景不长，2021 年缅甸军方悍然发动政变，社会生产活动与金融运转均陷入一片混乱，名义 GDP 竟下降了惊人的 17.53%，如图 12 - 1 所示。

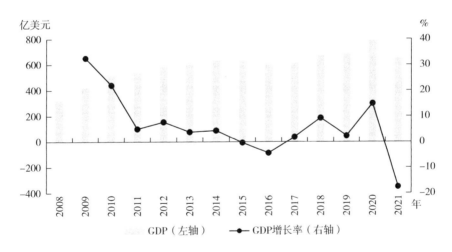

图 12 - 1　2008—2021 年缅甸的名义 GDP

（资料来源：快易理财网，https://www.kylc.com/stats）

其次，通货膨胀率起伏较大，且一直处于较高水平。2008 年国际金融危机爆发，通货膨胀率（CPI 增长率）急速升高至 26.8%，缅甸财富大幅缩水；从 2009 年开始，为了走出金融危机、促进经济复苏，缅甸政府采取扩张性货币政策，增加货币供应量，2010 年通货膨胀率反弹至 7.7%。没到一年，欧洲主权债务危机爆发，逐渐席卷全球；与此同时，缅甸国内收紧货币政策，通货膨胀率再次出现下降，2012 年仅为 1.5%。从 2013 年开始，国际金融危机和欧洲主权债务危机对缅甸通货膨胀率的影响逐渐消散，国内因素上升为主要影响因素。2016 年，缅甸国内电费与食品价格大幅下跌，通货膨胀率再次下降。近年来，由于政治动荡与新冠疫情的持续打击，缅甸的通货膨胀率呈现明显的上升趋势，如图 12-2 所示。

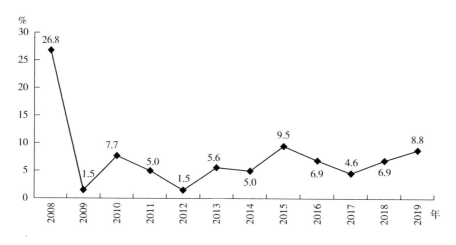

图 12-2　2008—2019 年缅甸的通货膨胀率变化（CPI 增长率）

（资料来源：世界银行数据库，https：//data. worldbank. org. cn/）

再次，广义货币量 M2 持续稳定增长。2008—2020 年，缅甸广义货币量由 5.04 万亿缅元增长至 74.68 万亿缅元，扩大将近 15 倍，主要因为经济持续增长、政府长期实行扩张性货币政策等因素。与广义货币量快速增长相伴，经济货币化水平不断提高。2008—2020 年，缅甸广义货币量占名义 GDP 比重由 19.16% 上升至 66.22%，增长 3 倍有余，如图 12-3 所示。以上数据充分反映，在经济持续增长、广义货币量迅猛增加的推动之下，缅甸经济货币化水平快速提高，金融深度显著提升。

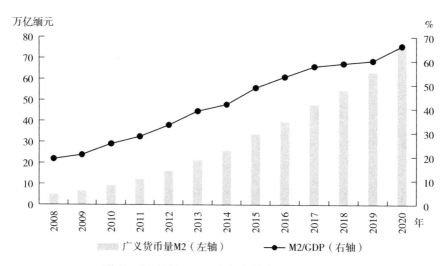

图 12-3　2008—2020 年缅甸的广义货币量 M2

（资料来源：快易理财网，https：//www. kylc. com/stats）

最后，总储蓄起伏不定，波动幅度较大。缅甸的总储蓄变动情况可分为两个阶段：2014 年以前和 2014 年以后。2014 年以前，在经济不断增长、国民收入稳定增加的推动之下，缅甸的总储蓄保持相对稳定的正增长，在 2013 年达到历史最高水平，为 88.36 亿美元。2014 年，国际大宗商品市场持续震荡，石油、铁矿石等商品价格大幅下跌；与此同时，缅甸国内发生近 40 年最大的洪涝，超过 100 万人受灾，当年的总储蓄下降 48.97%。此次"断崖式"下降影响十分深远，2015—2019 年，总储蓄增长率都维持在较低水平。直到 2020 年，新冠疫情暴发，国内消费和投资大幅萎缩，国际贸易也遭受重创，总储蓄增长速度升高至 31.7%，如图 12 - 4 所示。

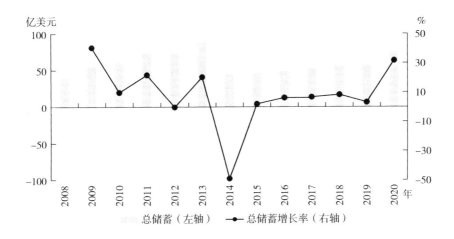

图 12 - 4　2008—2020 年缅甸总储蓄增长情况

(资料来源：快易理财网，https：//www.kylc.com/stats)

总而言之，缅甸金融总量呈现一定增长趋势，国内生产总值虽然偶有波动，但上升势头明显，广义货币量则持续稳定增加；而且近年来虽然遭受新冠疫情冲击，金融总量却仍然保持着增长势头，广义货币量达到历史最高水平，总储蓄达到历史次高水平。

二、银行业发展现状

截至 2021 年 9 月，缅甸银行体系由缅甸中央银行、4 家国有银行、26 家私营银行和 17 家外国银行分行组成。整个银行体系的总资产达到 85.15 万亿缅元，其中，国有银行总资产达到 26.86 万亿缅元，占整个银行体系的 32%；私营银行总资产达到 48.07 万亿缅元，占比 56%；外国银行分行的总资产达到 10.22 万亿缅元，占比为 12%，如图 12 - 5 所示。

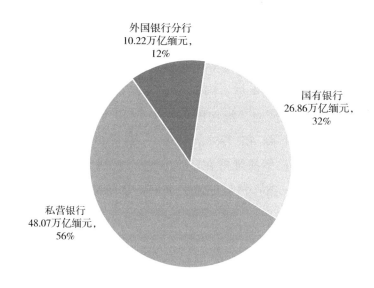

图 12-5 截至 2021 年 9 月缅甸银行体系总资产分布情况

（资料来源：缅甸中央银行，https：//www.cbm.gov.mm/）

（一）竞争力弱化的国有银行占主导，私营银行资产增长十分迅猛

21 世纪初，受益于国家政策倾斜，缅甸 4 家国有银行——经济银行、外贸银行、农业发展银行、投资与商业银行的发展速度较快，在国内银行体系居于主导地位。但是，近年来受制于缺乏资本结构调整与现代信息技术运用，国有银行经营发展已经显露疲态，经营效率难以持续提升，发展速度也逐渐减缓。在竞争激烈的银行市场中，国有银行将面临更加严峻的挑战，市场份额正不断受到侵蚀。

与此同时，26 家私营银行逐渐成为缅甸银行业现代化的主要推动力量。与国有银行相比，私营银行在市场营销活动、技术革新（如引进借记卡和信用卡、安装 ATM）上发挥着主导作用。截至 2021 年 9 月，缅甸私营银行总资产之和达到 48.07 万亿缅元，比 2010 年的 1.9 万亿缅元高出近 22 倍，占据整个银行体系资产总额的 56%。[①]

（二）基础设施落后，服务普及率较低

近年来，虽然监管当局发放的私营银行和外资银行的牌照数量不断增多，甚至一度超过东盟国家中较为发达的泰国，但是由于商业银行分支机构数量过少，缅甸大多数居民还是无法享受银行服务，特别是农村地区居民。从商业银行分支机构数量上看，缅甸银行业的基础设施水平远远落后于同类国家，与东盟其他国家存在着相当大的差距。2019 年，缅甸每 10 万人仅拥有商业银行分支机构为 5.6 家，在东盟

---

① 资料来源：缅甸中央银行，https：//www.cbm.gov.mm/。

10 国中排位倒数第 3 位，仅高于越南、老挝两国，如图 12 - 6 所示。

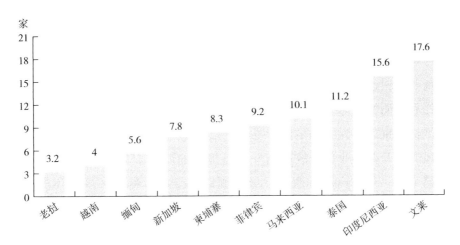

图 12 - 6　2019 年东盟 10 国商业银行的分支机构数量（每 10 万成年人）

（资料来源：世界银行数据库，https：//data. worldbank. org. cn/）

低水平的基础设施建设导致银行主要存贷款服务在居民中的覆盖率较低。2019 年，缅甸每 10 万成年人商业银行存款人数量为 341.4 人，在东盟国家中处于最后一个梯队；每 10 万成年人商业银行借款人数量为 12.8 人，仅为新加坡的 1.2%，也在东盟国家中处于最后一个梯队，如图 12 - 7 所示。事实上，缅甸商业银行分支机构集中分布在仰光、曼德勒、内比都等经济较发达地区，农村地区居民难以接触到商业银行提供的各项服务，国内市场银行服务供给仍然处于不足状态。

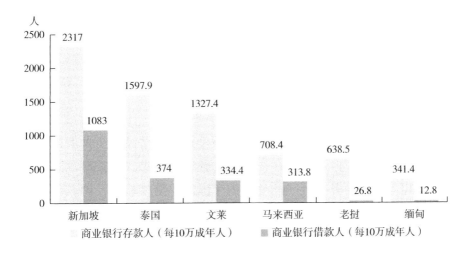

图 12 - 7　2019 年部分东盟国家的商业银行存款人和借款人数量

（资料来源：世界银行数据库，https：//data. worldbank. org. cn/）

（三）产品种类比较单一，利润来源以存贷利差为主

1990 年颁布的《金融机构法》规定，"商业银行仅可接受见票即付和凭支票支付的存款以及不超过一年期的存款和信贷业务"。担保、借款、信用证、外汇和票据等其他业务须在中央银行的授权和监管之下才可以经营。由此可见，在很长一段时间内，缅甸商业银行能够提供的服务仅包括活期存款、定期存款、借记卡、信用卡、外汇、信托和分期付款等少数几种。此外，由于一系列规章制度的限制，银行产品特性受到严格约束，且为了满足监管要求，私营银行通常采取十分谨慎的经营策略，怯于承担风险、开拓新业务，故而商业银行提供的产品十分相似，难以实现差异化经营，而趋于单一化的产品和服务，导致缅甸银行业的利润来源以存贷利差为主。长期以来，缅甸银行存、贷款利率变动情况表现出极强的一致性，存贷利差始终在 8% 上下波动，如图 12 − 8 所示。

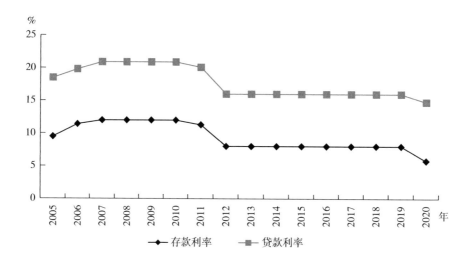

图 12 − 8 2005—2020 年缅甸银行存、贷款利率变动情况

（资料来源：世界银行数据库，https：//data. worldbank. org. cn/）

（四）电子信息化程度较低，自助服务水平落后

现阶段，缅甸各大国有银行、私营银行和外资银行已经初步开展网上银行、手机银行等电子渠道业务，但是仍然存在职员业务经验不足、设备出现故障概率较高等问题，制约电子渠道业务发展。此外，由于国内智能终端普及度较低、电子渠道业务收取比柜台更高的手续费，银行客户对新服务模式的接受度十分有限，导致银行电子信息化进程十分缓慢，银行业服务效率亟待提高。从自动取款机数量上看，缅甸银行电子信息化程度较低，与其他东盟国家相比，存在相当大的差距。2019 年，缅甸每 10 万成年人仅拥有自动取款机 6. 86 台，在东盟十国中排名倒数第 1 位，仅为泰国的 6%，如图 12 − 9 所示。

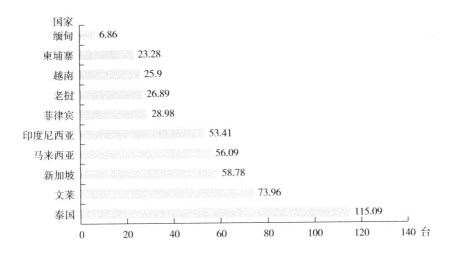

图 12 - 9　2019 年东盟 10 国自动取款机数量（每 10 万成年人）

（资料来源：世界银行数据库，https：//data. worldbank. org. cn/）

（五）对外开放力度有所加强，但是限制条款仍然苛刻

在对银行业进行改革之前，缅甸《银行与金融机构法》曾规定：即使在开设代表处之后，境外银行也不得在缅甸开设分支机构或向缅甸公众提供银行服务，唯一能从事的业务是向总部提供信息和向现有客户提供相关支持。近年来，缅甸开始对这一现状做出积极改变，缅甸中央银行制定了银行业逐步对外开放的策略，试探性地准许外国银行在缅甸开设分行。如表 12 - 1 所示。

表 12 - 1　　　　　　　近年来在缅甸经营的外资银行基本情况

序号	银行名称	国家或地区	开业日期
1	三菱日联银行	日本	2015 年 4 月 22 日
2	华侨银行	新加坡	2015 年 4 月 23 日
3	三井住友银行	日本	2015 年 4 月 23 日
4	大华银行	新加坡	2015 年 5 月 4 日
5	盘谷银行	泰国	2015 年 6 月 2 日
6	中国工商银行	中国	2015 年 7 月 1 日
7	马来亚银行	马来西亚	2015 年 8 月 3 日
8	瑞穗银行	日本	2015 年 8 月 3 日
9	澳新银行	澳大利亚	2015 年 10 月 2 日
10	越南投资与发展银行	越南	2016 年 7 月 1 日
11	新韩银行	韩国	2016 年 9 月 20 日
12	玉山商业银行	中国台湾	2016 年 9 月 20 日
13	印度国家银行	印度	2016 年 9 月 20 日

续表

序号	银行名称	国家或地区	开业日期
14	兆丰国际商业银行	中国台湾	2021 年 3 月 7 日
15	韩国产业银行	韩国	2021 年 3 月 7 日
16	国泰世华商业银行	中国台湾	2021 年 3 月 7 日
17	中国银行	中国	2021 年 3 月 26 日

资料来源：缅甸中央银行，https：//www.cbm.gov.mm/。

2014 年 10 月 1 日，缅甸中央银行宣布批准 9 家境外银行在缅甸开设分行，50 年来首次允许外资银行在缅甸提供服务。2021 年 3 月 4 日，缅甸外贸银行业务执照颁发委员会发布公告，新批准的 4 家外资银行在缅甸开设分行。缅甸银行业发展格局已然出现重要转变，随着对外开放力度增大，外资银行的入驻经营将对缅甸银行业形成竞争压力，有效推进缅甸银行业的发展和改革。但是与此同时，缅甸官方仍然规定每家获得许可的银行仅能在缅甸境内开设一家分行，经营业务范围也有严格限制，仅可向外资公司提供外币贷款，向本地企业提供贷款须通过本地银行办理，或与缅甸本地银行机构合作开展贷款业务。此外，根据审批要求，每家银行的注册资金至少需达 7500 万美元，且还需缴纳 4000 万美元的保证金。

三、保险业和证券业发展现状

缅甸的保险业和证券业起步较晚，发展水平较低、市场规模较小，仍然处于初级发展阶段。

截至 2021 年底，缅甸保险市场为缅甸国家保险公司（Myanmar Insurance）所垄断，国家保险公司是缅甸国内唯一的国营保险公司，总部位于仰光，在缅甸全国各省邦共建有 39 个分支机构，其主要任务为保护投保者和国内外企业主的社会及经济效应，主要提供人寿、航空、工程、石油天然气、伤残、旅游等三十多种保险产品。除国有保险公司外，缅甸境内共有 12 家私营保险公司，主要经营财险业务，个人寿险业务则刚刚起步，业务种类极少。实际上，缅甸官方直到 2013 年才正式引入私营资本，私营保险公司仍然处于起步阶段，经营范围受到严格管束，发展速度十分缓慢。至于外资保险公司，直到 2019 年 4 月，缅甸规划与财政部才批准 5 家外资保险公司可设立全资人寿保险子公司，如表 12 - 2 所示。

表 12 - 2　　　　　　　　2019 年获得经营许可的外资保险公司名录

序号	英文全称	中文简称	国家或地区
1	AIA Company Ltd	友邦保险	中国香港
2	Chubb Tempest Reinsurance Ltd	丘博再保险	美国

续表

序号	英文全称	中文简称	国家或地区
3	Dai—ichi Life Insurance Ltd	第一生命人寿	日本
4	Manufacturers Life Ins	宏利人寿	加拿大
5	Prudential Hongkong Ltd	保诚保险	英国

资料来源：缅甸金融监管局，https：//www.dica.gov.mm/。

相较于国内银行业和保险业，缅甸证券业发展水平更低。直到 2016 年 3 月 25 日，缅甸国内唯一的证券交易所——仰光证券交易所投入运营。截至 2022 年底，缅甸证券市场总市值为 6406.57 亿缅元（约合 4.77 亿美元），仅有 7 家上市公司，主要涉及金融、电信、餐饮等领域，如表 12 - 3 所示。

表 12 - 3　　　　截至 2022 年底仰光证券交易所上市公司基本情况

序号	公司名称	股票代码	上市时间	主营行业
1	缅甸第一投资有限公司（FMI）	00001	2016 年 3 月 25 日	投资
2	缅甸迪洛瓦经济特区控股公众有限公司（MTSH）	00002	2016 年 5 月 20 日	投资
3	缅甸国民银行（MCB）	00003	2016 年 8 月 26 日	银行
4	第一私人银行（FPB）	00004	2017 年 1 月 20 日	银行
5	TMH 电信公众有限公司（TMH）	00005	2018 年 1 月 26 日	电信
6	永流河集团股份有限公司（EFR）	00006	2020 年 5 月 28 日	物流
7	阿玛塔控股有限公司（AMATA）	00007	2021 年 6 月 3 日	休闲及餐饮

资料来源：仰光证券交易所，https：//ysx - mm.com/。

第三节　中缅金融合作：柳暗花明又一村

1995 年缅甸加入世界贸易组织之后，缅甸金融业发展蹄疾步稳，金融总量显著增加，银行业总资产呈现快速增长之势，特别是私营银行的总资产增长速度十分迅猛，国际化发展趋势也愈加明显。此外，缅甸保险业和证券业虽然处于初级发展阶段，但是蕴藏着较大的发展潜力。在此背景下，随着"一带一路"倡议的提出和 RCEP（区域全面经济伙伴关系协定）的签订与生效，中国与缅甸的经贸往来日益密切，双边贸易和投资发展呈现稳定增长趋势，两国在人民币合作方面更是表现出不俗的发展潜力。

一、中缅经济金融合作现状

（一）双边贸易

2017—2021 年，中国对缅甸进出口总额由 134.74 亿美元增长至 186.46 亿美元；

其中，出口额由 89.48 亿美元增长至 105.24 亿美元，进口额由 45.26 亿美元增长至 81.22 亿美元，如图 12 – 10 所示。具体而言，在新冠疫情暴发之前，中缅双边贸易不断发展，进出口总额增长较快；在新冠疫情暴发之后，双边贸易遭受一定冲击，进出口总额增长速度明显放缓。从进出口商品种类上看，我国对缅甸主要出口成套设备和机电产品、纺织品、摩托车配件、化工产品等产品；自缅甸主要进口矿产、大米、玉米、豆类和橡胶等产品。

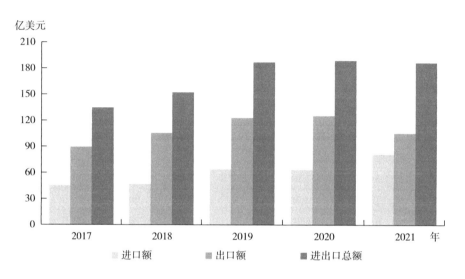

图 12 – 10　2017—2021 年中国对缅甸进出口贸易情况

（资料来源：国家统计局，http：//www. stats. gov. cn/）

（二）中国对缅甸直接投资

2021 年，我国对缅甸直接投资流量为 0.18 亿美元；截至 2021 年底，我国对缅甸直接投资存量为 39.88 亿美元，中资企业在缅甸的投资领域主要集中在油气资源勘探开发、油气管道、电力能源开发、矿业资源开发及纺织制衣等加工制造业领域。近年来，我国对缅甸直接投资情况分成两个阶段：第一阶段（2014—2017 年）我国对缅甸直接投资存量由 39.26 亿美元上升至 55.25 亿美元，年均增长速度为 12.18%，此时，缅甸国内政治局势较为稳定，为企业经营发展和项目投资营造了良好的外部环境。第二阶段（2018 年开始）缅甸政治局势开始波动，加上 2020 年新冠疫情的猛烈冲击，我国对缅甸直接投资开始减少，但 2021 年又开始逐步回升，如图 12 – 11 所示。

（三）中缅跨境人民币合作

随着双边贸易和投资的发展与增长，中缅两国企业的跨境人民币结算业务需求持续扩大，故而两国政府和金融机构逐步加深了人民币方面合作。自 2008 年缅甸经

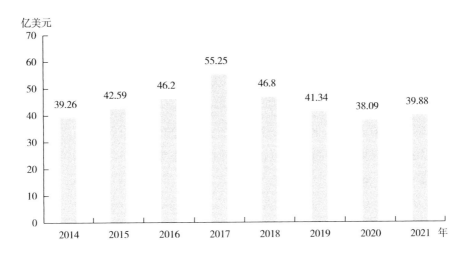

图 12 - 11　2014—2021 年中国对缅甸的直接投资存量

（资料来源："走出去"公共服务平台，http：//fec. mofcom. gov. cn/article/tjsj/tjgb/）

济银行在中国开立人民币结算账户以来，中缅双方在人民币方面取得了一系列的辉煌成果，便利边境货物流通，便捷两国货币交易和结算，有力地促进双边贸易和投资增长，具体情况如表 12 - 4 所示。

表 12 - 4　　　　　　　　　　中国—缅甸人民币方面合作的主要成果

时间	中方机构	缅方机构	具体成果
2008 年 12 月	中国农行瑞丽支行 中国建行瑞丽支行	缅甸经济银行	缅甸经济银行在中国开立人民币结算账户
2009 年 9 月	中国农行云南分行 中国建行云南分行	缅甸经济银行	签署清算协议，允许在缅开立人民币往来账户
2010 年 9 月	中国工行德宏分行	缅甸经济银行木姐分行和腊戍分行	允许开立人民币结算账户
2012 年 11 月	中国建行云南分行	缅甸经济银行	开通边境贸易结算网上银行系统
2015 年 1 月	中国建行云南分行	缅甸合作社银行	签署跨境人民币清算合作协议
2015 年 12 月	富滇银行瑞丽分行	缅甸环球财富银行木姐分行	经营人民币与缅币兑换业务；加强总行合作
2021 年 12 月	中国银行临沧分行	缅甸经济银行木姐分行	完成首笔中缅边贸跨境人民币结算

资料来源：根据公开资料整理。

二、中缅金融合作典型案例——富滇银行跨境人民币结算业务①

随着西南桥头堡、"一带一路"倡议的持续推进，中缅贸易特别是滇缅边境贸易不断增长，两国之间的资金往来越发频繁，人民币与缅币的兑换需求不断增加。作为云南的地方金融主力军，富滇银行一直将面向缅甸的跨境金融业务置于重点国际业务领域，对缅跨境人民币业务也是富滇银行最大的跨境业务之一。那么，在开展畅通对缅人民币结算业务方面，富滇银行有何具体作为？

（一）富滇银行概述

1. 发展历程

富滇银行品牌由蔡锷将军创立于 1912 年，是拥有百年历史的老字号银行品牌，曾经在海内外享有盛名，创造过云南辉煌的金融史。2007 年 12 月，在云南省委、省政府与原中国银监会的支持下，富滇银行股份有限公司（以下简称富滇银行）重组成立，成为云南省第一家省属城市商业银行。2011 年，富滇银行荣获 "2011 年中国中小企业金融服务十佳机构"。2014 年，为了加快提升地方金融对东南亚、南亚国家的双边合作的支持力度，探索和积累在境外设立分支机构和管理运作模式的经验，富滇银行与老挝外贸大众银行共同发起成立老中银行。2020 年，经过十余年的精心运营，富滇银行资产总额首次突破 3000 亿元大关，如图 12 - 12 所示。

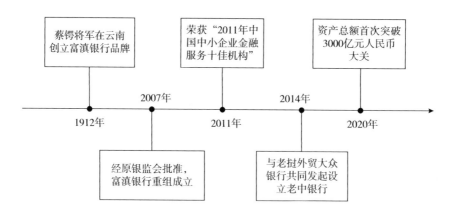

图 12 - 12　富滇银行的发展历程

（资料来源：富滇银行官网，http：//www.fudian - bank.com/）

2. 财务绩效分析

重组成立以来，富滇银行以加快发展地方金融业、促进云南经济发展为使命，以为区域内客户提供广泛的金融服务为己任，并制定 "立足云南，辐射西南，面向

---

①　申韬.《中国—东盟金融合作案例精选》，中国财政经济出版社 2023 年版，第 43 - 57 页。

全国，走向泛亚"的泛区域发展战略。近年来，富滇银行在经营效益方面取得良好成绩。2018—2022 年，富滇银行营业收入由 51.14 亿元增至 59.74 亿元，净利润由 1.06 亿元增至 7.33 亿元，两项指标均呈现不断增长的态势，如图 12-13 所示。

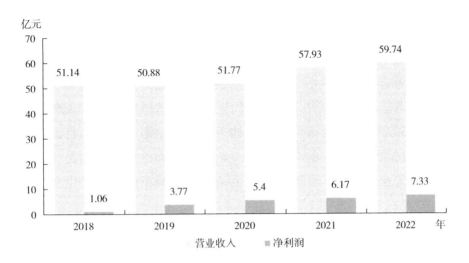

图 12-13　2018—2022 年富滇银行的营业收入和净利润

(资料来源：富滇银行官网，http://www.fudian-bank.com/)

（二）中缅跨境人民币合作进程

近年来，随着中缅两国跨境贸易与双边合作的不断推进，币值稳定的人民币逐渐得到缅甸中央银行的认可，缅甸中央银行开始制定各项政策，以推进中缅跨境贸易人民币结算。2019 年 1 月，缅甸中央银行宣布人民币成为缅甸官方结算货币之一；2021 年 10 月，缅甸央行允许境内持外币结算牌照、兑换牌照的银行和非银行货币兑换机构兑换人民币；2021 年 12 月，缅甸央行正式允许在中缅边境直接使用人民币进行边境贸易结算。中缅跨境人民币合作获得突破性进展，双边贸易和投资迎来新一轮发展机遇，如图 12-14 所示。

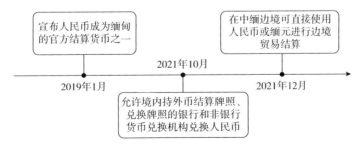

图 12-14　中缅跨境人民币合作进程

(资料来源：腾讯网，https://new.qq.com/rain/a/20211223A07Z5I00)

（三）富滇银行关于中缅跨境结算业务合作进程

1. 与缅甸环球财富银行达成合作意向

2015 年 9 月 11 日，富滇银行瑞丽分行与缅甸环球财富银行（CLOBAL TREASURE BANK）开展洽谈，达成四项重要合作意向：其一，环球财富银行木姐支行决定在富滇银行瑞丽分行开设人民币结算账户；其二，富滇银行瑞丽分行将择机赴环球财富银行木姐支行开设缅币结算账户，实现双边账户互设；其三，双方在建立业务合作伙伴关系之后，富滇银行须开始研究缅币挂牌，开展人民币与缅币兑换业务；其四，双方未来须共同致力于更高层次、更深入和更全面的合作。这是云南省金融机构与缅甸银行机构首次开展金融合作，而且此次洽谈不再局限于单边人民币结算账户的开立、资金汇划等基础性服务，而是拓展至对开账户、缅币挂牌等业务领域，有望解决跨境结算和中国正规渠道货币兑换两大金融创新难题。

2. 中缅同业合作实现重大突破

2020 年 8 月，富滇银行和缅甸伊洛瓦底农民发展银行签订人民币账户代理清算服务协议；同年 11 月，两行互开双边本币账户，并且双方经过协商洽谈达成共识，将发挥各自优势，为中缅国际结算业务提供新的结算渠道，促进滇缅贸易稳步发展。此次合作乃是中缅同业合作的重大突破，不仅开通中缅直通跨境人民币结算业务，还将进一步拓宽云南省与南亚、东南亚国家的金融合作网络。

3. 首次实现人民币对缅跨境结算

近年来，随着金融科技发展，人民币电子化结算开始进入跨境金融业务的舞台，为创新贸易结算方式提供更多可能。2022 年 6 月 1 日，耿马大宇商务有限公司通过富滇银行临沧孟定支行向缅甸企业支付从孟定清水河口岸进口的货物款项 129 万元；同年 6 月 3 日，货款到达企业在缅甸阿玛拉银行（UAB Bank）开设的账户。由此，富滇银行在孟定清水河口岸首次实现人民币对缅甸成功跨境结算。此次人民币成功跨境结算，为进一步推进中缅边境贸易、规范跨境结算奠定基础。

4. 开通畹町口岸边民互市结算模式

2022 年 6 月，富滇银行在瑞丽畹町首次打通边民互市结算通道，该举措为全国范围内首次实现边民互市款项电子清算，且直接跨境落地缅甸。作为银政合作新模式，"畹町口岸边民互市"项目实现边民口岸业务、银行金融业务与海关监管实现有效融合，进一步降低区域内跨境金融合作的交易成本与业务办理的时间成本。此次合作，富滇银行积极为云南省沿边地区跨境结算献计献策，主动发扬"先行先试"精神，助推人民币周边化、区域化进一步发展。如表 12-5 所示。

表 12-5　　　　　　　　**富滇银行关于中缅跨境结算业务合作进程**

时间	合作对象	合作内容	作用与意义
2015 年 9 月	缅甸环球财富银行	双边账户互设；经营人民币与缅币兑换业务；加强总行合作	拓展双边合作领域，进一步打通跨境人民币结算银行通道
2020 年 8 月	缅甸伊洛瓦底农民发展银行	签订战略合作协议和人民币账户代理清算服务协议	实现云南本地银行与缅甸同业合作的重大突破
2020 年 11 月	缅甸伊洛瓦底农民发展银行	互开双边本币账户	丰富面向南亚、东南亚国家的金融合作网络
2022 年 6 月	缅甸阿玛拉银行	首次实现人民币对缅甸成功跨境结算	为进一步加快推进中缅两国边境贸易、规范跨境结算奠定基础

资料来源：根据公开资料整理。

本章小结

1948 年，缅甸摆脱英联邦的殖民统治而宣布独立，但是独立后的缅甸并未进入真正的和平发展时期，国内暴动此起彼伏，民族斗争接连不断，军方政变也屡屡发生。在此政治背景下，缅甸金融业历经初步建立、风雨飘摇、改革发展、欣欣向荣和忧患突起五个发展阶段，逐渐形成以银行业为主导的体系结构，金融总量增长较快，金融深度不断上升，但是仍然处于相对较低的发展水平，金融业基础设施落后、服务普及率低、产品单一化、电子信息化程度不足等问题日渐凸显，难以满足经济发展要求和民众金融服务需求。

作为与中国山水相连的国家，缅甸与我国金融合作具有天然的地理优势。近年来，中缅双边贸易不断增长，中国对缅甸直接投资也持续增加，但是受到新冠疫情和国内政治局势动荡的双重影响，中缅双边贸易和直接投资均发展乏力，前进势头有所减缓。但是中缅人民币合作方面取得了丰硕成果，特别是富滇银行推出的跨境人民币结算业务，为推动双边贸易和投资发展注入了新动力，打开了新局面。

[第十三章]

老挝金融业

2021 年，老挝人均 GDP 为 2551.3 美元，在东盟十国中排名第 8 位，属于东盟国家中的欠发达国家。与其他相对较落后的东盟国家类似，老挝历经计划经济时期、经济改革初期和深入改革时期三个发展阶段，老挝金融业逐渐形成以银行业为主导的体系结构，保险业和证券业尚处于初级发展阶段。随着渐进式改革的逐步推进，老挝的金融总量不断增加，金融结构有所优化，但是仍然存在信贷规模较小、服务覆盖率较低、经营风险偏大、电子信息程度化不足等问题，同时面临着发展势头逐渐减缓、创新能力存在多重短板等一系列严峻挑战，为老挝的金融业发展前景蒙上了一层厚重的阴霾。

第一节　老挝金融业发展历程：从单一垄断到多元互动

一、老挝金融业发展历程

（一）计划经济时期（1975—1985 年）

1975 年 12 月，老挝人民革命党军队推翻了亲美的老挝王国，建立老挝人民民主共和国，确立了社会主义制度，并实行计划经济体制。在此阶段，银行业形成一级体系，保险业和证券业均尚未建立。

老挝建国后，原先成立在革命区的巴特寮银行（PatheLao Bank）接管位于首都万象的 Vientianefront – led 银行，并于次年 3 月更名为国民银行（National Bank）。1981 年，最高人民委员会通过"关于国家垄断银行经营的法令"，巴特寮银行（PatheLao Bank）被命名为老挝国家银行（State Bank of Laos）。此后近十年，作为"大一统"银行，老挝国家银行不仅承担着中央银行职权，管理货币的印刷与流通，制定货币政策，确保币值稳定，还具备商业银行职能，努力筹集资金，为经济复苏和弥补战争创伤提供服务，重点支持农业和工业发展。

（二）经济改革初期（1986 年至 20 世纪末）

1986 年 11 月，老挝人民革命党第四次党代会召开，大会决议全面推行"革新开放"政策；1987 年 8 月，老挝中央人民革命党委员会会议提出经济改革计划，老挝政府进入由中央计划经济向市场经济变革的时期。在这一阶段中，银行业形成二级体系，保险业开始起步。

1. 银行业形成二级体系

（1）设立中央银行。1989 年，老挝国家银行总部更名为老挝人民民主共和国银行（Bank of the Lao PDR）。1990 年 6 月，老挝政府颁布中央银行第四号法令，正式设立老挝人民民主共和国银行为中央银行，负责监管金融业运行，代理国库收支业务，印刷和管理货币流通，制定货币与汇率政策、管理外汇储备，颁发银行牌照、管理货币存款与信贷，定期向政府报告经济形势等。

（2）商业银行出现。1988 年 3 月，老挝部长级委员会通过"关于银行部门改革的法令"，正式将商业银行职能从老挝人民民主共和国银行中分离出来，形成二级银行体系。1989 年，老挝国家银行原有 19 个分行被改造成为 7 家国有商业银行——the Bank of the Capital City、Banque pour le Commerce Exterieur Lao、Setthathirath 银行、Southern 银行、Lao May 银行、Lane Xang 银行和 AlounMay 银行。直到 1991 年，此次银行改革才初步完成，7 家国有银行有权在中央银行的监管之下经营商业银行业务，如接受企业、公共部门和个人存款，向国有企业、合资公司和个人贷款，承担转账、支付担保和其他服务等。此外，私营银行和外资银行也相继出现，从 1992 年开始，曼谷银行、昆泰银行、泰国农民银行和暹罗商业银行等外国银行陆续在老挝境内开设分行和代表处，商业银行就此进入快速发展阶段，银行数量稳步增加。

2. 保险业垄断经营

随着 1986 年老挝政府着手经济改革、引入市场经济和推动对外开放，保险业开始起步发展。1990 年，老挝出台《保险法》，开始筹备建设保险市场。1991 年，老挝政府与法国 AGF 保险集团合资成立老挝第一家保险公司——老挝国家保险公司（Assurances General Laos，AGL）；随后，国家保险公司又被德国安联集团收购，更名为 Allianz General Laos（AGL）。此后 17 年，国家保险公司成为老挝境内唯一的保险机构，实现对国内保险市场的绝对垄断。

（三）深入改革时期（20 世纪末至今）

20 世纪 90 年代末，老挝金融体系特别是银行系统出现体制僵化、经营效率偏低等各种问题。为此，老挝政府决定重构金融体系，以保证资源能够实现有效配置。在这一时期，老挝政府主要采取放宽金融管制的一系列措施，如解除利率管制、减少政府直接贷款、扩大银行自主经营权、提高资本要求、促进银行合并和重组等。

1. 银行系统不断优化

（1）国有银行的改革。从 1995 年开始，老挝政府对银行体系进行改革，将七家国有商业银行合并成四家——Lao May 银行、LaneXang 银行、外贸大众银行和农业促进银行。2003 年 3 月，Lao May 银行和 Lane Xang 银行被进一步合并成老挝发展银行，国有银行体系自此基本成型。时至今日，三家国有银行成为老挝银行体系的主导机构，对该国金融业发展具有举足轻重的作用。

（2）外资银行的进入。在改革国有银行结构的同时，更多外国银行也被批准进入老挝开设分行。2000 年，大众银行、渣打银行相继在老挝开设分行，经营存贷款、信用证、外汇、信托、租赁等业务。与此同时，老挝银行业还与国际货币基金组织、亚洲开发银行和世界银行进行广泛的外部合作，银行系统得以不断优化。近年来，我国银行机构也开始入驻老挝。2011 年 11 月 28 日，中国工商银行万象分行正式开业，主要提供外汇结算、国际贸易、担保业务和内保外贷等金融服务。2015 年 3 月 26 日，中国银行万象分行也正式投入运营，并于 2016 年 10 月被老挝中央银行批准成为当地的人民币清算行。

2. 保险业打破垄断

2008 年，老越保险公司、PCT 亚洲保险公司相继出现，老挝国家保险公司的垄断局面终于被打破。其中，老越保险公司为老挝第二家保险机构，由越南投资发展商业银行（BIDB）、越南 BIDV 保险公司、老挝外贸银行、老越银行四方发起成立，注册资金为 300 万美元，主要从事寿险业务。2015 年，老挝财政部批复了 8 家保险公司的经营许可，老挝保险市场才出现本土化的全资保险公司。老挝保险市场"外资公司先成立、本土公司后成立"的建设顺序，有别于其他东盟国家，主要是受制于经济发展程度有限、严重依赖外国投资的国情。

3. 证券业初步建成

2009 年 7 月，老挝成立证券委员会，开始筹备建设证券市场。2010 年 5 月，老挝政府总理波松签发"关于证券和证券市场的政府令"，证券市场的建设逐渐提上日程。同年 8 月，外贸银行与泰国 KT Zmico 证券合资成立老挝首家证券公司——外贸银行恭泰证券。9 月底，历时 16 个月的证券大楼正式竣工，老挝国内开设证券市场的条件基本成熟。2010 年 10 月 10 日，老挝证券交易所在万象举行挂牌仪式，并于 2011 年 1 月 11 日正式开盘交易，首轮上市两只股票——外贸银行和大众发电。由此，老挝正式踏入证券交易时代。

二、老挝金融业发展的影响因素

（一）经济发展阶段和经济结构

经济发展阶段决定着金融需求，经济结构在很大程度上决定着一国的金融结构。老挝经济发展水平较低，仍然处于初级发展阶段，决定着老挝较为落后的金融发展水平和偏向银行主导的金融体系。而近年来，随着整体经济发展，老挝人均收入水平不断提高，人民财富不断增加，推动了社会居民的存款需求上升；与此同时，工业化程度日益加深的经济结构，持续扩大社会经济建设的投资需求，社会公众和企业对金融机构的融资需求也趋于不断上升之势，由此推动着金融行业不断向前发展。

（二）过去"大一统"金融体系的影响

建国初期，老挝实行"大一统"的金融体系，全国的货币交易结算、金融资源配置均由国内唯一的银行——老挝国家银行承担，这一极具"计划特色"的金融体系对老挝的金融结构产生了巨大的影响。尽管老挝金融业发展速度较快，商业银行、证券公司、保险公司等不同种类的金融机构日渐增多，但是国有金融机构仍然在金融体系中占据着主导地位，以国有为主导、集中度较高的银行体系正是受到"计划特色"金融体系的深刻影响。

（三）"革新开放"政策的影响

1986 年老挝"四大"的召开被学术界认定为老挝"革新开放"的起点。"革新开放"主要表现在以下三个方面：第一，国有企业改革和所有制调整，建立起经济管理机制与生产经营机制分离、实行企业核算与自负盈亏的新体制；第二，农业政策调整，对农业合作社进行整顿和合并，逐步推行家庭承包制，把土地授予农民使用；第三，逐步扩大开放对象和开放范围，走向全方位的对外开放。随着"革新开放"不断深入，国有企业完全垄断局面逐渐改变，私营金融机构持续涌现，外资金融机构比重不断攀升；与此同时，配套的金融改革使得越来越多的银行信贷流向私有经济。一系列重要的经济和金融改革，使得老挝的经济和金融业均呈现稳定发展的趋势。

第二节　老挝金融业发展现状：青山缭绕疑无路

一、金融监管体系

老挝现行的金融监管体系以中央银行为核心，以各监管职能单位为辅助。其中，中央银行负责老挝货币、老挝基金和银行信贷等方面的宏观管理以及金融、货币法规的制定；同时还负责向地方商业银行和金融机构提供贷款，审批外币申请和进口物品，出具外国资金汇入的银行证明，管控私人货币兑换网点、地方抵押机构和信用合作社的成立等。中央银行的下属单位——商业银行监管部负责监管商业银行和其他金融机构的货币、信贷执行情况等。而中央银行的另一家下属机构——证券交易委员会负责监管证券市场，依照法律、行政法规的规定，办理股票、公司债券的暂停上市、恢复上市和终止上市等事务。因此，老挝的金融监管体系又被称为"超级央行"的一元监管体系。如图 13 - 1 所示。

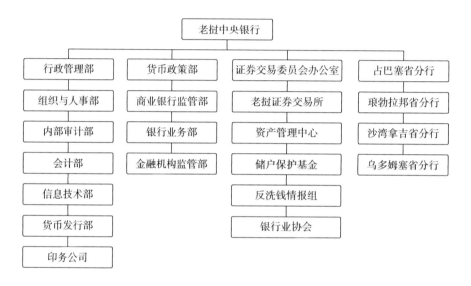

图 13 - 1　现阶段老挝中央银行的组织结构

（资料来源：老挝中央银行，http：//www. bol. gov. la/）

二、金融总量

首先，老挝经济总量较小，增长速度逐渐趋缓。2008—2021 年，老挝名义 GDP 由 54.46 亿美元增至 188.27 亿美元，年均增长速度高达 10.25%。具体而言，名义 GDP 自 2008 年国际金融危机爆发之后直到 2016 年均呈现稳定增长之势，这主要是由于老挝政府持续推进"革新开放"政策、大力发展农业和工业、积极吸引外国投资所致。从 2016 年开始，随着政府财政赤字、外债和贸易逆差的不断扩大，老挝经济增长速度有所下滑，但仍然保持在每年 5% 左右。2020 年至今，受新冠疫情影响，社会生产活动、国内消费和投资、对外经济与贸易均不断萎缩，老挝名义 GDP 一度出现负增长，如图 13 - 2 所示。

其次，通货膨胀率虽然起伏较大，但是逐渐变动至合理范围之内。具体来看，2008 年国际金融危机爆发，老挝通货膨胀率急速升高至 7.6%，货币基普大幅度贬

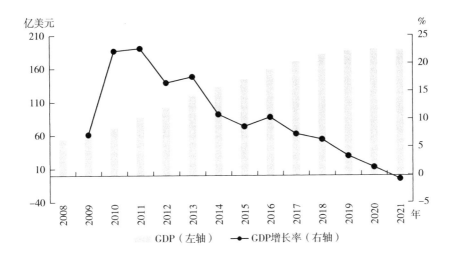

图 13 – 2　2008—2021 年老挝的名义 GDP

（资料来源：快易理财网，https：//www.kylc.com/stats）

值，老挝国家财富因此大量蒸发，经济发展备受打击。从 2010 年开始，为走出金融危机、刺激经济发展，老挝中央银行实行扩张性货币政策，增加货币投放；与此同时，燃料、天然气和其他进口商品价格飙升，居民消费价格指数大幅上升，一度超过政府所设定的 12% 上限。为此，老挝政府采取适当降低经济发展速度、减少货币投放、积极稳定商品价格等措施，2015—2019 年通货膨胀率维持在相对较低水平上。2020 年，受新冠疫情影响，通货膨胀率短暂性地超过 5%；待政府采取防疫措施之后，便又迅速恢复到 4% 及以下水平，如图 13 – 3 所示。

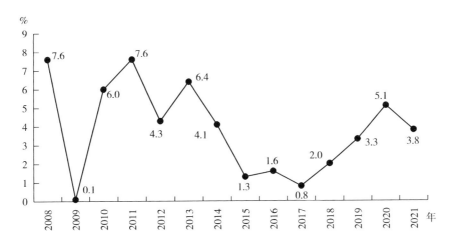

图 13 – 3　2008—2021 年老挝的通货膨胀率（CPI 增长率）

（资料来源：世界银行数据库，https：//data.worldbank.org.cn/）

再次，国民总收入增长速度逐渐趋缓。2012—2021 年，老挝国民总收入由 95.8 亿美元增长至 176.9 亿美元，年均增长速度达到 7.2%。具体而言，由于政府持续推进经济改革、释放经济发展活力和积极吸引外国投资，2012—2018 年国民总收入均达到 7% 以上的增长速度。从 2019 年开始，随着政府财政赤字和对外负债持续增加，国民总收入表现出一定程度的发展疲态。2020 年至今，受新冠疫情影响，国民总收入增长趋势疲态尽显，甚至一度出现负增长现象，未来发展前景并不容乐观，如图 13 - 4 所示。

图 13 - 4 2012—2021 年老挝国民总收入增长情况

（资料来源：世界银行数据库，https：//data.worldbank.org.cn/）

最后，总储蓄波动幅度较大，增长速度起伏不定，在总体上几无扩大趋势。具体而言，2012—2021 年，老挝总储蓄历经"三起三落"。2012 年，总储蓄为 12.93 亿美元，但是次年由于政府实行过激的财政政策，总储蓄下降 16.16%。2014 年，在政府及时纠偏财政政策之后，总储蓄随即恢复至 12.33 亿美元。不过好景不长，2015—2016 年，国际大宗商品市场出现剧烈震荡，原油、铁矿石等产品价格大幅下跌，总储蓄连续两年减少幅度达 10% 以上。2017 年，国际大宗商品市场回归相对稳定，总储蓄恢复至 11.25 亿美元，但是第二年老挝政府再次实行过激的财政政策，总储蓄下降 12.89%。2019 年，由于国内外因素相对稳定，总储蓄得以恢复正增长。从 2020 年开始，受新冠疫情影响，国内消费和投资减少幅度较大，总储蓄同比增长率一度达到 25.38%，如图 13 - 5 所示。

总而言之，老挝的金融总量偏小，增长趋势减缓明显。随着政府财政赤字、对外负债和贸易逆差不断扩大，国内生产总值和国民总收入的增长速度逐渐趋缓，特别是新冠疫情暴发之后，国内生产总值和国民总收入增长乏力明显，总储蓄也几无任何增长趋势。

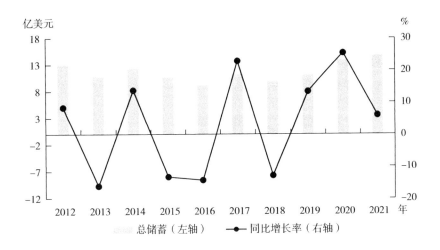

图 13-5　2012—2021 年老挝总储蓄（含黄金）变动情况

（资料来源：世界银行数据库，https：//data.worldbank.org.cn/）

三、银行业发展现状

经过数十年的改革与发展，老挝银行业已经初具规模。截至 2021 年底，老挝银行体系由中央银行、3 家国有商业银行、1 家政策性银行、3 家合资银行、8 家私营银行、8 家外国银行子银行和 21 家外国银行分行组成，如图 13-6 所示。

图 13-6　截至 2021 年底的老挝银行体系结构

（资料来源：老挝中央银行，http：//www.bol.gov.la/）

（一）国有银行占主体，市场份额占比较大

老挝银行系统由 3 家国有商业银行——老挝外贸大众银行（Banque pour le Commerce Exterieur Lao）、老挝开发银行（Lao Development Bank）、老挝农业促进银行（Agriculturel Promotion Bank）和 1 家政策性银行——Nayoby 银行组成。截至 2021 年底，老挝国有银行资产为 96952.91 十亿基普，占整个银行系统总资产的 41%；合资银行总资产为 41451.9 十亿基普，占比 17%；私营银行总资产为 42609.52 十亿基普，占比 18%；外资银行（外国银行分行及子银行）总资产为 55721.83 十亿基普，占比24%，如图 13 - 7 所示。此外，国有银行的存款余额为 68384.12 十亿基普，占比 53.36%；国有银行贷款余额为 42286.51 十亿基普，占比 48.44%，如表 13 - 1 所示。老挝国有银行的总资产、存款余额和贷款余额占比等指标都远远超过银行体系中其他类型银行，处于绝对的主导地位。

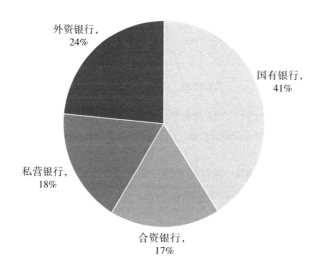

图 13 - 7　截至 2021 年底老挝银行业总资产结构分布情况

（资料来源：老挝中央银行，http：//www. bol. gov. la/）

表 13 - 1　　　　　　　　　　截至 2021 年底老挝商业银行的存贷款结构

占比＼银行类型	国有银行	合资银行	私营银行	外资银行
存款占比	53.36%	6.62%	21.46%	18.56%
贷款占比	48.44%	10.13%	24.65%	16.78%

资料来源：老挝中央银行，http：//www. bol. gov. la/。

（二）信贷规模较小，难以适应经济发展要求

2021 年，老挝银行系统的信贷规模仅为 87298.64 十亿基普（约合 106 亿美元），其中商业（Commerce）占比 19.19%，服务业（Services）占比 14.64%，建筑业（Construction）占比 13.51%，农、林业（Agriculture Forestry）占比 6.52%。2017—2021 年，老挝银行业信贷占名义 GDP 的比重分别为 47.55%、45.31%、45.2% 和 47.19%，比重数值起伏较大，增长趋势微弱，如图 13 - 8 所示。相对于其他东盟国家而言，老挝的银行业信贷占名义 GDP 比重明显偏低，如 2011 年泰国的银行业/名义 GDP 为 150.78%，马来西亚为 132.06%，新加坡为 93.59%。作为传统的农业国家，第一产业是老挝经济发展的基础，第二产业成为经济增长的关键所在，而银行信贷目前主要投向第三产业，且信贷规模占名义 GDP 比重较低，说明老挝国内投资

占经济增长份额较低，对国民经济发展的贡献度偏小，无法发挥火车头作用，无法充分适配国民经济的发展要求。

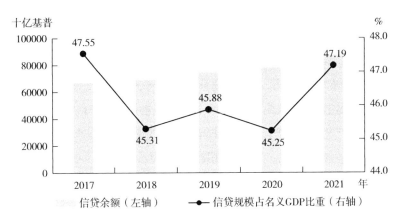

图13-8　2017—2021年老挝银行业信贷占名义GDP比重情况

（资料来源：老挝中央银行，http：//www. bol. gov. la/）

（三）不良贷款率高，经营风险偏大

2012—2020年，老挝银行不良贷款率在3%上下波动，大部分时间高于3%。与其他东盟国家相比，新加坡和马来西亚两国同期银行不良贷款率均低于2%，柬埔寨同期均低于2.5%，而近几年越南银行业不良贷款率逐步下降至2%以下，相比而言，老挝银行业的不良贷款率明显偏高，管理不得力。2012—2013年，老挝银行不良贷款率出现短暂性下降，但之后又持续快速反弹，近几年稳定在3%以上，恶化趋势逐渐显著，如图13-9所示。老挝银行不良贷款主要来源于国有企业，为促进经济发展，老挝政府直接干预国有银行经营，指令其向中大型企业和大型公共项目发

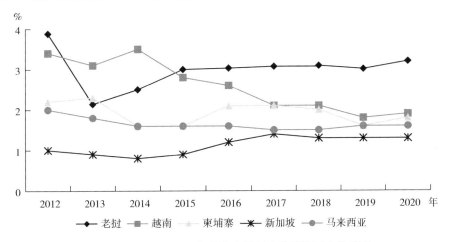

图13-9　2012—2020年部分东盟国家的银行不良贷款率

（资料来源：世界银行数据库，https：//data. worldbank. org. cn/）

放大量贷款，但是大多数国有企业体制僵化、创新动力不足，导致经营管理不善，难以偿还贷款，加上老挝政府财政赤字连年增加，无法运用财政力量为国有企业兜底偿还。不良贷款率居高不下，也使私人银行资产恶化，经营风险长期处于高位水平。

（四）基础设施落后，服务覆盖率较低

2021 年，老挝每 10 万成年人拥有商业银行分支机构 3.1 家，居于东盟国家最后一个梯队中，而中低收入国家为 8.9 家，世界平均水平为 11.2 家，如图 13 - 10 所示。从商业银行分支机构数量上看，老挝银行业的基础设施水平远远落后于世界平均水平，与东盟其他国家相比，也存在相当大差距。

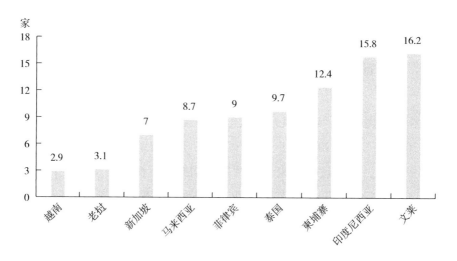

图 13 - 10　2021 年部分东盟国家商业银行分支机构数量

（资料来源：世界银行数据库，https：//data. worldbank. org. cn/）

低水平的基础设施导致银行主要存贷款服务覆盖率较低。2020 年，老挝每 10 万成年人中商业银行存款人数量为 601.2 人，排在东盟国家中的最后一个梯队；老挝每 10 万成年人中商业银行借款人数量为 58 人，仅为新加坡的 5.4%，也排在东盟国家中的最后一个梯队，如图 13 - 11 所示。事实上，老挝商业银行的分支机构集中分布于首都万象和其他经济较发达地区，大多数农村及其他偏远地区的居民难以接触到商业银行提供的各项服务。

（五）产品服务缺乏多样性，电子信息化程度低

老挝银行业提供的产品主要包括存款、贷款、信托、租赁、信用证、转账支付、外汇和保函等基础性服务，缺乏大额存单、货币市场存款账户等存款工具，贷款担保和抵押方式也比较单一，投融资咨询服务也尚处于起步阶段，银行服务的多样性严重不足。此外，老挝银行业的电子信息化程度较低，自助服务水平落后。2021 年，

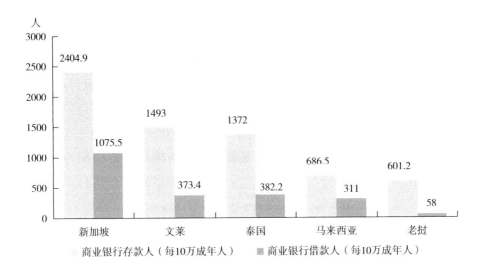

图 13 - 11   2020 年部分东盟国家商业银行存款人、借款人数量

（资料来源：世界银行数据库，https：//data.worldbank.org.cn/）

老挝每 10 万成年人拥有的自动取款机数量仅为 28.06 台，居于东盟国家中的最后一个梯队，如图 13 - 12 所示。虽然部分商业银行已经初步开展网上银行、手机银行等电子渠道业务，但是由于业务经验不足、技术故障出现概率较高，且收取比柜台更高的手续费，加之国内智能终端普及度和客户对新服务模式的接受度十分有限，导致电子渠道业务进展十分缓慢，银行业服务效率普遍较低。

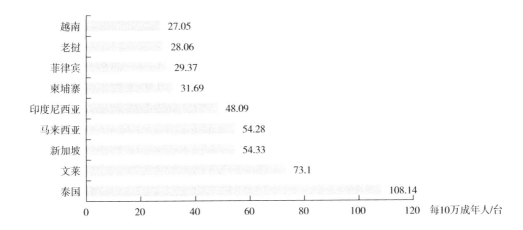

图 13 - 12   2021 年部分东盟国家自动取款机数量

（资料来源：世界银行数据库，https：//data.worldbank.org.cn/）

四、保险业发展现状

老挝保险业仍然处于初级发展阶段，发展还未成熟。截至 2020 年底，老挝保险体系由 7 家本地保险公司（见表 13 - 2）、9 家合资保险公司和 6 家外商独资保险公司共同组成。由于国内经济总量较小且缺乏成熟的保险业经营管理经验，老挝政府主要通过积极引进外国资本的方式，提高本国保险行业的发展水平。2019 年，老挝本地保险公司的保费收入仅为 428.23 亿基普，其中寿险市场的份额为 35.35%，财产险市场份额仅为 3.67%。[①]

表 13 - 2　　　　　　　　截至 2020 年底老挝本地保险公司基本情况

序号	公司名称	业务经营性质	保费收入（亿基普）
1	HPC Life Insurance	人寿保险	112.35
2	Phongsavanh Insurance	财产保险、人寿保险综合	86.37
3	Lao Thepchalarn Insurance	财产保险、人寿保险综合	82.50
4	Sokxay Insurance	财产保险	80.93
5	Vientiane Insurance	财产保险、人寿保险综合	42.11
6	Laovivat Insurance	财产保险	17.85
7	Insee Life Insurance	人寿保险	6.12

资料来源：老挝财政部，http://www.mof.gov.la/。

五、证券业发展现状

相对于银行业和保险业，老挝证券业发展水平更低。老挝境内唯一的证券交易所——老挝证券交易所成立于 2010 年 10 月。截至 2022 年 1 月，老挝证券交易所共有 11 家上市公司，且以合资和外资为主，总市值为 7.79 万亿基普，如表 13 - 3 所示。与保险业一样，由于国内经济总量较小且缺乏相应的经营管理经验，老挝政府积极引进外国资金，持续提高本国证券市场的发展水平。

表 13 - 3　　　　　　截至 2022 年 1 月老挝证券交易所上市公司基本情况

序号	公司名称	市值（万基普）	注册时间
1	老挝外贸大众银行（BCEL）	117363665	2011 年 1 月 11 日
2	老挝电力大众公司（EDL - GEN）	399674280	2011 年 1 月 11 日
3	老挝皮东连石油公司（PTL）	9870000	2014 年 12 月 9 日
4	老挝世界大众公司（LWPC）	37582864	2014 年 12 月 9 日

---

① 资料来源：老挝财政部，http://www.mof.gov.la/。

续表

序号	公司名称	市值（万基普）	注册时间
5	素万尼家居大众公司（SVN）	35475000	2015 年 12 月 11 日
6	普西建设发展大众公司（PCD）	52380000	2017 年 10 月 10 日
7	老挝水泥厂（LCC）	4400440	2018 年 3 月 2 日
8	玛哈腾融资租赁大众公司（MHTL）	12600000	2018 年 9 月 18 日
9	老挝阿贡特大众公司（LAT）	11000000	2018 年 9 月 25 日
10	老挝万象中心大众中心（VCL）	17663988	2019 年 5 月 31 日
11	老挝东盟融资租赁大众公司（LALCO）	8140500	2019 年 10 月 10 日

资料来源：中—老信息网（http：//www.zgmh.net/）。

第三节　中老金融合作：忽见千帆隐映来

老挝是中南半岛北部唯一的内陆国家，北邻中国，南接柬埔寨，东靠越南，西北达缅甸，西南毗邻泰国。作为传统的农业国家，农业是老挝经济发展的基础；老挝境内金、铜、锡、铅、钾、铁、石膏、煤、盐等矿藏丰富，采矿业正逐渐成为国家经济增长的新动力。而我国对农产品和矿产品的需求十分巨大，两国经贸具备良好的合作基础。近年来，随着中老贸易往来的日渐频繁，两国金融合作持续深入，双边金融机构取得了丰硕的合作成果。

一、中老经济金融合作现状

（一）双边贸易

2021 年，中国对老挝进出口总额为 43.43 亿美元，较上年增长 21.28%。其中，中国对老挝出口 16.67 亿美元，同比增长 11.80%；自老挝进口 26.76 亿美元，同比增长 28.16%，如图 13-13 所示。中国对老挝主要出口摩托车、纺织品、汽车及底盘、高新技术产品、电线电缆、通信设备、电器电子产品等产品；自老挝主要进口锯材、天然橡胶、甘蔗、香蕉、大米、木薯淀粉、玉米等。

（二）中国对老挝直接投资

2021 年，中国对老挝直接投资流量为 12.8 亿美元，位列中国对外直接投资流量第 16 位；截至 2021 年底，中国对老挝直接投资存量为 99.4 亿美元，位列中国对外直接投资存量第 18 位，如图 13-14 所示。中国企业主要投资老挝的水产养殖、通信服务、信息技术和医药等领域。由于政府部门大力推动农业发展，老挝农业领域的投资潜力正处于不断上升之中。

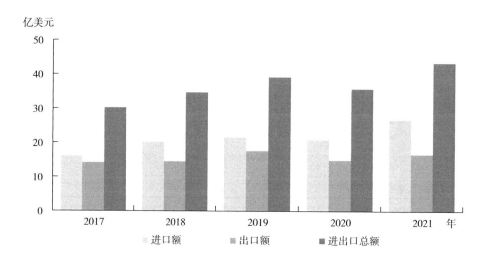

图 13 – 13 2017—2021 年中国对老挝进出口贸易情况

（资料来源：国家统计局，http：//www. stats. gov. cn/sj/）

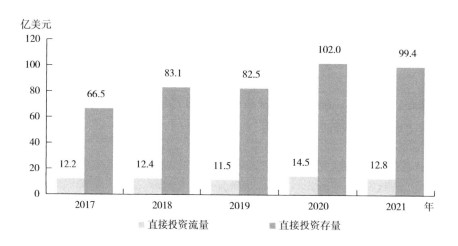

图 13 – 14 2017—2021 年中国对老挝直接投资流量和存量情况

（资料来源："走出去"公共服务平台，http：//fec. mofcom. gov. cn/）

（三）中老金融机构合作

随着双边贸易和投资的不断发展，中老两国企业金融服务需求持续扩大，双方在金融机构领域的合作需求日渐深入。

2009 年 12 月，中国农业银行云南省分行与老挝发展银行边境贸易网银结算合作业务在农行磨憨支行开通，我国商业银行首次与老挝银行实现边贸人民币银行结算，是中老金融合作的一次突破。2011 年 11 月，中国工商银行在老挝万象开设第一分行——中国工商银行万象分行，就此拉开中国银行机构入驻老挝的帷幕。2013 年 3 月，中国与老挝合资成立老一中证券有限公司，该证券公司是经中国证监会批准的走出国门设立的第一家合资公司。2014 年 1 月，首家中老合资银行——老中银行，由中国富滇银行与老挝外贸大众银行合资成立。2015 年 3 月，中国银行也在万象开设分行，中老两国在金融机构层面合作持续稳定扩大。2017 年 8 月，老中银行首家分行——磨丁分行在老中边境的老挝南塔省磨丁开业，成为入驻磨丁经济特区的第一家金融机构。2020 年 9 月，中国人民银行与老挝银行签署在老挝建立人民币清算安排的合作备忘录，中老两国金融合作也更进一步，具体情况如表 13 - 4 所示。

表 13 - 4　　　　　　　2009 年以来中老金融机构合作具体事件

时间	具体事件
2009 年 12 月	中国农业银行云南省分行与老挝发展银行边境贸易网银结算合作业务在农行磨憨支行开通，中国商业银行首次与老挝银行实现边贸人民币银行跨境结算
2010 年 11 月	中国富滇银行在老挝设立代表处
2011 年 5 月	中国银联与老挝外贸银行合作，正式开通银联卡业务
2011 年 11 月	中国工商银行在老挝万象开设万象分行
2013 年 3 月	经中国证监会批准，中老合资证券公司成立，该证券公司是中国证券公司走出国门设立的第一家合资公司
2014 年 1 月	中国富滇银行与老挝外贸大众银行合资成立老中银行，该银行为首家中老合资银行
2015 年 3 月	中国银行万象分行正式营业
2017 年 8 月	老中银行首家分行——磨丁分行在老中边境的老挝南塔省磨丁开业，成为入驻磨丁经济特区的第一家金融机构
2020 年 9 月	中国人民银行与老挝银行签署在老挝建立人民币清算安排的合作备忘录

资料来源：根据公开资料整理。

二、未来中老金融合作发展建议

（一）继续扩大中老两国经贸合作

金融领域合作与实体经济领域合作相辅相成，贸易与投资合作的提出能够有效地促进金融领域合作的纵深拓展，而金融合作发展又会进一步带动贸易和投资的融合发展。当前我国不同类型企业具有强烈的"走出去"的意愿，而老挝国内经济总量较小、财政赤字连年扩大、基础设施落后，对外国直接投资需求十分旺盛。因此，我国应该持续扩大与老挝在贸易和投资合作的新空间，为进一步深化两国金融合作提供切入点、着力点和关键点。

（二）构建中国—老挝金融合作的官方平台机制

中国与老挝应该加强双边财政部门、中央银行、监管部门等机构之间协调合作，着力构建中国—老挝金融合作的官方平台机制。现阶段，中老双边经贸合作稳步发展，为双边金融合作建立先行条件，也为双方在金融机构、货币、信用体系建设以及投融资基础设施等方面合作奠定下良好基础。因此，在宏观与微观审慎监管的基础上，建立中老金融稳定协调机制，重点加强金融合作统筹协调成为两国银行、证券、保险、基金等行业开展跨境业务的重要保障。此外，也可有计划、分步骤地辅助老挝金融行业逐步建立行业自律组织，并积极构建多层次、多领域、多形式的交流合作机制。

（三）鼓励中资金融机构开设驻老分支机构

随着中老经济合作的持续深入，中资金融机构未来将面临着业务规模不断扩大问题，我国政府应该大力鼓励本地金融机构入驻老挝境内开展业务，促使中资银行成为老挝的主流银行。具体而言，两国政府可以鼓励交易所、结算机构、证券公司、基金公司、保险公司、民间资本等相关机构开展业务合作，进一步加强中老金融合作的紧密程度。同时，可考虑成立金融技术援助类机构，突破现阶段老挝金融专业人才缺乏的瓶颈，同时提升金融基础设施水平，夯实金融合作基础；也可适时、适度开放老挝金融机构进入我国指定区域开展金融业务，有效地促进和持续增强业务合作的紧密度。

本章小结

1975 年 12 月，老挝人民革命党军队推翻了亲美的老挝王国，建立老挝人民民主共和国，并确立社会主义制度，经济与金融发展开始具备稳定的宏观政治环境。在经历计划经济时期、经济改革初期和深入改革时期三个发展阶段之后，老挝金融业逐渐形成以银行为主导的体系结构，保险业、证券业也逐步形成了一定规模，但是银行业仍然存在信贷规模较小、产品服务缺乏多样性、服务覆盖率较低、经营风险较大和电子信息化程度不足等一系列问题，在一定程度上制约着国家自身发展与可持续性经济增长，特别是新冠疫情暴发之后，老挝金融总量的增长趋势逐渐减缓，未来发展前景不容乐观。

虽然老挝的国内金融发展并未稳定，但是随着"一带一路"倡议的持续推进和《区域全面经济伙伴关系》（RCEP）的生效，中老双边贸易合作持续稳定发展，中国对老挝直接投资与日俱增，金融机构合作也日渐深入。为进一步释放中老金融合作的发展潜力，中老两国应该继续扩大双边经贸合作，构建中国—老挝金融合作官方平台机制，并鼓励中资金融机构前往老挝开设分支机构，以促进两国金融合作的持续、稳定发展，构建双向交流合作的新格局，不断续写中老务实合作新篇章。

番外篇

[第十四章]

东盟伊斯兰金融： 起源、 发展与前景

伊斯兰金融（Islamic Finance）是世界金融体系中独特的组成部分，深受伊斯兰教义影响，具有一系列区别于其他金融市场的准则和法则。尽管伊斯兰金融活动已经存在了几个世纪，但直至 1963 年，受穆斯林占多数国家的独立和日益繁荣的推动，符合伊斯兰教法的现代银行才正式诞生。东南亚是发展伊斯兰金融最有前途的市场之一，拥有庞大的穆斯林人口和不断增长的中产阶级。发展至今，伊斯兰金融业发展对东盟十国的经济建设发挥着重要作用，各国伊斯兰金融发展的共性和差异性并存。

第一节　伊斯兰金融：传统文化与现代金融的融合典范

一、伊斯兰金融来源

伊斯兰金融严格遵守伊斯兰教的教法所引申的伊斯兰经济思想。所谓伊斯兰金融，就是在伊斯兰教教义约束下的金融模式（货币的发行、流通和回笼）。伊斯兰金融的诞生是以 1963 年埃及伊斯兰银行的成立为标志。此后，从 20 世纪 80 年代起，伊斯兰金融发展进入快车道。1980 年，卢森堡成立了国际伊斯兰发展银行，1981年，部分伊斯兰国家在日内瓦成立了伊斯兰金融总部，总部以促进伊斯兰组织国和世界各地的伊斯兰社会的经济发展和团结互助为己任，有力地推动了伊斯兰金融的快速发展。根据 Dinar Standard 公司发布的《2022 年伊斯兰金融发展报告》，从全球伊斯兰金融资产总额构成来看，银行占伊斯兰金融资产的 70%，债券占 18%，基金占 6%，其他金融机构资产占 4%，保险占 2%[1]。如图 14 - 1 所示。

---

① 资料来源：Dinar Standard 公司发布的《2022 伊斯兰金融发展报告，https：//www.dinarstandard.com/financial - services。

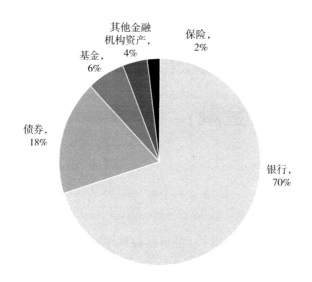

图 14－1 2022 年全球伊斯兰金融资产总额构成

（资料来源：Dinar Standard 公司发布的《2022 伊斯兰金融发展报告》，

https：//www. dinarstandard. com/financial－services）

目前，几乎所有的伊斯兰国家都建立了伊斯兰银行，英国、卢森堡、瑞士、丹麦等非伊斯兰国家和地区都设有伊斯兰金融窗口，部分国际性银行如花旗银行、汇丰银行和渣打银行也设立了伊斯兰金融窗口。

二、伊斯兰金融发展历程

伊斯兰金融发展是伊斯兰教义与现代金融的相互调和的过程。从时间顺序而言，伊斯兰金融发展主要分为以下三个重要阶段。

（一）初始阶段（1970—1990 年）

该时期伊斯兰金融主要在伊斯兰集聚的东南亚和中东发展，此时的伊斯兰金融产品相对单一，主要为银行产品。

（二）全球化阶段（1990—2000 年）

伊斯兰金融开始在瑞士、英国、新加坡、印度等国家出现，该时期的金融产品呈现多元化发展态势，陆续出现了伊斯兰债券、伊斯兰保险、伊斯兰基金等伊斯兰金融产品，实现了伊斯兰金融与现代金融体系的初步融合。

（三）飞速发展阶段（21 世纪至今）

伊斯兰金融开始向欧美传统金融中心和亚洲新兴市场扩张，新兴的互联网、区块链等金融科技技术也被伊斯兰金融充分吸收。2008 年国际金融危机后，由于伊斯兰金融在危机中的稳健表现，使伊斯兰金融再度强势出现在世人面前，伊斯兰金融获得了众多国家政府的支持，以老牌金融国家——英国为首的西方国家为伊斯兰金融发展带来新的发展机遇，目前，几乎所有的伊斯兰国家都建立了较为完善的伊斯兰金融体系。2006 年，全球伊斯兰金融资产仅为 0.51 万亿美元，2015 年达到 2.2 万亿美元，2021 年达到 3.96 万亿美元。如图 14 - 2 所示。

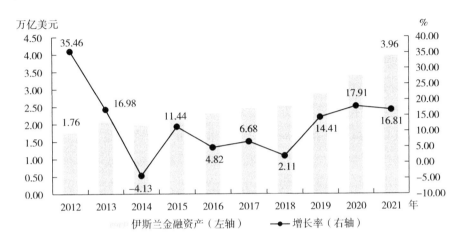

图 14 - 2 2012—2021 年伊斯兰金融资产额及增长率

（数据来源：根据 Statista 数据库、《2021 年伊斯兰金融发展报告》整理计算）

三、伊斯兰金融特征

根据伊斯兰教教法明文规定，伊斯兰经济具有五个典型的特征：禁止利息、契约合同、行业禁忌、共享共担、实物为基。

（一）禁止利息

伊斯兰教认为真主创造了所有财产，然后再托付给人类管理和使用，真主才是所有财产的终极所有者，因此，伊斯兰经济禁止任何形式的利息。

（二）契约合同

伊斯兰经济是建立在维护财产权和契约精神的神圣性基础体制之上。伊斯兰国家的商业交易是建立在契约可靠以及契约明确而无争议的权利义务基础之上。伊斯兰教义对如何进行合法经营、不合法经营如何做出处罚均予以明确的规定。其中，合同对于伊斯兰教而言，带有信仰的神圣性。合同和契约的宗教神圣性，大幅度增强了合同双方的信任度，提高了履约率，也减少了为避免违约而产生的额外费用，实现了经济效益增加。

（三）行业禁忌

根据教法规定，伊斯兰教法明文禁止伊斯兰客体投资一些特定行业，如酒类生产、烟草、娱乐服务等。伊斯兰教的义利统一原则要求借贷双方不仅考虑利润，还要兼顾道德和社会责任。企业不能一味追求利润而放弃道德、社会责任等方面的考虑，不仅降低了借贷风险，而且增加了社会效益。把葡萄出售给酿酒者、把房产租赁给出售酒类者、把武器出售给事端制造者和战争贩子、从事休闲娱乐和色情业等都属于非法行为。因此，直接经营、投资于这些不洁净的商品或产业都被严格禁止，甚至投资所得组合中含有与此类相关的收入都不被允许。特殊行业的禁入规定不仅让借贷行为远离教义所禁止的行业，而且也降低了进入一些高风险行业的可能性。

（四）共享共担

由于利息禁令，伊斯兰金融产生一种合作经营方式，借贷双方关系由债权人与债务人关系演变为合作关系，双方利益共享、风险共担。伊斯兰教在合法经济活动中实行"收益共享、风险共担"原则，禁止事先确定投资或储蓄收益，而是按照合同约定根据实际投资结果，事后分享利润或承担风险，彻底改变了借方被迫处于不平等地位、独立承担经营风险的状态。这种借贷双方风险共担的合作模式，一方面促使贷方对借方项目进行更为全面、细致的评估，另一方面确保借方对借入款项作出更为审慎的精心安排，将双方风险程度降至最低水平。

（五）实物为基

伊斯兰金融禁止不确定性，规定所有交易均需以实物资产为基础，禁止经营金融衍生产品，禁止投资于不确定性的投资品种，有效地降低了金融杠杆比率，既保证实体经济的资金需求，又限制资金进入非实体经济，投资风险极大低于传统信贷方式。伊斯兰金融提倡适度消费，反对客户大量借款过度消费，禁止对负债率超过35%的公司贷款。沙特阿拉伯现代伊斯兰经济学家欧麦尔·卡普拉指出"伊斯兰金融体制可以向购买房地产的客户提供在承受能力之内的贷款，而不会产生西方次级房贷的风险性。"

（六）伊斯兰金融与传统金融的比较分析

伊斯兰金融作为特殊的金融形式，受到伊斯兰教法限制而显现出了以上五个典型特征，这也使其与传统金融形式也有着五点主要差别（见表14-1）。

表14-1   伊斯兰金融与传统金融的比较分析

项目 ＼ 类型	伊斯兰金融	传统金融
性质	从市场主体募集资金，实现资金融通的经济活动	
制度约束	正式制度因素（金融、制度环境）非正式制度因素（宗教——伊斯兰教）	正式制度因素（金融、制度环境）
经营原则	伊斯兰教法	现代商业银行经营原则
利息认定	利息是剥削的实现，不应该收取利息	利息是债权债务关系的体现
风险识别	与实体经营者"风险共担，利润共享"	实体经营与金融风险双重风险
融资范围	除本国法律限制外，还受到伊斯兰教法中对于有害融资活动的限制，如烟酒、猪肉等	受本国法律限制

四、伊斯兰金融产品

由于伊斯兰教义明文规定禁止利息，伊斯兰金融产品按照现代金融原理经营时，必须进行适当转变才可以符合伊斯兰教义。但从整体而言，目前伊斯兰金融产品涵盖了所有传统金融的范畴。

（一）银行产品

最传统的金融产品就是银行产品。伊斯兰银行基于无偿贷款合同的原则，提供支付服务却不向存款人支付利息，而是基于利润分享合同的原则，银行可以利用客户存款从事符合伊斯兰教法的金融活动，并与储户分享部分利润，但需要确保储户存款安全。在储蓄账户之外，伊斯兰银行还存在一种投资账户。与储蓄账户相比，投资账户风险由客户独自承担，且无须保证存款安全。另外，伊斯兰银行发行的信用卡也根据伊斯兰教法产生变化，一种是建立在高额年费基础上的无利率借款，另一种是基于商品货币化的融资合同，通过虚构销售协议使得信用卡账户产生存款，可供客户支配。

由于伊斯兰教教法明文禁止利息，伊斯兰金融机构不能通过传统的付息融资方式进行信贷，只能通过引入第三方资金开展信贷业务，主要通过成本加成合同、租赁合同、合伙合同等形式为客户提供消费融资、房地产融资、商业融资等。

2021 年虽然伊斯兰银行资产主要集中在中东海湾合作委员会国家，但马来西亚的伊斯兰银行资产也达到全球总额的 11.2%，成为海湾合作委员会以外占比最多的国家，位居全球第三（见表 14 - 2）。

表 14 - 2　　　　　　　　2021 年全球伊斯兰银行资产的国别结构

序号	国别	伊斯兰银行资产占全球伊斯兰银行资产比重
1	沙特阿拉伯	30.60%
2	伊朗	17.00%
3	马来西亚	11.20%
4	阿拉伯联合酋长国	10.00%
5	卡塔尔	6.60%
6	科威特	6.30%
7	巴林	3.30%
8	土耳其	2.90%
9	孟加拉共和国	2.70%
10	印度尼西亚	1.90%

资料来源：伊斯兰金融服务委员会发布的《2022 年伊斯兰服务业稳定报告》，https：//www. ifsb. org/index. php。

（二）伊斯兰股票

伊斯兰股票与传统股票的主要区别：一是伊斯兰股票要求所投资的企业符合伊斯兰教法，不能从事伊斯兰教法所禁止的行业；二是伊斯兰股票对于拟投资企业的金融指标有所限制，如按照一定标准对企业的负债程度、流动资金、最大盈利比例等做出具体限制。

（三）伊斯兰债券

伊斯兰债券类似于传统债券，区别在于除代表发行机构的信用风险外，也代表着资产项目的所有权股份，其债权关系取决于所使用的经济合同，如利润分享合同、租赁合同等。2021 年，东盟地区发行伊斯兰债券占比已经超过全球发行量的 40%，主要集中在马来西亚（25.7%）和印度尼西亚（15.8%），以上两个国家分别位列全球伊斯兰债券发行量国家排名第二和第三（见表 14-3）。

表 14-3　　　　　　　　　2021 年全球伊斯兰债券发行规模的国别结构

序号	国别	伊斯兰债券占全球伊斯兰债券比重
1	沙特阿拉伯	33.50%
2	马来西亚	25.70%
3	印度尼西亚	15.80%
4	科威特	8.30%
5	土耳其	6.90%
6	阿拉伯联合酋长国	2.70%
7	卡塔尔	1.80%
8	巴林	1.80%
9	阿曼	1.20%
10	孟加拉共和国	0.50%

资料来源：伊斯兰金融服务委员会发布的《2022 年伊斯兰服务业稳定报告》，https：//www.ifsb.org/index.php。

（四）伊斯兰基金

伊斯兰基金可以分为伊斯兰股票基金、伊斯兰房地产基金等。股票基金要求所投资的股票必须符合伊斯兰教教法；房地产基金通常具有非公开性；预防风险基金则通过制度设计，利用杠杆将进行投资的期权产品转变为符合伊斯兰教教法的金融产品；固定利率基金是基金公司通过租赁合同、购买合同等方式设计的提供类似于固定利率收益的基金。2021 年，东盟伊斯兰基金资产在全球占比超过三成，主要集中于马来西亚（27.7%）（见表 14-4）。

表 14－4　　　　　　　　　2021 年伊斯兰基金的国别结构

序号	国家	伊斯兰基金占全球伊斯兰基金比重
1	沙特阿拉伯	35.20%
2	马来西亚	27.70%
3	泽西	13.40%
4	卢森堡	5.90%
5	美国	5.20%
6	南非	3.10%
7	印度尼西亚	2.30%
8	巴基斯坦	1.80%
9	科威特	1.50%
10	爱尔兰	1.30%

资料来源：伊斯兰金融服务委员会发行的《2022 年伊斯兰服务业稳定报告》，https：//www.ifsb.org/index.php。

（五）伊斯兰保险

与传统保险相比，伊斯兰保险属于典型的投保者共济会。投保人可以通过利润分享合同模式、代理模式、混杂模式、非营利模式等方式获得保险产品的部分收益。

利润分享合同模式是保险公司与投保人在保险基金出现盈余时按照事先约定好的比例分享；代理模式则是保险基金运作人只收取固定酬劳，保险产生的盈余利润全部归投保人所有；混杂模式则是以上两种模式相结合，保险运作人根据保费比例收取代理酬金；非营利模式则是保险公司不以营利为目的，只收回成本，保险盈余收益全部归投保人所有。

（六）总体资产分布情况

2021 年，全球伊斯兰金融资产估计为 3.06 万亿美元，以美元计价的资产同比增长 11.3%。与前几年的趋势相似，伊斯兰银行业和伊斯兰资本市场成为全球伊斯兰金融资产总值增长的主要贡献者，这主要得益于许多国家的经济重新开放和全球经济状况的改善。

表 14－5　　　　　　2021 年按行业和地区划分的全球伊斯兰金融资产　　　　单位：十亿美元

地区 ＼ 行业	伊斯兰银行资产	伊斯兰债券	伊斯兰基金	伊斯兰保险	伊斯兰金融资产总额	占比（%）
海湾合作委员会（GCC）	1212.5	332.3	46.0	12.7	1603.5	52.4
东南亚	287.5	390.3	37.5	4.7	720.0	23.5
中东和南亚	477.1	26.9	22.0	5.6	531.6	17.4
非洲	58.2	1.8	4.0	0.6	64.6	2.1
其他	68.8	24.4	45.1	0.7	139.0	4.5
合计	2104.1	775.7	154.6	24.3	3058.7	100
占比（%）	68.7	25.4	5.1	0.8	100	—

资料来源：《2022 年伊斯兰服务业稳定报告》，https：//www.ifsb.org/index.php。

由表 14 – 5 可知，目前伊斯兰金融资产中，银行资产比重最大，占比超过三分之二，伊斯兰债券、伊斯兰基金、伊斯兰保险的比重都偏小，虽然目前占比很小，但是具有巨大的发展潜力。

五、伊斯兰金融机构

伊斯兰金融是针对伊斯兰经济体系中较为复杂的交易、融资、社会福利等而设计的金融中介工具。伊斯兰金融机构主要包括传统金融体系中的银行、放款公司、保险公司，还涵盖着伊斯兰教法委员会等。

（一）伊斯兰银行

伊斯兰银行是重要的伊斯兰金融中介。由于伊斯兰教教义禁止利息，伊斯兰银行利用交易合同或融资合同等方式作为金融工具，提供符合伊斯兰教法的金融产品和服务，其中一种典型的运作方式就是双层利润分享模式。以利润分享为基础，按照"双层利润分享"原则，将资产端和债务端合为一体。第一层是投资人和银行之间签订合同，由投资人提供资金，银行作为代理人进行投资，投资者分享银行的投资利润，同时也分担着银行风险。第二层是银行与企业或个人签订合同，由银行提供资金，企业或个人使用资金开展生产经营活动，按约定比例与银行共享利润。这意味着，伊斯兰银行通过与投资人、企业分别签订协议，共享利润和风险，这一过程中实际上已经实现传统意义上的银行职能，但与传统银行相比，伊斯兰银行不需要缴纳存款准备金，其收入来源为投资收益，更重要的是整个过程中避免了利息的存在（见表 14 – 6）。

表 14 –6　　　　　　　　　传统银行与伊斯兰银行的不同点

项目 \ 类型	传统银行	伊斯兰银行
收益方式不同	以收取利息为基础，不与投资人共同承担盈亏	不收取利息而以贸易或租赁为基础，并与投资人共同承担盈亏
提供产品不同	提供附有利息的信贷投资衍生性金融产品，支持但不参与实体经济	不提供附有利息的信贷，不投资衍生性金融产品，且积极参与实体经济
贷款对象不同	大型企业	主要为中小企业和贫困家庭
金融服务偏向不同	偏向大型企业	偏向个人及家庭部门

（二）伊斯兰抵押放款公司

伊斯兰抵押放款公司主要通过以下三种方式进行抵押放款：一是以租赁为基础，与传统抵押结构类似；二是以股本合作为基础，借贷双方共享所有权，借方每月向贷方购买一定所有权，直到所有权全部转移；三是以合作社作为基础，合作社成员通过购买股份成为股东，采取互相帮助方式从合作社基金中购买财产。

（三）伊斯兰保险公司

伊斯兰保险公司以联合利润分享方式运行，参与双方共担损失，并以投资形式定期支付保费。在履行索赔和保费缴纳义务后，投保人有权赎回利润的剩余价值。与现代保险模式相比，二者最大的区别就在于，伊斯兰保险的投保人有权获得剩余价值。

（四）伊斯兰教法委员会

除以上金融机构外，伊斯兰金融体系中还设立伊斯兰教法委员会，这是伊斯兰金融体系区别于现代金融体系的最显著特征之一。伊斯兰教法委员会本质上属于具有宗教性质的监督机构，其主要职责是确保金融业务符合伊斯兰教法，其成员一般由 3~5 名受过全面伊斯兰教法训练、拥有伊斯兰经济裁判资格或鉴定资格的教法学者组成。伊斯兰教法委员会在组织上独立于金融机构之外，伊斯兰金融机构在推出某项金融产品或服务前，必须经伊斯兰教法委员会检验，并在金融活动全过程中持续确保金融行为符合伊斯兰教法。伊斯兰教法委员会能够对伊斯兰金融机构的运营产生较大的影响。

第二节　东盟伊斯兰金融：兴起背景与国别特色

一、东盟伊斯兰金融的兴起背景——全球化

全球化是指全球在社会、文化、经济和政治等方面日益紧密、互相依存的一个过程。全球化也正是从社会、文化、经济和政治等多个方面影响着伊斯兰金融的过去、现在和未来。

从社会文化层面上，伊斯兰复兴运动的全球化是东南亚伊斯兰金融产生和发展的重要理论基础。自 20 世纪以来，伊斯兰原教旨主义思想家哈桑·班纳、毛杜迪、赛义德·库特布以及霍梅尼先后在伊斯兰世界宣扬和推广伊斯兰原教旨主义，对伊斯兰世界和国际社会产生巨大影响。在国际伊斯兰复兴运动的推动下，伊斯兰教法学家和经济学家从传统伊斯兰经济理论出发，结合当今世界的金融、贸易体系，针对伊斯兰现代主义对利息禁令所作出的狭义解释提出了系统性的金融理论，为伊斯兰国家建立伊斯兰金融体系奠定了理论基础。

从经济层面上，伊斯兰金融运动的全球化为东南亚伊斯兰金融的产生和发展奠定了实践基础，不仅使伊斯兰国家之间的经济联系更加紧密，而且在一定程度上参与和影响着世界经济。国际伊斯兰金融运动初始于 20 世纪 70 年代，以建立伊斯兰银行为主要特征。在国际伊斯兰复兴运动的影响下，利比亚、伊朗、巴基斯坦等伊

斯兰国家的领导人率先提出伊斯兰国家可以有一条既非资本主义又非社会主义的第三条道路，在伊斯兰世界开辟了一条独特的伊斯兰金融之路。

二、本土化是东盟伊斯兰金融发展的特色

尽管东南亚伊斯兰金融业深受国际伊斯兰复兴运动和伊斯兰金融运动的影响，但由于各国的国情、历史、文化不同，东盟国家的伊斯兰金融业发展呈现出明显的国别特色。

（一）马来西亚伊斯兰金融：完整齐备

作为伊斯兰世界中现代化最成功、民主化程度最高的国家之一，马来西亚历届政府都十分重视在经济发展过程中融入伊斯兰因素。根据全球伊斯兰经济指标，马来西亚是伊斯兰金融的全球领导者，连续 9 年在 81 个国家中排名第一。目前，马来西亚已经成为国际性的伊斯兰金融中心之一，已构建形成完整的伊斯兰金融体系，与传统金融系统一起被称为"双系统"。这种双系统在整个伊斯兰国家中具有独一无二性，其他伊斯兰国家通常为完全的伊斯兰金融系统，或者为传统金融系统加上零星的伊斯兰金融机构。发展至今，马来西亚伊斯兰金融系统具有完整性、系统性的典型特征，广义的伊斯兰金融体系包括伊斯兰银行市场、伊斯兰保险市场和伊斯兰债券市场。

1. 飞速发展的伊斯兰银行业

马来西亚伊斯兰银行系统共有三种形式——伊斯兰银行、伊斯兰商业银行和伊斯兰金融公司。1983 年，马来西亚政府颁布了《伊斯兰银行法案》规定，中央银行负责伊斯兰银行开设和业务经营。同年三月，第一家伊斯兰银行——马来西亚伊斯兰银行有限公司（BIMB）成立，标志着一个与传统（非伊斯兰）商业银行系统并行的另一银行系统正式运行。1989 年，政府制定《银行和金融机构法案》，进一步规范伊斯兰银行业发展。20 世纪 90 年代，随着国内经济快速发展，马来西亚伊斯兰银行进入成熟时期，业务规模发展迅速，资产规模不断扩大。金融资产从 1993 年的 9.3 亿美元迅速上升至 1999 年的 78.7 亿美元，吸收存款额从 1993 年的 3.9 亿美元上升至 1999 年的 30.8 亿美元。1997 年亚洲金融危机后，马来西亚银行系统进行小规模的改组和调整。1999 年成立第二家伊斯兰银行——马来西亚土著知识银行有限公司（BMMB），该公司由马来西亚土著银行和商业银行合并形成，同时调整了伊斯兰银行系统中商业银行和金融公司的组成结构，提升了伊斯兰金融业务规格，增设了伊斯兰分行，扩大了伊斯兰金融规模。

历经 30 多年迅速、综合发展，马来西亚伊斯兰银行业在机构数量、产品种类、国家化程度以及国际排名等方面均居全球领先位置。2022 年，马来西亚共有 17 家伊

斯兰银行和 3 家国际伊斯兰银行。截至 2023 年 1 月，马来西亚伊斯兰银行总资产达到 1.058 万亿林吉特。①

2. 以家庭保险为主的伊斯兰保险市场

1984 年，马来西亚政府颁布《伊斯兰保险法》，并于 1985 年成立第一家伊斯兰保险公司——马来西亚伊斯兰保险有限责任公司。1988 年，马来西亚央行行长被任命为该公司董事长，使伊斯兰保险公司置于央行监管之下。同年，马来西亚第二家伊斯兰保险公司——国民伊斯兰私人保险有限责任公司成立。马来西亚拥有亚洲最大的伊斯兰保险市场，也是全球最重要的伊斯兰保险市场之一。伊斯兰保险和传统保险在本质上并无差异，运营模式类似互助保险：保费形成风险基金，保险公司作为风险基金管理人获得管理费，风险由投保人承担。

目前，马来西亚共有三种伊斯兰保险类型——伊斯兰一般保险、伊斯兰家庭保险、伊斯兰再保险。2022 年，马来西亚拥有一般业务伊斯兰再保险公司 6 家、家庭业务伊斯兰保险公司 11 家、一般业务伊斯兰保险公司 4 家。②

3. 伊斯兰金融市场

马来西亚的伊斯兰金融市场包括伊斯兰外汇市场和伊斯兰资本市场。伊斯兰外汇市场成立于 1994 年，是世界上最规范的伊斯兰外汇市场，经营范围包括伊斯兰期货贸易、银行间投资和伊斯兰银行的清算业务。

伊斯兰资本市场是马来西亚资本市场的组成部分，在推动经济增长方面发挥着重要作用。马来西亚证券委员会负责制定和推动资本市场的长期发展战略和研究工作。目前，马来西亚资本市场最具特色的是伊斯兰债券市场。

1990 年，"马来西亚壳牌"公司发行 1.2 亿林吉特的伊斯兰债券，成为全球伊斯兰债券的最初发行地。马来西亚伊斯兰债券市场主要经营中期伊斯兰债券和短期伊斯兰商业债券。与海湾国家不同，马来西亚允许无担保的伊斯兰债券，即只要发行人在发行债券时拥有足够的有形资产作为支持，发行人就具备发行债券资格。当时伊斯兰债券发行量仅有 4400 万美元，由马来西亚蚬壳公司（Shell Malaysia）负责发行。而 2006 年底，在马来西亚证券委员会批准发行的 116 只债券中，64 只为伊斯兰债券，且伊斯兰债券规模为 13 亿美元，占债券总发行量的 55.4%。马来西亚继续主导着全球伊斯兰债券市场，2022 年 6 月，马来西亚占全球所有伊斯兰债券发行量的近 30%，占全球未偿付伊斯兰债券的近 40%。③ 根据 RAM（马来西亚最大信用评

---

① 数据来源：马来西亚国家银行，https：//www. bnm. gov. my。
② 数据来源：马来西亚国家银行，https：//www. bnm. gov. my。
③ 数据来源：Dinar Standard 公司发布的《2022 伊斯兰金融发展报告》，https：//www. dinarstandard. com/financial – services。

级公司）数据，截至2022年6月，马来西亚伊斯兰债券市场长期占据主导地位，市场份额为39.2%，其次是沙特阿拉伯（20.4%）和印度尼西亚（17.5%），以上市场合计约占全球伊斯兰债券发行总量的77.1%。

4. 伊斯兰金融科技水平处于全球领先位置

伊斯兰金融科技是指遵循伊斯兰教律法的金融科技。伊斯兰金融科技产品需要逐一获得认证，虽发展快速但仍处于起步阶段。根据《2022伊斯兰金融科技报告》，全球约有120家金融科技企业，主要分布于马来西亚、英国、印尼和阿联酋等国。伊斯兰金融科技业务绝大多数集中在众筹、网贷、小额贷款，逐步涉及区块链、数字货币等领域。由于伊斯兰金融业发展基础良好、政府政策支持力度大和基础设施发达等优势，马来西亚具有成为伊斯兰金融科技全球中心的潜质。

（二）印度尼西亚伊斯兰金融：潜力巨大

2022年，印度尼西亚人口达到2.63亿，其中有2.29亿人口为穆斯林，占比为87%，是世界最大的伊斯兰国家，伊斯兰金融发展潜力巨大。

印度尼西亚伊斯兰银行成立于1991年，由前总统苏哈托、基金会和政府官员及富商共同出资50亿美元成立，该银行于1992年3月正式投入营业，主要负责满足中小企业5000美元至100万美元的贷款需求。但由于贷款需求过盛、风险较大，近97%的贷款申请未获批准，使其并未在1997年亚洲金融危机中遭受太大冲击。苏哈托下台后，政府新出台的两个银行法规允许非伊斯兰银行开设专门的伊斯兰支行，甚至完全转成为伊斯兰银行。2002年，印尼发布《伊斯兰银行发展蓝图》，指出了印尼伊斯兰银行面临的四个挑战：缺乏合适全面的监管工具、缺乏市场份额、公众缺乏相关知识、缺乏支持伊斯兰银行运作的有效机制。

虽然印度尼西亚伊斯兰金融服务管理局普惠金融部门正在着力普及、宣传和教育居民购买伊斯兰金融产品，政府当局也在积极推动伊斯兰金融服务发展，但整体发展仍然较为缓慢，金融产品或机构的结构占比都不足10%，甚至不到5%。

虽然伊斯兰金融整体发展落后，在东盟十国中的地位并不高，但印度尼西亚长期仍然是世界上穆斯林最多的国家。根据全球伊斯兰经济状况报告，2018年，印度尼西亚伊斯兰金融已居于世界第十位，2019年上升至第五位，2020年、2021年居于第四位，位次变更充分说明印度尼西亚的伊斯兰金融发展前景喜人。

（三）文莱伊斯兰金融：国家全力保障

文莱虽是小国，但其穆斯林人口比重达到约70%以上，位列东盟国家第二，伊斯兰金融发展潜力不容小觑。"马来伊斯兰君主制"政体成为文莱伊斯兰金融业的强大靠山，即文莱以伊斯兰作为社会的精神支柱和道德准则，甚至成为一些行为规范的法律性限制。文莱历任苏丹都非常重视发展伊斯兰，主张在现代化建设中保持伊斯兰原则。政治上，颁布多项伊斯兰政策，如禁酒令等；经济上，建立"文莱伊斯兰教信托基金"和"文莱伊斯兰银行"；社会建设上，拨款修建清真寺和穆斯林中小学，加强伊斯兰教育。文莱政府强力推行"马来伊斯兰君主制"，全力保障作为立国哲学的伊斯兰文化。

1984年独立后，文莱就积极筹备建立文莱伊斯兰银行。1991年10月，文莱伊斯兰教信托基金会成立，旨在提供伊斯兰形式的金融服务和商业事务处理方式，允许穆斯林以伊斯兰教所接受的方式进行投资活动，同时鼓励他们为朝觐而进行储蓄，这成为文莱伊斯兰金融业发展的最早雏形。

文莱的第一家伊斯兰银行——文莱伊斯兰银行（IBB）。成立于1993年，这是文莱的首家全能伊斯兰商业银行、唯一一家国有银行，王室拥有80%的股份。文莱伊斯兰银行的前身是成立于1980年7月2日的岛屿发展银行，之后由于管理结构的变化，岛屿发展银行在1986年7月更名为文莱国际银行，所经营业务仍然属于传统银行业务，直至更名为文莱伊斯兰银行才真正转变为伊斯兰银行。文莱伊斯兰银行的主要业务是为穆斯林提供贸易和商业金融服务，虽然存在一些初期运作问题，但还是成功地吸引了包括非穆斯林在内的大量客户。

文莱的第二家全能伊斯兰银行——文莱伊斯兰发展银行（IDBB）。前身为文莱发展银行，性质为政府控股的一家商业银行。2000年4月4日，文莱苏丹下令将文莱发展银行转变为一家伊斯兰银行。由于伊斯兰银行与传统银行在交易、会计系统上存在很大区别，整个转变过程历时长达3个月，直至2000年7月，文莱伊斯兰发展银行才真正意义上成立。此时，文莱政府宣布成立文莱金融中心，苏丹博尔基亚称，建立文莱国际金融中心"旨在把文莱建成金融、银行、证券和保险中心"，金融中心将同时提供一般服务和伊斯兰金融服务。因此，政府把控股的伊斯兰发展银行更名为文莱伊斯兰发展银行，依据伊斯兰教法进行经营管理，不计入贷款利息。

2006年1月1日，文莱伊斯兰银行和文莱伊斯兰发展银行经批准合并为文莱达鲁萨兰伊斯兰银行（BIBD），这次合并是文莱政府近来加强伊斯兰银行和保险等金融机构的举措之一。文莱政府希望新的伊斯兰银行更加具有竞争力和发展力，能够在新的银行服务领域和海外开展业务，提供更为有效率、竞争力的服务，为经济发展特别是伊斯兰金融领域的发展做出贡献，这也标志着文莱伊斯兰银行业发展进入一个新的发展阶段。与传统商业银行管理模式不同，伊斯兰商务管理决策强调伊斯兰教义中的"互助"和"共同价值"。这些宗教教义与现代金融理论相适应的同时，使伊斯兰银行在经营范围、利息支付、风险管理和债权债务关系等方面与传统商业银行存在一定的差异性，如表14-7所示。

表 14 – 7 伊斯兰银行和传统商业银行管理模式比较

项目 种类	伊斯兰商务管理决策	传统商业银行管理模式
经营范围	除法律禁止的一切业务外，必须符合伊斯兰教义	除法律禁止的一切业务外
管理理念	创造共同价值、互助	收益最大化
主要盈利方式	长期股权投资、非利息收入	存贷利差
利息收付	禁止收付利息	收付利息
风险管理	共担风险，分享收益	自担风险，注重抵押、担保等风险控制和全流程的资本管理
债权债务关系	投资者或存款人为合伙关系	合同关系（存贷关系）

（四）新加坡伊斯兰金融：后来居上

经济发展迅速的新加坡，欲借伊斯兰金融成为连接中东与亚洲的国际金融中心。自 2004 年起，新加坡先后修改了金融规则和税收制度，取消了对伊斯兰金融的差别化待遇。随着法制、税制的逐步修正与完善，伊斯兰金融活动急速升温。2005 年，新加坡金融管理局（MAS）允许当地银行开展利润分享业务，并于同年加入负责制定标准的国际组织——伊斯兰金融服务董事会（IFSB）。

根据新加坡金融管理局（MAS）统计，2005 年新加坡资本运作资产总额从 2001 年的 166 亿美元急增至 433 亿美元，其中，来自中东的运作资产在 2005 年创纪录地增长 30%。2007 年 5 月，新加坡商业银行（DBS）与海湾阿拉伯国家合作委员会（GCC）合资在新设立亚洲伊斯兰银行（IBA），准备向亚洲中东的富裕阶层提供包括资产运作、苏库克（Sukuk，阿拉伯语，意为伊斯兰债券或伊斯兰）发行在内的更多的金融服务。

作为国际金融中心，新加坡开发出一系列伊斯兰金融产品。2005 年 9 月，新加坡金融管理局（MAS）宣布新加坡的银行能够提供一种用于短期融资和贸易融资的重要伊斯兰金融工具——Murabaha。2008 年 11 月，新加坡金融管理局（MAS）开始建立苏库克保险工具，为金融机构提供符合沙里亚教法的资金支持。2009 年 1 月，新加坡启动价值 2 亿新元的第一批伊斯兰债券项目。新加坡金融服务业中另一个补充伊斯兰金融的重要部分是房地产投资信托（REITs）行业。新加坡是房地产投资信托基金行业的领先者，房地产投资信托基金或房地产基金是金融工具的具体形式，能够十分容易地经过包装符合伊斯兰教法。2005 年，新加坡共成立 3 只伊斯兰房地产基金，其中超过 1.35 亿美元专门用于投资亚洲房地产。2021 年 1 月、2022 年 1 月新加坡金融管理局（MAS）先后修订了《关于将银行法规应用于伊斯兰银行业的准则》《关于对伊斯兰银行适用银行条例的准则》，逐步拓宽了伊斯兰银行的准入框架，完善了伊斯兰银行产品的监管待遇。

（五）泰国伊斯兰金融：不甘示弱

虽然伊斯兰金融对于泰国这样的佛教国家而言仍属新事物，但早在 1987 年，泰国南部的北大年就已建立了北大年伊斯兰储蓄合作社，截至 2001 年该合作社的资产已达 9000 万泰铢。此后，泰国又有至少 4 家伊斯兰储蓄合作社相继建立。1998 年，泰国的政府储蓄银行开设伊斯兰金融业务窗口，提供伊斯兰金融服务。1999 年，泰国农业银行和农业合作社也陆续开通了伊斯兰金融窗口，全方位地提供伊斯兰金融业务。

2002 年，泰国通过伊斯兰银行法令，为伊斯兰银行的建立铺平道路。2004 年，国会通过伊斯兰银行管理条例，2005 年 8 月，首家伊斯兰银行在泰国正式对外营业。2009 年 4 月，泰国股票交易所（SET）和英国富时指数（Financial Times Stock Exchange）创建 "FTSESET 沙里亚指数"，该指数可以广泛运用于伊斯兰产品，包括资金、贸易交换资金和其他与指数相关的产品。

第三节　东盟伊斯兰金融发展：趋势与困境

一、区域化是伊斯兰金融发展的趋势

金融市场要实现健康发展的目标，市场趋同化是其基本要求，这主要体现在：具有市场产品规格的基本标准、市场监管框架规则的统一化要求，以及至少是近似的市场配套环境等方面。

目前的伊斯兰金融业是由各个独立国家市场组成的联合体，拥有各自的法律体系、监管环境和规则标准。市场在消费者教育、市场营销、品牌识别和产品设计开发等诸多方面都需要一个标准化的法律框架、市场治理与运行结构。因此，伊斯兰金融产业的非标准化、产品以及业务构成的特殊性，使其形成风险敞口、信息不对称、监管不协调等劣势，自然也就引发对未来伊斯兰金融产业提出趋同发展的现实需求。

在金融日益全球化的今天，区域一体化成为伊斯兰金融未来发展的趋势。

首先，区域一体化是伊斯兰金融全球化的重要组成部分。如前所述，近年来，全球伊斯兰金融发展迅猛，逐步呈现区域化特征。2000 年，在海湾合作委员会六国（沙特、阿联酋、科威特、巴林、卡塔尔、阿曼）的主导下，"国际伊斯兰金融机构总评议会""国际伊斯兰金融市场""伊斯兰金融服务委员会""国际伊斯兰调停中心"等机构相继成立，开始在伊斯兰金融标准化、伊斯兰金融纠纷国际仲裁中积极

扮演主导角色。此外，海湾国家合作委员会国家还相继组建了多家资金过亿美元的大型伊斯兰银行，为跨境业务顺利开展大力推动区域内银行重组，同时也以货币统一为目标，积极推进金融制度标准化和货币整合。1995 年，马来西亚、印度尼西亚和文莱三国组建"东盟伊斯兰保险集团"，重点加强伊斯兰保险合作。1997 年，作为离岸再保险组织，"东盟再保险国际有限公司"在马来西亚纳闽岛建立东南亚伊斯兰保险，成功地实现多边合作。

其次，东盟伊斯兰金融区成为东盟区域经济一体化的有机组成部分。目前，东盟区域经济一体化主要有三种形式——东盟自贸区、东盟次区域经济合作以及"10 + 1"和"10 + 3"区域合作。东盟伊斯兰金融区属于次区域经济合作范畴，对于现有东盟区域经济一体化和区域合作形成了有益补充。东盟伊斯兰金融区一旦建成，可首先形成"马来西亚—印尼—文莱—新加坡"的海岛伊斯兰金融区，为区域内各国提供经济上的支持和援助，促进区域经济实现纵深融合。

再次，伊斯兰金融区域化是防范金融危机的有效手段。亚洲金融危机和国际金融危机表明，自由化的传统金融体制存在着较大风险。反之，伊斯兰金融体制受"伊斯兰教法"约束，在一定程度上维护着区域金融稳定与安全。如图 14 - 3 所示，在 2008 年国际金融危机期间，马来西亚伊斯兰银行较商业银行资产更具稳定性。"伊斯兰金融体系是建立在绝对禁止支付或收取任何预定的，有保证的收益率基础之上。这种做法杜绝了利息概念，阻止了债务工具使用。"因此，伊斯兰金融体系能够在一定程度上有效地防范金融危机及其所带来的危害。

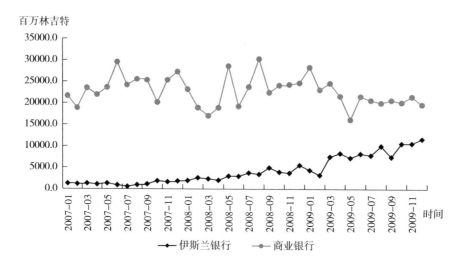

图 14 - 3 2007 年 1 月至 2009 年 11 月马来西亚伊斯兰银行和商业银行资产情况

（资料来源：马来西亚国家银行，https：//www.bnm.gov.my）

最后，穆斯林人口具有集聚性的特点。如表 14 - 8 所示，以东盟为例，2022 年东盟十国人口达 6.79 亿，伊斯兰人口为 2.63 亿，约占整个东南亚人口的 38.73%。其中印度尼西亚、马来西亚和文莱等国为伊斯兰国家，穆斯林人口比重分别为 87.07%、51.30% 和 78.80%，[①] 且三国均属于伊斯兰国家会议组织（OIC）的成员，在伊斯兰世界有一定的影响力。除上述三个伊斯兰国家外，还有一个"马来世界"——印度尼西亚、马来西亚、文莱、新加坡、泰国南部、菲律宾南部和东帝汶，这些国家或地区的伊斯兰信奉者大部分都为马来人，伊斯兰金融发展在以上国家或地区具有一定的潜在空间。

表 14 - 8   2022 年东盟十国的穆斯林人口结构

结构\国家	总人口/人	穆斯林人口/人	本国穆斯林占本国总人口比重	本国穆斯林占世界穆斯林人口比重
印度尼西亚	263000000	229000000	87.07%	12.70%
马来西亚	31809660	16318355	51.30%	1.10%
文莱	450565	355045	78.80%	0%
缅甸	55622506	2391767	4.30%	0.10%
柬埔寨	16449519	3125401	19.00%	0%
老挝	7234171	1000	0.01%	0%
菲律宾	106463000	7913542	7.43%	0.45%
新加坡	31809660	781558	2.46%	0.45%
泰国	70000000	3000000	4.29%	0.20%
越南	96160163	96160	0.10%	0%
总共	678999244	262982828	38.73%	15%

资料来源：维基百科，伊斯兰人口，https://zh.wikipedia.org/wiki，2023 - 02 - 17。世界人口评论网，https://worldpopulationreview.com，2023 - 02 - 17。

二、伊斯兰金融发展的困境

一是地区政治动荡严重阻碍伊斯兰金融发展。近年来，中东和西亚、北非地区的战争频发，政治动荡加剧，不仅增加了这些地区、国家所面临的宏观经济风险，给伊斯兰经济和金融发展带来巨大挑战，而且严重阻碍了伊斯兰金融的国际化步伐。治理指数 WGI 是国家政府治理有效性的衡量指标之一，由控制腐败、政府效率、政治稳定和无暴力/恐怖主义、监管质量、法治、话语权和问责制等方面组成，而以上六项指标的平均数一般作为一国政治环境的衡量指标。根据东盟国家的政治环境情

---

① 维基百科：伊斯兰人口，https://zh.wikipedia.org/wiki，2023 - 02 - 17。世界人口评论网，https://world-populationreview.com，2023 - 02 - 17。

况（见表 14-9），东盟十国中有七个国家指标低于零，整体政治环境较差，侧面说明了伊斯兰金融发展所面临的困境，但是，三个伊斯兰国家——文莱、马来西亚、印度尼西亚的政治环境却表现得相对稳定，分别位居第二位至第四位。因此，良好的政治环境使得东盟地区伊斯兰金融的发展潜力巨大。

表 14-9   2021 年东盟十国政治环境指标

排名	国家	2021 年 EGI 指标	排名	国家	2021 年 EGI 指标
1	新加坡	1.6515	6	越南	-0.3285
2	文莱	0.8176	7	菲律宾	-0.3472
3	马来西亚	0.4044	8	老挝	-0.6904
4	印度尼西亚	-0.0545	9	柬埔寨	-0.7853
5	泰国	-0.2219	10	缅甸	-1.4587

资料来源：世界银行数据库，https://datacatalog.worldbank.org/。

二是专业性人才十分匮乏。伊斯兰金融体系中的一类特有机构是教法委员会，其成员资质要求非常高，全球范围内拥有资质的教法学者不足 150 名，这些学者多数同时任职于多个教法委员会。根据 2018 年德国一家投资咨询公司关于海湾合作委员会国家教法委员会构成的调查显示，131 家伊斯兰教法委员会共有 498 个职位，却只有 121 名教法学者承担，平均每人承担 4.1 个职位，其中最多的 3 名学者分别在 46 家、45 家和 31 家教法委员会任职。[①]

三是伊斯兰教法标准不同。产品及业务标准化界定问题、统一规则理解及运用是伊斯兰金融产业面临的主要课题。全球各国都有信奉伊斯兰教的民众，他们虽然信奉共同的宗教，但却拥有完全不同的国籍身份、差异甚大的民族和文化背景。由于各个教法委员会对伊斯兰教教法教义的理解和阐释不尽相同，实际上，这种标准很难实现全球统一化，导致伊斯兰金融产品的评判标准无法实现统一，同样一种伊斯兰金融产品被 A 国家或地区的沙里亚董事会宣布为符合沙里亚教义，属于合法业务范畴时，但却有可能由于理解歧义，导致被 B 国家或地区的沙里亚董事会宣布为不合教规，从而加大了伊斯兰金融产品交易与管理的难度，容易引起金融机构和客户之间产生彼此不信任，导致创新性伊斯兰金融服务理念在业内获得统一认可的过程也将变得更为艰难。

四是监管协调困难重重。目前，伊斯兰国家中普遍存在伊斯兰金融机构与西方传统金融运行机构并存的格局。统一协调与监管的困难便体现在：理论上而言，无论伊斯兰金融机构还是西方传统金融运行机构，二者都必须遵从一个统一市场约束

---

① 刘磊：《关于伊斯兰金融发展的理论初探》，武汉金融，2019（4）：72-75+87。

框架，从而确保在市场协调运行以及金融审慎监管等多个方面实现有序竞争。因此，政府必须在监管、税收、法律制度等方面，针对性地协调伊斯兰金融业与传统金融业，实现当消费者在市场中选择两类服务的金融服务产品时，能够更具直观的可比性、量化的判断依据，顺利地实现服务对接。现阶段，各国伊斯兰金融设置相应的监管机构，基于本国具体国情实行不同的监管模式，尽管伊斯兰金融服务委员会（IFSB）等组织设定了相关产品与业务的国际标准以供参考，但却无法强制其所有成员国都必须统一执行。

此外，随着越来越多的伊斯兰金融业产品以不同形式陆续加入传统金融业务的竞争市场中，交易规则差异可能会引起更多的对市场交易规则执行的歧义和纷争，监管机构必须慎重地考虑如何创造一个公平竞争环境、防止监管真空及监管套利，如何协调好各方合作关系、有效地防范金融风险。从目前情况看，在伊斯兰金融产品风险管理方面，尚缺乏统一监管规则，跨国的、有约束影响力的行业运作规则在推出过程中的被接受程度仍然不甚理想，这些问题都是未来发展中必须予以解决的重要问题。

本章小结

伊斯兰金融，简而言之，就是在伊斯兰教教义约束下的金融模式（货币的发行、流通和回笼）。1963年，埃及伊斯兰银行成立标志着伊斯兰金融的诞生。随着东盟区域经济发展和伊斯兰金融的全球化趋势，东盟伊斯兰金融业逐渐兴起并受到广泛的关注。

目前，伊斯兰金融业已经在东盟国家获得大力的推广和发展，呈现出本土化特色。马来西亚、印度尼西亚和文莱三国不仅是东盟主要的穆斯林国家，而且是伊斯兰金融业相对发达的国家。本章全景展示了东盟各国伊斯兰金融业发展历史和现状，其中马来西亚在伊斯兰金融业方面的成就尤为突出，在世界范围内推广伊斯兰金融产品和服务方面发挥着非常重要的作用。东盟伊斯兰金融业发展受到政府和监管机构的支持和鼓励，也得益于投资者对伊斯兰金融产品和服务的日益认可和需求增长。

区域化是伊斯兰金融业未来的发展趋势。随着东盟区域经济增长和投资需求不断增加，伊斯兰金融业将继续发挥其重要作用。虽然伊斯兰金融目前面临着诸多发展困境和瓶颈问题，但随着科学技术的进步和创新，伊斯兰金融业也将不断地自我发展和变革，以适应和满足不断变化的市场环境和需求。

[第十五章]

东盟金融科技： 兴起、 合作与展望

东盟是数字经济发展的热土。近年来，新冠疫情的暴发使各个行业开始向线上转移，东盟数字基础设施得以迅速发展。数字化市场需求强劲，为金融科技发展提供了源源不断的动力，推动了替代性贷款、支付、银行、资本市场、中小企业解决方案、财富管理、房地产和保险等行业的增长。东盟金融科技投资出现爆发式增长，新加坡和印度尼西亚成为区域金融科技中心，金融科技产业成为东盟地区初创企业中最大的风险投资类别。与此同时，嵌入式金融科技越来越多地与非金融公司（如电信运营商、零售商、电子商务集成技术等）加强合作，为非金融公司在东南亚地区供给产品或服务的过程中，提供更为便捷、高效的专业化金融服务。

第一节　东盟国家金融科技：迅猛发展、特色鲜明

一、东盟国家金融科技的兴起

（一）东盟数字基础设施快速发展

在第四次工业革命迅猛发展背景下，东盟各国均充分认识到数字经济是支持经济发展和产业转型升级的新引擎，高效的通信网络与数据相关的基础设施成为保障数字经济持续快速发展的核心基础性条件。从 2015 年开始，东盟各国就开始积极规划和发展数字经济，根据东盟秘书处预计，到 2025 年东盟数字经济占国内生产总值的比重将从 2015 年的 1.3% 提高到 8.5%，跻身世界前五大数字经济体行列。[①] 同时，东盟各国不断完善本国数字基础设施，主要包括网络基础设施、新技术基础设施（如人工智能、区块链等）和数据基础设施（数据中心）等，并着手建设或开始

---

① 人民日报：《东盟加快发展数字经济》，https://baijiahao.baidu.com/s? id = 1707745457102723345&wfr = spider&for = pc，2021 - 08 - 11。

试运行以 5G 为代表的数字基础设施。

近年来，东盟网络基础设施飞速发展。2015 年，除缅甸、老挝外，东盟国家智能手机用户数均高于世界平均水平，且远高于中国平均水平。2021 年，缅甸智能手机用户数也高出世界平均水平，成为东盟国家智能手机增长最为迅速的国家，从 2015 年智能手机的用户数为 80 部/每百人，2020 年上升至 126 部/每百人（见图 15 - 1）。

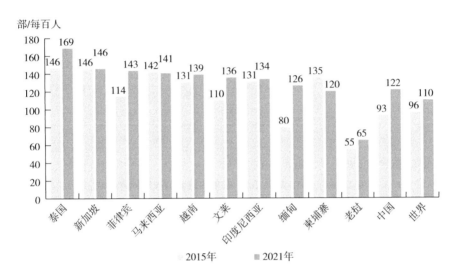

图 15 - 1 2015 年和 2021 年东盟国家智能手机的用户数

（资料来源：世界银行，https：//data. worldbank. org. cn）

随着智能手机的普及，越来越多的移动用户开始使用移动网络服务，使得东盟国家互联网渗透率大幅提升。2015 年，除新加坡、马来西亚、文莱三国外，东盟其他国家的互联网渗透率均低于同年的中国互联网渗透率。但进入 2020 年，文莱、新加坡和马来西亚等国的互联网渗透率均超过 90%，高于世界平均水平 30 多个百分点；老挝、印度尼西亚两国的增速更为迅猛，与世界平均水平的差距逐渐缩小；而菲律宾、缅甸和柬埔寨三国的互联网渗透率仍有进一步提升空间（见图 15 - 2）。因此，东盟国家未来对 5G 基础设施投资需求巨大，预计 2020—2025 年，东盟国家每年平均在 5G 基础网络建设上支出 140 亿美元，主要用于升级通信设施、网络和设备，以满足快速增长的 5G 需求。①

新技术与数据基础设施在东盟已开始起步。在华为发布的全球联接指数（GCI）2020 中，新加坡位居世界第二，成为东盟国家唯一的领跑者；马来西亚、泰国、越

---

① 资料来源：《2020—2021 年东盟投资报告：在工业 4.0 时代投资》。

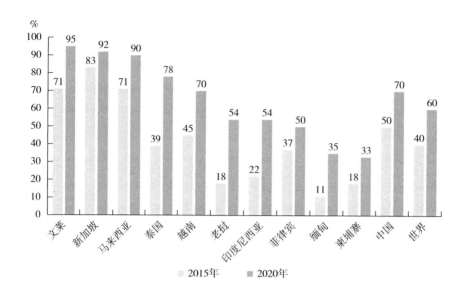

注：柬埔寨 2020 年数据缺失，此处用 2017 年数据代替。

图 15 - 2　2015 年和 2020 年东盟国家的互联网渗透率

（资料来源：世界银行，https：//data. worldbank. org. cn）

南等三国紧追其后，正处于全力加速阶段；印度尼西亚和菲律宾也已经开始起步。2020 年，东盟数据中心数量超过 295 个，其中 70% 集中于新加坡、印尼和马来西亚三国，2019—2024 年的年复合增长率预计高达 13 个百分点，增速为全球最快。[①] 凭借友好的商业环境、发达的基础设施和清洁的能源供应体系，新加坡成为东盟数据中心的最佳选择。但是，新加坡的国土面积存在局限性，同时，东盟各国也纷纷出台数字经济和制造业 4.0 的国家规划，对于数据中心和云服务的需求大范围增长，因此，新的数据中心近年来开始逐步向印度尼西亚、马来西亚、泰国和越南等周边国家进一步扩张。

（二）东盟数字化生活需求巨大

东盟数字基础设施的快速增长以及年轻的、数字化的人口将有助于刺激中产阶级消费，从而有效地推动对金融服务的需求。东盟成为全世界互联网发展最快的地区，当地网民人数位居世界第三位，数字消费已成为东盟根深蒂固的生活方式。此外，由于东盟暂时未有形成寡头垄断企业，竞争环境相对较为良性，这些都为东盟数字化生活需求的快速增长奠定下良好基础。

东盟区域内电子商务、生活服务（出行外卖）、游戏娱乐和社交等领域均在过去 5 年保持着高速增长，新冠疫情在客观上进一步助推了东盟的数字化生活加速。东

---

① 资料来源：《2020—2021 年东盟投资报告：在工业 4.0 时代投资》。

盟六国（印度尼西亚、马来西亚、菲律宾、新加坡、泰国和越南）仅 2021 年上半年的数字交易规模就达到 115 亿美元，和 2020 年全年规模持平。[①] 东盟地区几个最主要的数字生活平台，如 Sea、Grab 和 GoTo 等，在电子商务、电子支付、生活服务（包括出行、外卖等）以及游戏娱乐等业务领域同时发力，已经成长为数字经济的独角兽（见表 15 - 1）。

表 15 - 1   东盟国家数字经济独角兽

市场估值	企业	服务范围	业务范围
100 亿美元以上	Grab	东南亚	生活服务、支付
	GoTo	印度尼西亚	生活服务、支付
	Sea	东南亚	游戏、电商、支付
10 亿美元以上	J&T	东南亚	电商
	Lazada	东南亚	物流
	Tokopedia	印度尼西亚	电商
	Bukalapak	印度尼西亚	电商
	Traveloka	印度尼西亚	在线旅游
	Qoo10	新加坡	电商
	Sendo	越南	电商
	VGN	越南	游戏、支付

资料来源：根据互联网公开资料整理。

电子商务是东盟数字经济增长的主引擎，电子商务市场相对比较分散，因此成为各个数字平台竞争最为激烈的领域。2021 年，东盟电子商务市场规模达到 1200 亿美元，比 2020 年增长 62%，且预计在 2022—2025 年保持年均增长 18%，到 2025 年电子商务市场将达到 2340 亿美元。[②] 以电子商务为代表的数字化生活快速扩张，夯实了东盟地区数字支付和数字金融服务的发展基础。东盟地区传统金融的覆盖率并不高，智能手机和网络渗透率较高，大量用户能够通过智能手机和数字钱包在网购、转账和线下支付等主要消费场景下方便、快捷地达成日常金融需求和服务，同时，数字支付具有的时间成本和资金成本方面优势，使得数字支付非常迅速地成为当地主流的支付方式。2020 年东盟电子转账 App 的下载量达到 2019 年的 1.3 倍。

生活服务（包括出行和外卖等）是数字生活的高频场景。2020—2021 年，共享交通和旅行是遭受疫情打击最严重的需求领域之一，但疫情同时也刺激了外卖市场

---

① 资料来源：《2021 东南亚数字经济报告》。
② 资料来源：《2021 东南亚数字经济报告》。

的发展。在国别层面，2020 年东盟六国①外卖行业成交金额（GMV）达到 119 亿美元，增速高达 183%，其中印度尼西亚、泰国、新加坡三国成为最大的三个市场。在企业层面，Grab 稳坐该地区外卖市场的第一把交椅，其交易总额为 59 亿美元，其在东盟的市场占有率比排名第二的 Foodpanda（25 亿美元）高出两倍多。以外卖市场的数字化渗透率来看，仅拥有 569 万人口的新加坡的外卖行业成交金额达 24 亿美元，而拥有 9665 万人口的越南外卖行业成交金额却只有 7 亿美元（见图 15 - 3）。由此可见，东盟国家巨大的人口规模和多元化的餐饮市场，为现有和新进入的数字化外卖服务商提供了充裕的市场空间。

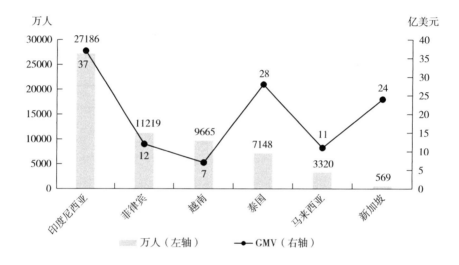

图 15 - 3 2020 年东盟六国外卖平台 GMV 及人口

（资料来源：《2020 年东南亚外卖平台报告》）

（三）东盟金融科技投资爆发式增长

东盟数字经济在各个领域快速增长，为东盟金融科技产业发展提供了良好的外部环境。尽管受到新冠疫情的影响，2020 年东盟六国的金融科技融资规模和交易数量有所下滑，但 2021 年东盟六国的金融科技融资规模却达到 60 亿美元，超出 2020 年规模的 5 倍之多，而且交易数量也翻了将近 1 倍。截至 2022 年第三季度末，东盟六国的金融科技融资规模已达 43 亿美元，高于 2018—2020 年融资规模的总和，仍然保持着 2021 年的爆发式增长速度（见图 15 - 4）。

新加坡和印度尼西亚是东盟地区金融科技行业的区域中心。截至 2022 年 9 月 30 日，在东盟六国的金融科技融资中，新加坡和印度尼西亚分别获得 43% 和 33% 的融

---

① 由于老挝、柬埔寨、缅甸、文莱的数据资料缺失严重，部分内容仅针对东盟六国（印度尼西亚、马来西亚、菲律宾、新加坡、泰国和越南）进行分析。

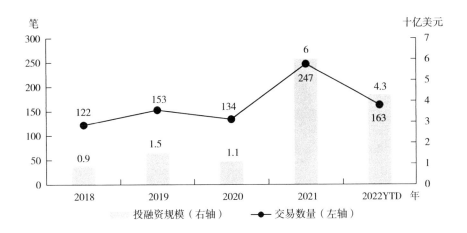

图 15 – 4　2018—2022 年东盟六国金融科技投融资规模及交易数量

注：2022YTD 表示 2022 年的数据截至 2022 年 9 月 30 日。

（资料来源：Tracxn，《2022 年东盟金融科技报告》）

资额，其中，印度尼西亚的融资份额比 2021 年增长 11%。金融科技数据公司 Find-exable 最新发布的 2021 年全球金融科技中心排名，东盟国家中新加坡位居亚洲第二，成为东盟的金融科技中心，雅加达（印度尼西亚）、马尼拉（菲律宾）、吉隆坡（马来西亚）、曼谷（泰国）分列第 12、第 14、第 15 和第 18 名（见表 15 – 2）。

表 15 – 2　　　　　　　　2021 年东盟国家金融科技中心排名

城市	所在国家	亚洲排名	全球排名
新加坡	新加坡	2	10
雅加达	印度尼西亚	12	32
马尼拉	菲律宾	14	62
吉隆坡	马来西亚	15	67
曼谷	泰国	18	81
胡志明	越南	28	164
河内	越南	33	212
万隆	印度尼西亚	41	252

资料来源：Global Fintech Index 2021，https：//findexable. com/2021 – fintech – rankings/。

按细分投资领域划分，多年来支付领域一直是金融科技投资的主要领域。在 2022 年东盟金融科技融资投向中，支付领域获得 19. 35 亿美元（45%）融资，替代性贷款和加密货币分别以 5. 16 亿美元（12%）和 4. 73 亿美元（11%）居第二和第三位（见图 15 – 5）。

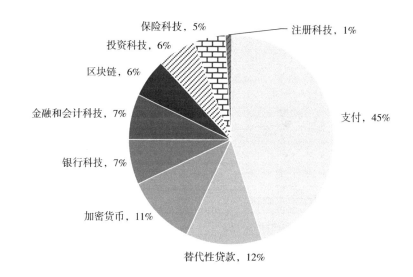

图 15-5 2022 年东盟六国金融科技细分投资领域

（资料来源：Tracxn，《2022 年东盟金融科技：金融、重新构想》，截至 2022 年 9 月 30 日）

近年来，东盟国家金融科技公司数量呈现逐年增加趋势，截至 2022 年第三季度末，东盟六国共有 4030 家，其中 2021 年新增 623 家，大部分初创企业分布于新加坡、印度尼西亚和马来西亚（见图 15-6）。由此可见，东盟金融科技市场竞争激烈，仍然处于"跑马圈地"阶段，除少数跨区域的互联网独角兽外，尚未出现类似于阿里巴巴、腾讯的龙头型金融科技企业。

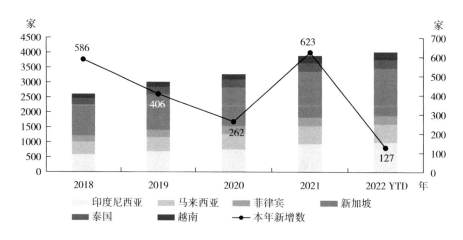

图 15-6 2018—2022 年东盟六国金融科技公司增长情况

（资料来源：Tracxn，《2022 年东盟金融科技：金融，重新构想》，截至 2022 年 9 月 30 日）

二、东盟金融科技发展的特点

（一）东盟的金融科技故事具有两面性

由于东盟国家之间经济发展、金融基础、资源环境存在较大差异，金融科技公司及其商业模式也因所处国家而异，发达国家的金融科技公司倾向于"逐步影响用户"，而众多发展中国家的绝大部分金融科技公司致力于"改变生活，释放国家的经济增长潜力"。东盟金融科技从数字上跨越了全球金融科技公司的两面——在富裕国家提高金融服务的效率、在发展中国家实现互联互通和接入。

新加坡是东盟最富裕的国家，也是东南亚地区创业投资的最佳目的地，新加坡在金融科技领域排名位居全球亚军，仅次于美国纽约，还聚集着 Grab、Sea、Lazada 和 Razer 等独角兽的亚太总部。新加坡金融科技协会（SFA）的数据显示，2021 年东盟六国占比最高的金融科技投资领域是支付科技（22%），其中，印度尼西亚、马来西亚、菲律宾和越南四国占比最高的均为支付科技，而新加坡占比最高的却是加密货币（25%）。新加坡的金融科技主要致力于积极为本国等多个国家与地区打造高效、专业、安全合规的金融服务方案，降低成本、提升效率，确保商户和客户轻松地实现各项业务开展。

由于传统银行业渗透率较低，拥有更加开放的监管环境、更大规模的市场和年轻消费群体的国家或地区会更具有吸引力，东盟大部分发展中国家，如印度尼西亚、越南、菲律宾等国在金融科技发展水平上均处于同一赛道。这些国家人口众多，金融服务可及性较差，但由于互联网渗透率和智能手机普及率较高，具备金融科技发展的良好土壤。根据世界银行统计，印度尼西亚一半以上的成年居民尚未开设银行账户，截至 2020 年，印度尼西亚的银行资产渗透率仅为 60%，为东盟地区的最低水平。同时，2020 年印度尼西亚的互联网渗透率达到 54%，但仅有 3.1% 的人使用电子钱包。[①] 虽然越南比印度尼西亚的经济发展水平相对落后，但是越南人均手机订阅量更多，普通人口的互联网接入水平也更高。正是基于这种前景，该类国家的金融科技创新比新加坡的机会更令人振奋。以菲律宾为例，在亚太地区，它拥有的金融科技初创公司数量相当于澳大利亚和新西兰的总和。[②] 对于东盟发达国家而言，数字支付、"先买后付"（BNPL）和小额贷款等金融科技仅仅可以作为单纯的"消费金融方式"；而对于东盟发展中国家而言，它则可以为银行服务供给不足的个人及中小微企业提供一种更好地管理每月现金流的方法。

---

① 资料来源：世界银行，https：//data.worldbank.org.cn。
② 资料来源：《2022 年亚太金融科技排名报告》。

（二）支付和借贷是主要切入口

现阶段，东盟金融科技主要是以移动互联网衍生业务为中心提供服务，以支付和信贷为主要切入口。

支付是各种生活消费场景的核心环节，如传统零售业的数字化方式有网络购物，传统餐饮业的数字化方式有网络点餐（外卖），传统旅游和居住的数字化方式有网络预订，传统交通和出行的数字化方式有网络约车、共享出行，传统娱乐和社交的数字化方式主要有网络游戏、视频平台和网络交友平台等（见图 15 - 7）。经过近几年的火热发展，C 端的支付环节已相对拥挤，尤其是电子钱包领域，东盟各国均已拥有本国的支付头号企业，且已开始出现流量向头号企业聚拢的发展趋势。而 B 端的支付环节主要体现在 B2B 支付和跨境支付，海外企业成为该领域的主要参与者，本土创业公司也处于日渐发展壮大阶段。

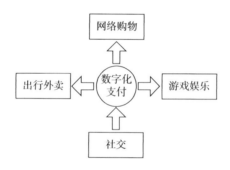

图 15 - 7　数字化支付是各种生活消费场景的核心环节

大华银行的调查研究显示，现金仍是东盟国家使用最多的支付方式，而通过电子商务平台完成支付的方式正在不断增加。东盟六国有 57% 的受访者选择通过电子商务平台进行日常支付，该支付方式已经成为印度尼西亚、越南两国受访者最常用的支付方式，这主要归功于新冠疫情下网上购物的飞速发展。由于具备完善的银行业支付体系，新加坡最为常用的支付方式就是使用银行卡/信用卡支付，因此仅仅有37% 的人选择使用电子商务平台进行支付（见图 15 - 8）。

在现阶段借贷环节仍是重点投资主题，C 端以现金贷、消费贷、助学贷、Buy Now Pay Later 等模式为切入点的创业公司层出不穷，数字银行也成为热门赛道。除支付和借贷外，智能投顾、保险科技也开始逐步出现，但当前仍处于探索阶段。B端则以费控、供应链、数字化转型等服务为切入点，获取 B 端客户业务的数据流和资金流成为风险控制的依据，进而为中小企业提供无抵押贷款服务。

（三）嵌入式金融蓬勃发展

随着电子商务、数字化支付的逐渐普及，东盟国家消费者习惯于在网上购买所

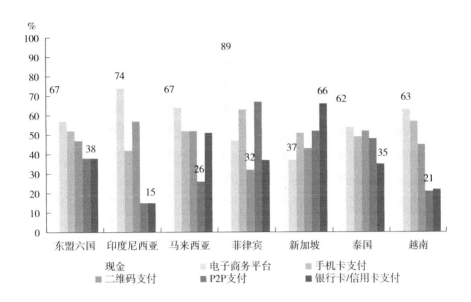

%

图 15-8 东盟六国最常用的支付方式

注：数据标签表示每组数据的最高值和最低值。

（资料来源：《2022 年东盟金融科技：金融，重新构想》）

需商品，并对无缝数字体验抱有更高的期望，越来越多的市场主体积极探索利用和扩展现有的商业模式，形成合作伙伴关系，嵌入式金融也随之蓬勃发展起来。

嵌入式金融是将金融服务整合到非金融实体的产品和基础设施之中。以一个旅游应用程序为例，有了嵌入式金融，客户可以同时预订机票、旅行保险和住宿，甚至可以选择分期付款，且不需要第三方应用参与其中。

大华银行发布的《2022 年东盟金融科技：金融，重新构想》报告研究发现，东盟六国平均 70% 的受访者表示使用过嵌入式金融的应用程序。其中，泰国和越南两国的使用率最高，达到 83%，新加坡使用率较低，仅 55% 的受访者表示使用过，这可能是由于新加坡金融生态系统更为成熟、信用卡渗透率高所导致（见图15-9）。

以马来西亚国家石油公司 Setel 为例，作为马来西亚首款适用于智能手机和智能手表的燃油电子支付应用程序，消费者可以在该应用程序上支付燃油费用，付款时获得奖励积分，并且可以通过跟踪个人每月的燃油支出，下载收据以方便索赔。Setel 用户还可以通过该应用程序支付街道停车费，或者选择在选定的停车场自动支付停车费。对于电动汽车驾驶员而言，Setel 可以帮助找到最近的电动汽车充电站并支付费用。此外，消费者还可以从 Setel 应用程序获得即时报价并购买定制的汽车保险。

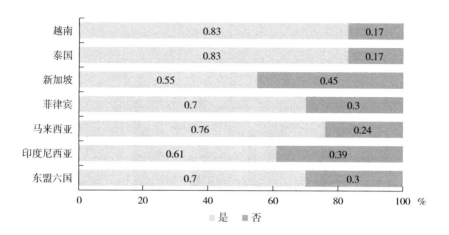

图 15 - 9 东盟六国是否使用过嵌入式金融应用的调查数据

（资料来源：《2022 年东盟金融科技：金融，重新构想》）

（四）数字银行成为未来发展的新浪潮

随着全球数字化和信息化的快速发展，以及日益增长的普惠金融需求和对定制化服务的双重需求驱动，全球银行业逐渐发展进入 4.0 阶段，数字银行应运而生，东盟一些发达国家也纷纷融入数字银行的新浪潮中。

首屈一指的是东盟的金融中心——新加坡，早在二十年前新加坡金融管理局（MAS）就宣布在现有互联网银行法律体制的基础上，率先为两个全面数字银行（DFB）和三个批发数字银行（DWB）制定了许可证的资格和评估标准。2022 年 6 月，Green Link 数字银行和 ANEXT 银行均陆续上线，两家银行的目标都是为中小微企业提供创新性金融服务。2022 年 9 月，随着数字银行领域竞争加剧，信托银行和 GXS 银行均推出一系列金融产品。

马来西亚成为继新加坡之后第二个向五名成功申请者发放数字银行牌照的东盟国家，主要分为两个阶段，分阶段地发放数字银行执照：第一阶段为实收资本较低的"限制性"执照；第二阶段为在无须监管的情况下达到里程碑后的"全额"执照。

2021 年，菲律宾中央银行 Bangko Sentral ng Pilipinas（BSP）颁发了六个数字银行牌照，允许这些新实体提供虚拟银行服务，希望改善金融包容性并增加数字交易使用规模。2022 年，六家数字银行均正式投入运营，构成一个日益拥挤的数字金融生态系统，2022 年上半年，通过数字银行处理的电子支付、金融服务数量和价值为 45.1 亿菲律宾比索，交易量为 4 万笔。

（五）"监管沙盒"助推金融科技试点发展

数字经济的快速发展和传统金融服务的相对匮乏，意味着东盟金融科技市场潜力巨大、空间可观。在投资机构大量涌向东盟、新技术和新模式层出不穷的背景下，东盟各国都意识到金融监管升级、金融系统改革是推动增长的主要动力之一，因为其反过来会影响对业务许可和业务便利化程度的要求。

近年来，金融科技"监管沙盒"机制正在被越来越多的东盟国家采纳和出台。2016 年 6 月，新加坡金融管理局（MAS）发布《金融科技监管沙盒指南》（Sandbox）。2019 年 8 月，推出了"金融科技快捷沙盒监管机制"（Sandbox Express），为创业企业测试创新金融产品和服务提供更为快捷的选择。2022 年 1 月 1 日，新加坡金融管理局再次发布沙盒升级机制（Sandbox Plus），提供了三项增强服务[①]，为进行金融科技产品和服务创新的企业提供更为有效的"一站式"服务。2016 年 10 月，马来西亚政府正式宣布推出监管沙盒计划。2016 年 12 月，泰国银行发布《金融科技监管沙盒指南》正式版。印度尼西亚金融管理也开始效仿和采纳了新加坡的监管沙盒机制。

监管沙盒的核心就是试点示范，是指在一定区域内选出一些具有代表性的金融科技企业尤其是初创企业，允许他们在不持有金融牌照的情况下进入沙盒，测试创新产品和服务，筛选出优秀金融科技企业推出的产品和服务先行先试，这样一来，不但解决了企业的无牌照问题，而且有利于企业根据测试结果不断优化产品和服务。换而言之，监管沙盒就像一个"防护装置"或"安全空间"，在安全空间内，通过适当放松对参与实验的创新产品和服务的监管约束，激发金融创新活力，实现金融科技创新与有效管控风险的双赢。这是目前面对金融科技迅猛发展可供选择的最好监管方式。

第二节 中国—东盟金融科技合作：热情高涨

一、中国—东盟数字经济合作框架逐渐完善

中国和东盟互为第一大贸易伙伴和重要投资合作伙伴，为双方开展数字经济合作创造了有利条件，也为双方数字经济企业带来大量商机。

2018 年，《中国—东盟战略伙伴关系 2030 年愿景》（以下简称《愿景》）在第 21 次中国—东盟领导人会议中通过，《愿景》对中国与东盟的数字经济发展与合作给予高度关注。2020 年是"中国—东盟数字经济合作年"，随着新冠疫情的暴发，人们的生活习惯发生巨大变化，也因此催生出许多数字经济新产业和新业态发展，

[①] 三项增强服务：拓宽申请的资格标准，技术创新的早期使用者也可以申请；简化申请，为技术创新的首创者提供金融支持；符合条件的申请者可以通过"交易星期五"计划的平台获取交易机会。

中国和东盟国家均加速探索数字化转型发展。以"集智聚力共战疫 互利共赢同发展"为主题，中国—东盟双方在智慧城市、大数据、人工智能等领域举办一系列活动，分享在数字化防疫抗疫、数字基础设施建设和数字化转型等方面的经验，持续完善沟通机制，丰富交流平台，挖掘合作潜力，共享数字经济发展红利。2020 年 11 月 12 日，中国与东盟发布《关于建立数字经济合作伙伴关系的倡议》（以下简称《倡议》），致力于抓住数字机遇，打造互信、互利、包容、创新、共赢的数字经济合作伙伴关系。《倡议》中提出要深化数字技术在疫情防控中的应用，加强数字基础设施合作，支持数字素养、创业创新和产业数字化转型，推动智慧城市创新发展，深化网络空间合作，推进网络安全务实合作等。

2021 年，中国与东盟共同制定《关于落实中国—东盟数字经济合作伙伴关系的行动计划（2021—2025）》，引领中国、东盟未来五年的数字经济合作。双方在数字经济领域的合作将为建设更为紧密的中国—东盟命运共同体、打造更高水平的中国—东盟战略伙伴关系注入强劲动力。2022 年，在第 25 次中国—东盟领导人会议上，通过了《关于加强中国—东盟共同的可持续发展联合声明》，双方将共同推进第四次工业革命和数字化转型合作，包括智能制造和绿色工业化合作。声明强调，要落实中国东盟数字经济合作年成果，进一步加强双方在电子商务、智慧城市、人工智能、中小微企业、数字技术与应用领域人力资本开发、数字转型和网络安全等领域合作，共同大力发展数字经济（见表 15 – 3）。

表 15 – 3　　　　　　　　　中国—东盟数字经济合作大事记

时间	行动和措施
2018 年	第 21 次中国—东盟领导人会议通过《中国—东盟战略伙伴关系 2030 年愿景》，对数字经济发展与合作给予高度关注
2020 年	"中国—东盟数字经济合作年"，以"集智聚力共战疫 互利共赢同发展"为主题，双方在智慧城市、大数据、人工智能等领域举办一系列活动
2020 年	中国与东盟发布《关于建立数字经济合作伙伴关系的倡议》，致力于抓住数字机遇，打造互信、互利、包容、创新、共赢的数字经济合作伙伴关系
2021 年	双方通过《落实中国—东盟数字经济合作伙伴关系行动计划（2021—2025）》，持续加强在智慧城市、5G、人工智能、电子商务、大数据、区块链、远程医疗等领域的合作
2022 年	第 25 次中国—东盟领导人会议上通过了《关于加强中国—东盟共同的可持续发展联合声明》，双方将共同推进第四次工业革命和数字化转型合作

资料来源：根据互联网公开资料整理。

二、中国—东盟数字基础设施和平台建设规模逐渐扩大

数字经济正成为中国与东盟国家合作发展的新蓝海。经过十余年的互联网高速

发展阶段，中国目前的数字经济总规模稳居世界第二。中国信通院数据显示，2020年中国数字经济规模达到 39.2 万亿元，占 GDP 比重为 38.6%，同比名义增长 9.7%。① 由于国内数字经济发展成熟，在 5G 建设、智慧城市建设、数字政府建设和制造业数字化等领域均走在前列，并且与东盟各国的数字经济发展规划和优先产业需求契合度较高，中国与东盟合作空间越来越广阔，数字经济成为推动双边合作的新增长点。

在数字基础设施建设方面。数字基础设施建设的跨国合作，不仅受技术、经济因素影响，还有金融、政治和网络安全等多重考量，政府监管机构之间需要建立常态、有效的沟通机制，保障基础设施的互联互通和网络安全，同时共同降低投资者、供应商的政治风险。2020 年，中国与东盟发布《中国—东盟关于建立数字经济合作伙伴关系的倡议》，明确强调加强双方数字基础设施合作，"强化双方在通信、互联网、卫星导航等各领域合作，共同致力于推进 4G 网络普及，促进 5G 网络应用，发展数字经济，弥合数字鸿沟"。自 2018 年起，华为深入参与中国多个智慧港口建设。青岛港、天津港、宁波舟山港、深圳妈湾港、厦门远海港等 10 个 5G 智慧港口示范项目均已落地。青岛港集装箱码头是亚洲首个由 5G 网络支持的完全远程操控港口，借助 5G 网络和远程控制系统，实现了无人抓取和运输集装箱，装载速度领跑世界。2021 年，华为推出智慧港口解决方案，利用 5G 技术推动港口信息化、自动化持续升级，打造"安全、环保、高效"的智慧港口。

在数字平台建设方面，2015 年中国和东盟开始共同打造中国—东盟信息港，截至 2021 年末，已取得部分阶段性建设成果：面向东盟的大数据资源应用服务枢纽基本形成，中国—东盟数字经济产业园项目已累计完成签约企业 57 家，签约企业计划总投资约 17.5 亿元，预计到 2025 年，广西壮族自治区计划重点建设中国—东盟信息港规划项目数百个，总投资超千亿元人民币。此外，面向东盟的跨境数字金融合作生态优化工程：中国—东盟金融信息服务平台，持续推进中国—东盟跨境征信服务平台建设，发展第三方征信机构；推动建立中国—东盟外汇信息服务平台，建立跨境供应链金融服务云平台，强化中国—东盟（南宁）货币指数应用，促进跨境贸易端到端的实时数据集成与交易结算、数据真实与安全共享、风险与成本齐降。

三、中国金融科技企业进军东盟市场热情高涨

东盟金融科技市场的繁荣发展也吸引着中国国内的金融科技企业，中国在电子商务、生活服务以及游戏娱乐等数字经济领域，拥有很强的产业优势和众多龙头企

---

① 资料来源：《中国互联网发展报告 2021》。

业。若双方展开金融科技合作不仅有利于提升东盟国家的技术水平，帮助东盟实现数字化转型和数字产业发展，而且东盟地区与中国也具有较为接近的文化背景和市场需求，依托中国互联网企业的成长经验，可以帮助数字化生活相关企业在竞争中积累优势和占领市场。阿里巴巴、腾讯正是中国投资东盟金融科技领域的"领头羊"。

早在2013年，阿里巴巴就开始布局东盟电商，以83%的持股权绝对控制东南亚地区最大的在线购物网站——来赞达（Lazada），同时还参股了印度尼西亚最大的电商平台Tokopedia。同时，阿里巴巴旗下的蚂蚁集团通过直接投资入股和技术支持等方式进入印度尼西亚、泰国、马来西亚、越南等多个国家，并且正在申请新加坡互联网银行和部分东南亚国家的在线贷款牌照，进一步提升其在东盟区域内的跨国数字金融服务能力。

腾讯在东盟地区主要通过投资间接参与市场，如自2010年开始，腾讯投资东海集团（Sea），逐步成为Sea的第一大股东。腾讯旗下的微信支付目前在马来西亚、泰国的普及率较高，同时，腾讯通过投资电商、游戏、娱乐等本土数字经济企业，借助各种数字化生活服务逐步打开印度尼西亚、越南等市场。

作为中国领先的金融科技解决方案提供商，融都科技向东盟提供包括海外版P2P网络借贷系统、小微贷系统、融都云（国际版）、智能大数据风控等在内的全方位金融科技产品和解决方案，服务新金融各领域客户超过1500家。目前，融都科技已和越南、菲律宾、印尼、泰国、缅甸等东南亚国家企业达成合作或合作意向，将为其定制符合当地发展需求的金融科技解决方案。

2020年，中国企业在东盟投资的项目数量和资本规模创出新的纪录，投资集中于金融科技、零售和业务自动化等领域。中国为东盟带来的不仅是充裕的资金，同时也带来丰富的技术经验。中国技术经验与本地化运营团队的相结合已成为东盟地区科技类初创企业发展的重要支持因素。在东盟数字化生活的相关产业初步崛起之际，中国企业提前布局逐渐显示出了先发优势。从长远来看，随着东盟数字经济规模的进一步扩大，国内金融科技企业所扮演角色的重要性也将进一步提升。

第三节　东盟国家金融科技：困境与展望

一、东盟金融科技发展面临的困境

（一）金融科技发展仍处于早期阶段

当前，东盟的金融科技发展尚处于早期阶段，主要体现在数字服务、市场竞争、金融科技产品三个方面。

一是数字服务的基础设施较为落后。数字经济的覆盖程度与服务质量需要先进的数字基础设施作为支撑，尤其是以人工智能、云计算、宽带与物联网为代表的新技术基础设施。根据《华为全球联接指数2020》统计，除新加坡外，东南亚国家普遍在云计算、人工智能和物联网方面得分较低。

二是金融科技市场的良性竞争环境尚未形成。随着移动互联网和大数据的高速普及，开放性金融服务需求出现规模性爆发，东盟金融科技头部企业众多，且初创企业数量仍在逐年增加。东盟的金融科技公司仍处于跑马圈地阶段，捕获增量市场，除个别技术壁垒不高的领域已开始"红海厮杀"，大部分细分方向暂未进入竞争存量市场的阶段。

三是金融科技产品同质化严重。东盟的金融科技企业多为连续创业者、有本土互联网大厂管理经验者、有咨询背景或资本背景的创业者，他们主要基于对欧美、中国相对成熟市场商业模式的理解，结合东盟各国本土市场的特点设计产品和商业模式，尽可能满足东盟各国金融科技发展的需要，创业方向主要集中在支付和对传统银行业务的有益补充。从产品层面看，同一细分领域的创业公司产品架构、产品设计、面向的客户群体等的同质化问题较为严重，金融科技产品的创新性偏低。

（二）各国差异显著，企业扩张受阻

除新加坡外，东盟其他国家在政治联系、金融科技发展等方面具有着惊人的结构相似性，即各国普遍存在着较大比例的年轻人持有智能手机，但基本上没有银行账户，他们成为东盟金融科技发展的主要目标客户。但东盟各国不仅语言、宗教和监管等方面存在着较大差异，而且在互联网覆盖率、支付偏好上也存在着显著差异性，在东盟地区多样化的商业环境、不同的法规解释以及语言宗教的差异等相关因素的综合影响下，金融科技市场较为分散，企业扩张存在着较大阻碍。

一方面，东盟国家近年来的互联网覆盖率虽然大幅增长，但空间分布上仍然存在巨大差距。东盟各国之内，城镇地区已基本实现互联网全覆盖，但农村地区的互联网基础仍然相对较差；东盟各国之间，新加坡、马来西亚等国的互联网基本实现全覆盖，但印度尼西亚、菲律宾、老挝、缅甸、柬埔寨等国仍然明显地落后于世界平均水平。只有通过加强农村地区互联网的普及，才能尽快地平衡城乡人口之间的竞争环境，形成国内竞争的良好态势；同时，部分落后国家互联网基础设施建设的缺失，不利于促进电子商务、数字钱包的发展，成为金融科技在东盟国家"遍地开花"的主要阻碍。

另一方面，由于金融基础设施的差异，各国支付偏好也不尽相同。新加坡、马来西亚拥有完备的银行业支付体系，居民通常更偏好于使用银行借记卡或信用卡的支付形式；然而，对于全国超过一半用户尚未设立银行账户的印度尼西亚、越南等国家而言，则更倾向于使用跨境电商或数字钱包等支付形式。因此，目前没有任何一家金融科技公司能够在整个东盟地区实施全面扩张，形成各国的金融科技发展各自为阵的局面。

（三）金融科技监管落后于行业变化步伐

首先，随着金融科技的快速发展，大数据、人工智能和云计算等新技术的广泛应用使得金融业务彼此融合程度不断加深，业务边界不断弱化，为金融科技的安全监管带来了新的挑战，如大数据技术应用安全、人工智能技术应用安全及区块链技术应用安全等。然而，目前大部分东盟国家在金融科技方面的法律和政策并不成熟，政策法规通常滞后于金融科技行业发展，从而出现一定程度上的监管真空。部分金融科技企业利用监管漏洞游离于监管体系之外，进行监管套利和违规经营，尤其是打着新技术旗号的另类金融业务，如数字资产、众筹及互联网金融点对点贷款等。

其次，随着嵌入式金融的不断发展，许多非金融实体开始提供金融服务，对于该类型金融科技公司的监管目前在东盟国家仍未有明确规定，应该受到与金融机构相同的严格监管？还是应该实施自我监管？如何制定一套适应性强、量身定制的指令，以保证提供金融服务的非金融实体的问责制和可靠性，成为东盟各国监管机构共同面临着的艰难决定，既需要平衡获得金融服务的机会，同时又需要确保消费者在这一过程中不会处于不利地位，导致利益受损。

最后，东盟各国的金融监管政策和模式不断演化，且东盟成员国之间实施金融科技监管的能力差异很大，大型科技公司和金融科技公司仍面临着特殊的监管挑战。在成熟企业的支持下，这些公司通过市场竞争方式获取数码银行牌照，并通过与国内初创公司或中型银行进行合作或收购，将业务逐步拓展到本国以外的国家或地区。但是，大型跨国集团和占据着数字金融服务市场较大份额的企业非常容易造成该领域形成联合垄断的市场格局，发展至某个阶段以后还会增加"大而不倒"的潜在威胁。

二、东盟金融科技发展的前景展望

（一）东南亚数字消费潜力巨大

一方面，东南亚人口庞大且年龄结构年轻，对数字化天然具有旺盛的需求。2021年，东南亚总人口规模达6.8亿，互联网用户将近5亿，网络渗透率高达73%。

新冠疫情的冲击加速了东南亚人口的消费活动从线下转移到线上。[①] 根据谷歌、淡马锡和贝恩联合发布的《2021 年东南亚数字经济报告》，自疫情以来，仅新加坡、印度尼西亚、越南、泰国、马来西亚、菲律宾六国就新增 6000 万入网用户，用户在数字服务上的使用频率与消费数额也都出现了大幅提升。

另一方面，东南亚发展中国家的金融科技增长动力强劲。在整个东南亚地区，金融科技的大部分增长将来自发展中国家市场，其中，越南、印度尼西亚和菲律宾三国的数字支付总交易额仍有望实现两位数增长，而新加坡等成熟市场的增长路径则表现得较为缓慢。同样地，考虑到尚存的发展空间，越南、印度尼西亚和菲律宾三国的数字贷款仍有望呈现规模飞速增长的趋势。从纯粹的收入潜力角度而言，印度尼西亚、越南两国未来将也有望占据该市场的主导地位。

（二）嵌入式金融在传统行业的进一步开发

目前，东盟的大部分嵌入式金融都集中出现在电子商务和零售、食品配送和移动以及 Grab（东南亚网约车和送餐平台公司）和 Gojek（印度尼西亚的共享出行服务商）等超级应用程序的生态系统中。然而，东盟国家许多传统行业尚未数字化，如教育、医疗保健、农业、房地产和物流。金融科技在这些基本尚未开发行业的发展，既是未来中小企业寻找新的商业机会，也是数字时代保持竞争力的关键所在，研发一种可在多个行业快速拓展的便携式、安全系数高的金融科技产品，将为营利性合作伙伴关系予以充分铺垫。

此外，随着数字原生代的成熟，越来越多的客户能够更为熟练地使用嵌入式金融应用，这一趋势将进一步扩大消费者、企业通过数字平台享受金融服务的开放态度，消费者行为的根本转变将持续推动嵌入式金融服务在传统行业的深入发展和创新变革。

（三）RCEP 助推东盟金融科技升级

各国之间的地理距离较近，东南亚地区内跨境贸易量大，相似的文化、环境、饮食和互补性资源也使跨境贸易更为有利可图。截至 2023 年 2 月 21 日，区域全面经济伙伴关系（RCEP）已对除缅甸外的东盟九国生效。RCEP 在货物贸易、服务贸易和投资等领域都拥有全面的市场准入承诺，形成了对成员国之间的硬性约束，有利于各成员国的市场开放与生产要素流通，进一步弱化了国家之间的跨境壁垒，有助于更多的资本和技术流入东盟金融科技市场。此外，RCEP 涵盖着众多的发达国家、发展中国家，属于一个垂直型的一体化组织，叠加庞大的人口、强有力的研发制造

[①] 光源资本：《东南亚市场系列研究（一）：金融科技赛道观》，https://new.qq.com/rain/a/20221108A01UBV00，2022 - 11 - 08。

能力，形成了集研发中心、高端制造中心、低成本生产以及人口红利市场的闭环系统，为东盟金融科技的研发和升级提供了坚实的合作基础。

（四）政策支持为金融科技营造有利环境

东盟作为东南亚地区覆盖范围最广的区域合作组织，高度重视发展数字经济，为金融科技的繁荣与发展打下坚实的基础，营造出有利的发展环境。

在区域层面上，2011 年 1 月和 2016 年 6 月，东盟分别公布了《2015 年东盟信息通信总体规划》《2020 年东盟信息通信总体规划》，这两个规划提出了未来五年信息通信的八大重点战略领域。[①] 2018 年，东盟批准了《东盟数字一体化框架行动计划（2019—2025）》，并制定了相应的行动规划，其中促进无缝贸易、保护数据、实现无缝的数字支付、拓展数字人才、培养创业精神以及协调行动成为东盟优先发展的数字经济六大领域。此后，东盟又陆续出台《东盟电子商务协定》《东盟数字总体规划 2025》，旨在充分把握数字经济发展机遇，推动东盟国家之间的数字发展与合作。这些规划均将数字基础设施建设置于优先发展位置（见表 15 - 4）。

表 15 - 4 东盟数字基础设施的主要政策文件

时间	文件	内容
2011 年	《2015 年东盟信息通信总体规划》	到 2020 年信息通信要成为区域经济增长的引擎、全球信息通信的技术枢纽，提升各国人民生活质量和为区域一体化作出贡献
2016 年	《2020 年东盟信息通信总体规划》	到 2025 年要建成东盟信息通信单一市场，推动安全、可持续和变革性的数字经济发展，以建立创新、包容和一体化的共同体
2018 年	《东盟数字一体化框架》	将促进无缝贸易、保护数据、实现无缝的数字支付、拓展数字人才、培养创业精神以及协调行动成为东盟优先发展的数字经济六大领域
2019 年	《〈东盟数字一体化框架〉行动计划（2019—2025）》	全面实施东盟单一窗口系统，实施东盟全覆盖的自认证，实施东盟的"经认证的经营者"（AEO）互认安排，全地区宽带基础设施覆盖，简化电子商务陆运或空运货物的海关程序等
2021 年	《东盟数字总体规划 2025》	旨在充分把握数字经济发展机遇，推动东盟内数字发展与合作

资料来源：根据互联网公开资料整理。

东盟各国也分别颁布了相关政策，大力支持金融科技的发展（见表 15 - 5）。以泰国为例，2016 年，泰国政府出台了"泰国 4.0"战略，希望通过创新和应用新技术来提高产品附加值，促进泰国经济转型升级，最终实现"数字泰国"。围绕"泰国 4.0"战略，泰国政府针对电子政务、智慧城市、大数据、宽带基础设施建设等制

---

① 八大重点战略领域：具体措施包括促进信息通信产业的投资，降低区域语音、短信数据漫游费用，协调电信规则，制定区内频谱管理合作准则，促进信息通信设备和产品市场开放，加速信息通信产品与服务的区内自由流动等。

定了一系列政策措施。

表 15 – 5　　　　　　　　东盟国家发布的金融科技主要政策文件

国家	时间	政策	内容
新加坡	2019 年	《数字金融服务路线图》	该政策旨在推动数字金融服务的发展，促进金融科技创新，并提升新加坡金融行业的竞争力。其中包括加强数字支付、数字身份认证、数字资产管理、智能合约等方面的发展，以及推动跨境支付和数字化金融服务的国际化
马来西亚	2017 年	《金融科技战略计划》	该计划旨在推动金融科技的发展，包括支持金融科技初创企业、培训金融科技人才、建立金融科技创新中心等
	2019 年	《金融科技监管框架》	该框架旨在确保金融科技公司的合规性和稳定性，包括监管沙盒、数字身份认证等
	2020 年	《数字银行许可证计划》	该计划旨在推动数字银行的发展，许可证将授予符合条件的公司，以便能够提供数字银行服务
菲律宾	2019 年	《金融科技创新法案》	该法案旨在刺激金融科技创新和发展，加强金融科技监管，保护消费者权益，促进金融包容性和数字经济发展
	2020 年	《菲律宾金融科技路线图 2020—2022》	该政策旨在通过数字化和创新技术应用，提高金融服务普及率和可访问性，降低金融门槛，为更多民众提供金融服务
印度尼西亚	2017 年	《印度尼西亚金融科技路线图 2017—2025》	该政策重点强调要加强金融科技基础设施建设、促进金融科技应用普及、推进金融科技监管和合规框架建设等三个方面的发展
泰国	2016 年	《泰国 "4.0" 计划》	该计划主要包括四个重要方面：数字经济、创新经济、人才发展和环境可持续性。其中，数字经济是政府最为看重的领域之一，计划将建设数字基础设施、推进电子商务、数字支付和智能城市等，以提高泰国经济的竞争力和可持续性
越南	2021 年	《越南数字经济发展战略 2021—2030》	该战略强调要加强数字基础设施建设，提高数字技能和数字素养水平，推动数字产业发展，包括电子商务、数字支付、游戏、软件和内容创作等领域

注：缅甸、柬埔寨、老挝、文莱未找到相关政策。

　　资料来源：根据互联网公开资料整理。

（五）中国与东南亚发展阶段高度契合

近年来，我国移动互联网用户增速显著放缓。Quest Mobile 发布的《2022 中国移动互联网春季大报告》显示，截至 2022 年 3 月，我国移动互联网用户达 11.83 亿，而两年前的 2020 年 3 月，这一数据为 11.56 亿，增长幅度渐趋平缓。移动互联网渗透率接近顶峰，"流量红利"将不复存在，企业开始进入争夺用户时长的白热化竞争阶段。此后，国内企业开始逐步将目光投向海外，积极寻找下一个增量市场。东南亚地理位置相对接近，且文化与社会环境与中国较为相似，国内企业纷纷选择东南亚作为出海的第一站。

由于国内数字经济发展成熟，中国与东南亚合作空间广阔。数字经济正在成为推动中国与东盟合作的新增长点。经过十余年的互联网高速发展阶段，目前中国的数字经济总规模稳居世界第二，5G 建设、智慧城市建设、数字政府建设和制造业数字化等领域均走在世界前列，并且与东盟各国的数字经济发展规划和优先产业需求契合度较高，成为东盟国家推动数字经济发展的理想合作伙伴。

本章小结

近年来，随着东盟各国智能手机的加快普及、互联网渗透率的大幅增长，东盟数字基础设施获得快速发展，刺激了许多年轻群体加大了对数字化生活的需求，电子商务、移动支付和数字钱包等创新金融科技解决方案在东盟地区得以获得爆发式增长。东盟国家的行业参与者和政府意识到客户需求和行为正在发生变化，金融科技已被视为实现国家经济增长和行业变革创新的重要引擎之一。

现阶段的东盟金融科技发展具有两面性，以支付和信贷为主要切入口，嵌入式金融正处于蓬勃发展的关键期，数字银行成为新的发展潮流。另外，"监管沙盒"机制的推出，为金融科技配置上"防护装置"，实现金融科技创新与有效管控风险"双赢"，大力助推了金融科技的繁荣发展。在此背景下，数字经济正成为中国与东盟国家合作发展的新蓝海。中国—东盟数字基础设施的跨国合作正在不断加强，数字平台建设业已初见成效，同时，东盟金融科技市场的繁荣发展也正吸引着中国金融科技企业，其中阿里巴巴、腾讯成为中国投资东盟金融科技领域的"领头羊"，中国—东盟金融科技合作领域的热情高涨。

然而，东盟金融科技发展同样面临着许多困境：一是东盟国家的数字服务、金融科技市场竞争方面仍然处于早期发展阶段，产品同质化现象严重；二是在多样化商业环境、不同法规解释以及语言宗教差异等多种因素影响之下，东盟金融科技市场较为分散，企业市场扩张行为阻碍重重；三是东盟部分国家金融科技监管明显落后于行业变革步伐，存在不同程度的监管真空现象。

总体而言，东盟金融科技的发展前景乐观。东盟具有明显的人口优势，数字消费的潜力巨大；嵌入式金融与传统行业的进一步开发，必将成为金融科技新的增长点；RCEP 实施在一定程度上弱化了东盟地区跨境壁垒，发达国家先进经验有利于未来助推东盟金融科技的研发、升级和深化合作；东盟各国政府的政策支持为金融科技未来繁荣发展营造了良好环境。

[第十六章]

东盟绿色金融： 历史、 现在与未来

可持续发展已成为全球公共关注的重要议题，东盟国家也不例外。为了积极响应《巴黎协定》[①] 提出的气候目标，东盟国家纷纷出台了政策措施，推动本国绿色低碳发展。随着东盟绿色低碳发展共识的不断推进，东盟各国的绿色金融市场也获得快速发展，其发展趋势必然会从服务低碳转型逐步转向服务零碳、负碳领域。同时，东盟国家巨大的投融资需求、丰富的碳汇资源和可再生能源的无限潜力对国外投资者具有极强的吸引力。但是，由于东盟各国碳排放量差距明显、金融发展水平参差不齐，东盟绿色金融需要根据不同国家、同一国家不同发展阶段的需求，积极作为获取最大公约数，逐步建立起一套适应各国发展实际、具有包容性的制度标准体系。

第一节 东盟绿色金融：达成共识、深入发展

一、东盟绿色金融发展框架逐渐完善

（一）东盟绿色发展共识达成

为完成《巴黎协定》目标，东盟各国逐渐达成绿色发展共识，东盟十国中已有八个国家相继制定了净零排放目标，老挝、缅甸也正在试点碳税。其中，新加坡提出在 2030 年碳排放强度比 2005 年减少 36%，达到峰值，并承诺到 2050 年左右实现碳清零。马来西亚提出到 2020 年单位 GDP 碳排放减少 40%，并承诺到 2050 年实现碳中和。印度尼西亚表示在 2030 年实现碳达峰，2060 年实现净零碳排放。菲律宾提出在 2030 年温室气体排放量减少 75%。柬埔寨将在 2030 年温室气体排放量减少

---

① 《巴黎协定》的主要目标是将 21 世纪全球平均气温上升幅度控制在 2 摄氏度以内，并将全球气温上升控制在前工业化时期水平之上 1.5 摄氏度以内。

18%，并于2050年实现碳中和。泰国提出2030年温室气体排放比基准情景低20%，并承诺2065年实现碳清零。文莱将在2030年温室气体排放量降低20%，2050年实现碳清零。越南2030年温室气体排放量将减少9%，2050年实现碳清零。为此，各国开始努力将COP26[①]的目标转化为实际行动，为此制订了具体的行动计划、治理和融资方案（见表16-1）。[②]

表16-1 东盟部分国家的碳排放目标及实施路径

国家	碳排放目标	实施路径
新加坡	2030年：碳排放量比2005年减少36% 2050年左右：实现碳清零	自2019年起征收4美元的工业碳税（到2030年为40~60美元）； 颁布《节能法案》《气候行动计划》； 电力行业路线图存在部际管理机构和要求私营公司报告的法规（如《碳定价法案》）
马来西亚	2020年：单位GDP碳排放40% 2050年：实现碳中和	在第12个马来西亚计划之外制定更明确的气候政策； 确立正式的法规和管理机构来监督气候政策/目标实施； 需要更加明确具体步骤和筹资；面临到2030年无法实现国家发展目标的风险
印度尼西亚	2030年：实现碳达峰 2060年：实现碳清零	10年电力供应计划，暂停新的森林砍伐，实行碳税（只适用于煤炭）； 加强关键部门之间的协调，明确联合治理和报告机制
菲律宾	2030年：温室气体排放量减少75%	菲律宾发展计划中提到要制定更明确的气候政策； 颁布一些法规（如能源效率和节约法案），碳税的颁布仍在考虑中
柬埔寨	2030年：温室气体排放量减少18% 2050年：实现碳中和	实施一系列"绿色复苏"（Green Recovery）财政措施，包括进一步发展农业基础设施、鼓励建立绿色模范和绿色城市、向中小企业发放"绿色贷款"、制定国家能源效率政策等
泰国	2030年：温室气体排放量比基准情景低20% 2065年：实现碳清零	大多数气候具体政策仍在起草中，需要更一致的政策（节能促进法）； 为监督国家气候政策而设立的管理机构（NCCC）
文莱	2030年：温室气体排放比基准情景低20% 2050年：实现碳清零	制定标准化碳排放量及排放水平清单报告，与碳减排清单策略保持一致； 运用最佳可用技术实现最低合理可行的碳排放水平； 通过研究、合作和教育培训，与政府、业界和高等教育机构间建立联盟

---

① COP26是指第26届联合国气候变化大会，是《巴黎协定》进入实施阶段后召开的首次缔约方大会，国际社会期待各方尤其是发达国家能够真正落实减排承诺，共同行动以有效应对气候变化带来的危机和挑战。

② 数据来源：根据《东南亚2022年绿色经济报告》和互联网公开资料整理。

国家	碳排放目标	实施路径
越南	2030 年：温室气体排放量减少 9% 2050 年：实现碳清零	计划建立碳排放交易系统（ETS），并于 2025 年实施碳交易试点，制定可再生能源发展战略，但其中未提及碳税； 存在部际管理机构，但没有碳税执行和法规（如环境保护），仅对国内最大的排放企业进行管控； 没有明确制定化石燃料淘汰政策，化石燃料在最新计划中仍然扮演着重要角色，经济增长仍是优先事项

资料来源：根据《东南亚 2022 年绿色经济报告》和互联网公开资料整理。

然而，除新加坡外，其他东盟国家尚未将其大部分计划转化为具体行动，《东南亚 2022 年绿色经济报告》中提出，预计到 2030 年，未有一个国家能够实现与 1.5℃ 情形相兼容的减排（排放量比 2010 年低 45%）。因此，正在实施的政策和行动需要更新国家和关键部门层面的路线图（如能源），以及明确的化石燃料淘汰政策和激励措施，以符合新的发展趋势所需。如目前印度尼西亚对煤电征收碳税，但 2 美元的较低水平仍不足以实现激励转型。

东盟国家的一些领先企业正在为本国"脱碳"努力作出贡献（见表 16 - 2）。企业积极参与加速了东南亚电动汽车生态系统发展，从电池研发到制造再到充电基础设施。许多国家的企业都在高度关注可再生能源，并继续关注太阳能和风能。此外，外国直接投资也加速了电动汽车投资，尤其是制造业领域，通过基础广泛的财政和非财政政府激励措施，进一步推动了可再生能源发展。

表 16 - 2　　　　　　　　部分东盟企业为实现碳减排目标采取的举措

企业	国家	采取措施
Adaro	印度尼西亚	1. 宣布 10 年转向清洁能源，计划在 Adaro Aluminum Indonesia 上投资 10 亿美元，以满足电动汽车零部件的金属需求； 2. 在 Kelanis 工厂安装太阳能光伏板
SPgroup	新加坡	1. 投资 3000 万~4000 万美元创建首个棕地区域冷却系统（国际环境科学界将城市中高污染、高耗能企业搬迁后遗留地块统称为"棕地"）； 2. 预计将冷却效率从 1.9 万制冷吨提高到 7 万制冷吨，预计每年减少 1359 公吨二氧化碳排放
PETRONAS	马来西亚	1. 在实现 2050 年净零排放目标方面继续取得进展，在各地的集团资产中部署了 66 兆瓦太阳能； 2. 运营和在建的太阳能资产约为 1GW

续表

企业	国家	采取措施
Ptt	泰国	1. 将可再生能源产量目标提高50%，到2030年达到12GW； 2. 与富士康投资1亿~20亿美元，到2024年建造新的电动汽车制造厂； 3. 计划到2022年安装300个新的充电站，2026年安装1000个新的电动汽车快速充电器
Ayala	菲律宾	1. Ayala子公司AC Energy正在向太阳能和风能项目投资2.74亿美元； 2. 通过全资子公司IMI开始在菲律宾商场安装电动汽车充电站
VINFAST	越南	1. 2021年在全国范围安装500个电动汽车充电站； 2. 与PetroViet签署了谅解备忘录，在PetroVite服务站安装电动汽车充电台，2021年交付了4.2万辆电动自行车； 3. 截至2022年4月，实现了约6万辆电动汽车4轮预订单

资料来源：《东南亚2022年绿色经济报告》。

（二）东盟绿色金融政策频出

近年来，东盟各国纷纷推出绿色金融支持政策，以推进本国绿色经济、可持续经济的发展。在东盟国家中，以新加坡、马来西亚两国为代表的部分东盟国家通过制定援助计划、发展路线等推动绿色金融发展。其中，新加坡金融管理局分别于2017年、2019年和2020年颁布了《绿色债券援助计划》《可持续债券援助计划》《绿色和可持续发展相关贷款援助计划》，为各种规模的企业绿色活动和可持续发展提供融资，降低绿色和可持续发展债券的发行成本等。近年来，马来西亚政府部门陆续颁布了许多支持绿色金融发展的相关政策，主要关注绿色科技企业融资、绿色债券、气候变化以及资本市场的可持续发展等相关领域。菲律宾、泰国证券交易委员会均颁布了绿色债券发行的相关规定，越南中央银行为鼓励金融机构在贷款决策中考虑环境因素，颁布了《关于在信贷授予活动中促进绿色信贷增长和环境社会风险管理的指令》（见表16-3）。

表16-3   2017年以来东盟各国绿色金融相关政策

国家	部门	政策	时间	主要内容
新加坡	金融管理局	绿色债券援助计划	2017年	抵消绿色债券外部审查费用，减少绿色债券发行成本
		可持续债券援助计划	2019年	将社会和可持续发展债券纳入，并将最低发行规模降至2000万新元
		绿色和可持续发展相关贷款援助计划	2020年	支持各种规模的企业绿色活动和可持续发展融资，鼓励银行制定绿色和可持续发展相关贷款框架，使中小型企业更容易获得此类融资

国家	部门	政策	时间	主要内容
马来西亚	政府	绿色科技融资计划	2010 年	为绿色科技企业补贴向金融机构支付 2% 年息或利润率,并为企业融资额的"绿色成本"提供 60% 的政府担保,资金规模为 35 亿林吉特
	纳闽金融管理局	绿色债券法规	2017 年	规范绿色债券发行
	国家银行	气候变化和原则基础分类法指南	2019 年	提高金融领域的适应能力,以更有序地朝更绿色环保的经济过渡
	国家银行、证券委员会	设立气候变化联合委员会	2019 年	为金融部门开展气候适应能力建设合作行动提供平台
	证券委员会	资本市场可持续和社会责任投资(SRI)路线图	2019 年	创建一个 SRI 生态系统,描绘资本市场在推动可持续发展方面的作用
	财政部	增加绿色科技融资计划资金规模	2020 年	资金规模增加 20 亿林吉特,促进可持续和社会责任投资伊斯兰债券发行
菲律宾	证券交易委员会	绿色债券发行指导方针	2018 年	要求绿色债券发行必须符合 ASEAN
	中央银行	绿色债券发行和销量指南	2019 年	规范绿色债券发行和销售市场
		可持续金融框架	2020 年	要求银行将可持续发展纳入投资组合和业务实践中,推广环境、社会和治理(ESG)原则
泰国	证券交易委员会	绿色债券发行和销售指南	2019 年	要求绿色债券发行必须符合 ASEAN
越南	中央银行	关于在信贷授予活动中促进绿色信贷增长和环境社会风险管理的指令	2015 年	要求金融机构在贷款决策中充分考虑环境因素

资料来源:根据互联网公开资料整理。

(三)国家间绿色金融合作日益加强

东盟各国与其他国家加快绿色金融领域的合作步伐。2017 年,中国、新加坡等八国中央银行联合发起中央银行与监管机构绿色金融网络(NGFS),以此为金融领域环境和气候风险管理的发展作出贡献,该网络已成为全球绿色金融政策讨论的重要平台之一。目前,东盟已有 6 个成员国中央银行加入 NGFS,NGFS 为中国与东盟绿色金融合作提供交流平台。2019 年,亚洲开发银行和东盟成员国发起东盟绿色金融催化基金,为东盟国家的绿色基础设施项目提供融资。

近年来，中国与东盟政府层面的环保合作框架已基本建成。2003 年，《中国—东盟面向和平与繁荣的战略伙伴关系联合宣言》颁布，意味着中国—东盟的环境政策对话正式启动。此后，2009—2021 年中国—东盟相继联合发布了五份环境合作战略及行动计划，在环境政策对话与能力建设、可持续发展、生物多样性与应对气候变化等多个领域进行日益广泛的深度合作（见表16 – 4）。

表 16 – 4　　　　　　　　中国—东盟制定涉及环保合作领域的政策

时间	政策名称	涉及环保合作的内容
2003 年	《中国—东盟面向和平与繁荣的战略伙伴关系联合宣言》	明确双方加强环保合作，通过增强环保产业与技术交流、环保意识宣传、人员来往等方式，不断完善环保合作机制
2009 年	《中国—东盟环境保护合作战略（2009—2015）》	深化公众意识和环境教育、促进环境无害化技术合作，加强生物多样性保护、环境管理能力建设、全球环境问题等多方面的合作，促进环保产品和服务业发展
2011 年	《中国—东盟环境合作行动计划（2011—2013）》	建立环境合作与政策对话平台，启动中国—东盟绿色使者计划，推进环保产业与技术交流，建立和实施联合研究项目
2016 年	《中国—东盟环境合作战略（2016—2020）》《中国—东盟环境合作行动计划（2016—2020）》	构建绿色政策的对话交流机制、环境影响评估机制、生物多样性与生态保护机制、环境产业新技术推动绿色发展机制等
2018 年	《中国—东盟战略合作伙伴关系2030 年愿景》	提出加强环境保护、水资源管理、可持续发展、气候变化合作
2021 年	《中国—东盟环境合作战略及行动框架（2021—2025）》	重点加强环境政策对话能力建设、可持续城市与海洋减塑、应对气候变化与空气质量改善、生物多样性保护和生态系统管理

资料来源：中国—东盟环境保护中心官网，http：//www.chinaaseanenv.org/。

二、东盟绿色金融市场发展不断深入

（一）东盟绿色金融市场发展概述

东盟绿色金融市场发展不断深入，GSS（绿色、社会和可持续债券）发行量加速增长。在绿色低碳的发展共识下，东盟绿色金融市场进入快速发展期。气候债券倡议组织在《东盟可持续金融市场 2021 年状况报告》中指出，2021 年东盟 GSS 在继续扩大，交易额为 240 亿美元，较 2020 年的 136 亿美元同比增长 76.5%，其中，新加坡保持着区域领先地位，2021 年 GSS 总量为 136 亿美元，是 2020 年 49 亿美元的两倍多。绿色主题仍是 GSS 增长的主要动力，占比将近 64%；不过，近几年来可持续主题债券的市场份额也逐步提升，占比约为 36%，比 2020 年的份额（26%）增长将近 10%（见图 16-1）。^① 2021 年，绿色和可持续标签的债务数量呈现不断增长态势，说明现阶段支持实体经济从新冠疫情中逐渐恢复、长期绿色经济增长，以上两个方面成为东盟国家绿色金融支持的主要内容。

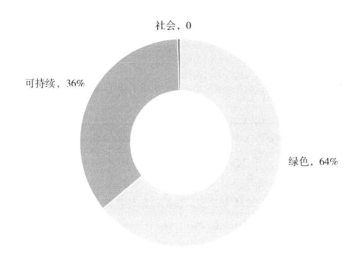

图 16-1　2021 年 GSS 三大标签债务份额占比情况

（资料来源：Climate Bonds Initiative，https：//www. climatebonds. net/）

2021 年，东盟六国共发行了 154 亿美元的绿色标签的债务，绿色标签的债务包含了绿色债券、绿色贷款以及绿色伊斯兰金融。其中，新加坡成为最大的发行国，发行金额高达 120 亿美元。紧随其后的分别是越南（10 亿美元）、印度尼西亚（8 亿美元）、泰国（8 亿美元）、菲律宾（5 亿美元）和马来西亚（1 亿美元）（见图 16-2）。东盟六国的累计绿色总量已达到 394 亿美元，占地区累计绿色总量（545 亿美元）的 72%。

2021 年，新加坡再次主导了东盟绿色债务发行市场，反映出新加坡政府对绿色金融发展的大力支持。新加坡国家环境局（National Environment Agency，NEA）首次发行绿色债券，融资 16.5 亿新元（合 12.3 亿美元），分为 10 年期和 30 年期，专门用于可持续废物管理系统。^② 第一个符合条件的项目是 Tuas Nexus 综合废物管理设施，该设施包括可处理和食物垃圾、家庭可回收物、脱水污泥和废水处理系统。新加坡还发放了大量的绿色贷款，其中最大额度贷款用于建筑行业。

2021 年，东盟第二大绿色债务发行国（越南）的大部分绿色债务来自运输和能源部门。同年 5 月，亚洲开发银行（ADB）与联立风电股份公司（Lien Lap）、风辉

---

① 数据来源：《东盟可持续金融市场 2021 年状况报告》。

② 资料来源：《2019 年新加坡绿色金融行动计划》。

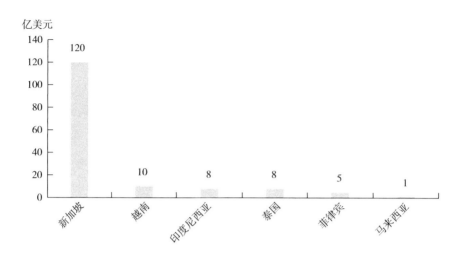

图 16 - 2 2021 年东盟六国的绿色标签债务发行量

（资料来源：Climate Bonds Initiative，https：//www. climatebonds. net/）

风电股份公司（Phong Huy）和风元风电股份公司（Phong Nguyen）共同签署了价值 1. 16 亿美元绿色贷款，建设和运营越南广治省的三个 48 兆瓦的风电场，装机容量总计 144 兆瓦。项目每年平均可减少 162430 吨的二氧化碳排放，有助于该国满足快速增长的能源需求。[①]

同样地，2021 年泰国大型绿色债务主要来源于交通和可再生能源行业。在交通领域，最大的发行人是曼谷公共交通系统 PCL（BTS Group Holdings PCL），2021 年 11 月发行了 3. 09 亿美元绿色债券。[②] 丰田租赁（泰国）有限公司（Toyota Leasing (Thailand) Co.，Ltd.）也于当年 4 月发行了 6410 万美元的绿色债券。在可再生能源领域，BCPG Public Company 发行了数笔可再生能源绿色债券，总额为 3. 65 亿美元。其他主要可再生能源交易来自 B. Grimm PCL（9300 万美元绿色债券）、SPCG PCL（4400 万美元绿色债务）和 Energy Absolute PCL（5000 万美元绿色贷款）。[③]

2018 年，印度尼西亚推出了伊斯兰债券，取得了较为显著的成效。2021 年 6 月，印尼又发行了第五笔价值 7. 5 亿美元的主权伊斯兰债券，11 月，政府还发行了

---

① 国际风力发电网：《1. 16 亿美元！亚行签署绿色贷款在越南发展风电》，https：//wind. in - en. com/html/wind - 2402773. shtml，2021 - 05 - 31。

② BANGKOK：《UOB Thailand Extends Green Loan to ACRE for Eco - Friendly Residential Development in Phuket，https：//www. bloomberg. com/press - releases/2021 - 06 - 15/uob - thailand - extends - green - loan - to - acre - for - eco - friendly - residential - development - in - phuket，2021 - 06 - 15。

③ ADB：《Energy Absolute Sign Green Loan for Renewable Energy and Electric Vehicle Charging Network，https：//www. adb. org/news/adb - energy - absolute - sign - green - loan - renewable - energy - and - electric - vehicle - charging - network，2021 - 02 - 11。

价值3.5亿美元的绿色零售伊斯兰债券，收益用于能源、废物和水项目的融资。① PT Bank BTPN Tbk（BTPN）向 PT Kepland Investama 提供了为期三年的1.06万亿印尼盾的绿色贷款，主要用于建筑行业的活动再融资。②

　　菲律宾和马来西亚绿色金融领域的市场行为较少，绿色债券发行规模也相对较小。由于金融业发展水平相对落后，柬埔寨、缅甸、文莱、老挝四国在绿色债券发行仍留有空白，绿色金融发展十分缓慢。

　　（二）东盟绿色金融市场发展特征

　　1. 建筑和能源仍是主要投资领域

　　建筑和能源仍然是东盟绿色债务的主要投资行业，这两类行业合计收益占同期东盟发行的绿色债务累计 UoP（Use of Proceeds）的79.5%。其中，2016—2021年，超过一半（53%）的 UoP 被指定用于建筑业。运输（7%）、废物（6%）、适应与恢复（A&R，3%）、水（2%）、土地利用（2%）和信息通信技术（ICT）（0）获得资助则相对较少，表明东盟绿色金融市场多元化发展具有巨大的开发潜力（见图16-3）。③

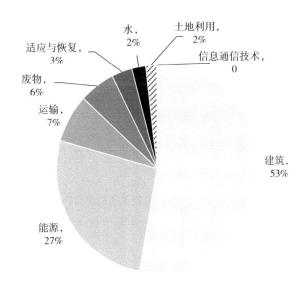

图 16-3　2021 年东盟六国绿色 UoP 投资领域占比情况

（资料来源：Climate Bonds Initiative，https：//www. climatebonds. net/）

① 资料来源：《印尼：绿色复苏2022年报告》。
② IDN：〈BTPN grants Kepland Investama a green loan of IDR 1 trillion, https：//www. idnfinancials. com/news/41454/btpn - grants - kepland - investama - green - loan - idr，2021 - 12 - 06。
③ 资料来源：《气候债券倡议：2021年绿色债券市场发行后报告》。

2. 本币计价的绿色债务强劲增长

东盟绿色债务以多种当地和国际货币为计价货币发行，其中，美元和新元成为东盟绿色债务市场的主要货币。其中，以新加坡元计价的绿色交易在东盟绿色债务市场中的累计份额逐年上升，从2020年的47%上升为2021年的59%，首次超过了以美元计价的绿色交易（34%）（见图16－4）。越南、印度尼西亚和菲律宾的发行人青睐以美元计价的绿色债券，泰国和马来西亚两国则主要以本国货币为计价货币。2016—2021年，马来西亚所有绿色债务均以当地货币（马来西亚令吉）计价，泰国则有约98%的绿色债务以泰铢计价，表明在新加坡元的引领下，以本币计价的绿色债务保持着十分强劲的增长态势。

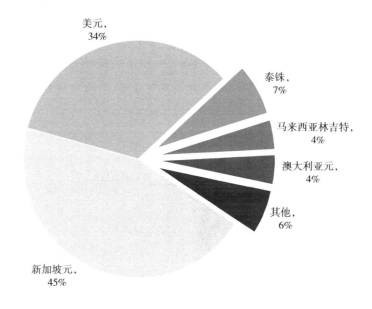

图16－4　2021年东盟六国的绿色债务交易货币使用情况

（资料来源：Climate Bonds Initiative，https：//www.climatebonds.net/）

3. 各国交易规模日趋多样化

截至2021年底，东盟六国的绿色债务交易规模的55%源自东盟的累计绿色债务，包括低于基准规模交易（≤5亿美元），其中大多数（44%）属于中型规模交易（1亿~5亿美元），超过10亿美元交易仅占剩余11%的份额（见图16－5）。在东盟国家中，新加坡、印度尼西亚两国的交易规模最为多样化，从1亿美元以下到10亿美元以上不等，大型规模交易（5亿~10亿美元及以上）的最大市场份额也来源于以上两个国家。菲律宾的绿色债务大部分属于中型交易（1亿~5亿美元），而泰国、越南或马来西亚的个人绿色票据均未有超过5亿美元的交易。

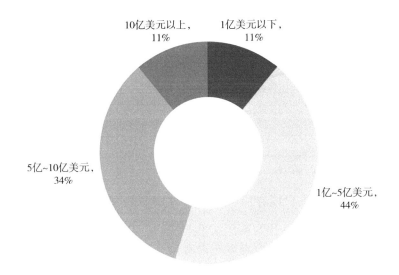

图 16 - 5 2021 年东盟六国的绿色债务交易规模

(资料来源：Climate Bonds Initiative，https：//www. climatebonds. net/)

第二节 东盟绿色金融：国别典型案例

一、新加坡——首只绿色主权债券

2022 年 8 月，全球主要中央银行大幅收紧货币政策，导致全球债券市场动荡局面，新债发行减少，在此艰难的市场环境下，新加坡在其绿色框架下发行了首只绿色主权债券，即绿色新加坡政府基础建设债券 ［Green SGS（Infra）］。根据新加坡金融管理局（MAS）公告，该项 50 年期绿色主权债券的发行总额为 24 亿新加坡元（17 亿美元），比其最低目标高出约 9 亿新加坡元，其中提供新加坡个人投资者的认购额度为 5000 万新加坡元，配售给机构投资者的认购额度为 23.5 亿新加坡元，最大的机构投资者源于保险公司，通常会持有债券直至到期。该债券票息率为 3.04%，债券到期日是 2072 年 8 月 1 日，首个付息日是 2023 年 2 月 1 日（见表 16 - 5）。此次 IPO 吸引了欧洲和亚洲投资者的兴趣，新加坡成功地利用市场上环境友好型债券的强劲需求，助推其成为此类债券的地区中心。[①]

---

① 港越商务：《新加坡金管局发行绿色政府基建债券 当日认购额超 53 亿新币》，https：//www. hkgangyue. com/news/hangyexinwen/660. html，2022 - 08 - 04。

表 16 – 5 新加坡首只主权债券基本信息

发行日期	2022 年 8 月 1 日
发行总额	24 亿新加坡元（17 亿美元）
债券票息率	3.04%
期限	50 年
债券到期日	2072 年 8 月 1 日
首个付息日	2023 年 2 月 1 日

资料来源：新加坡金融管理局，https：//www.mas.gov.sg/。

此次发行的首只绿色主权债券所获收益将被用于公共交通领域具备环境效益的项目，包括地铁裕廊地区线（Jurong Region Line）和跨岛线（Cross Island Line）绿色项目。2023 年 2 月，新加坡政府在发布财政预算案时宣布，要在 2030 年前发行总额高达 350 亿新元的绿色债券，以支持公共领域的绿色基建项目，新加坡首只主权绿色债券正是其中的组成部分。[1]

二、印度尼西亚——热带雨林基金债券

1980—2010 年，印度尼西亚每年有 50 万公顷至 150 万公顷的林地被毁，其中主要原因是以棕榈油、橡胶为主的出口导向型农业的持续扩张。因此，为解决棕榈油和橡胶快速发展而导致的热带雨林遭到破坏等问题，印度尼西亚（以下简称印尼）政府于 2016 年提出创建印尼的热带雨林基金（TLFF）倡议，该基金由联合国环境规划署、国际农林业研究中心（ICRAF）、ADM 资本和法国巴黎银行（BNP Paribas）共同创建。印尼设立热带雨林基金，旨在减少热带雨林退化，通过可持续开发，提高农产品生产效率，进而促进国内经济发展。

2018 年 2 月，印尼热带雨林基金发行了 9500 万美元的绿色债券，资金贷放 RLU 公司（PT Royal Lestari Utama），由其负责建设印尼占碑省和东加里曼丹省的可持续天然橡胶种植园。RLU 热带雨林基金债券计划分两个批次完成建设，2018 年发行的 9500 万美元绿色债券用于第 1 批次，用于在 RLU 特许区域中建立 1.9 万公顷的商业橡胶种植园。第 2 批次计划募集 1.2 亿美元资金，其中 3500 万美元专门用于小农户融资，并在 RLU 特许区域再建立约 1.5 万公顷的商业橡胶种植园。[2]

运营之初，印尼热带雨林基金具有较大的信用风险，基金就会对特定项目进行担保；当项目发展到能够创造可持续性现金流、信用风险显著降低时，基金会将担

---

① 港越商务：《新加坡金管局发行绿色政府基建债券 当日认购额超 53 亿新币》，https：//www.hkgangyue.com/news/hangyexinwen/660.html，2022 – 08 – 04。

② 资料来源：Royal Lestari Utama（https：//www.rlu.co.id/ourbusiness）。

保贷款重新包装打包成绿色债券，将债券出售给金融机构、保险公司等不同类型投资者。热带雨林基金债券不仅为农户提供了可行的融资路径，同时还为当地农户分享橡胶种植的最佳实践案例，提高了当地农户的种植技术水平。

三、马来西亚——绿色伊斯兰债券

马来西亚是全球伊斯兰资本市场的领导者，马来西亚绿色金融特色是与伊斯兰金融紧密结合，高度重视经济发展的可持续性，善于用金融手段实现发展目标。一直以来，马来西亚在绿色伊斯兰金融中扮演着重要的标准制定者的角色，多项绿色伊斯兰金融标准和框架都是由马来西亚率先推出的。2016 年，世界银行全球理论与研究中心联合马来西亚中央银行、证券委员会共同成立了一个技术工作组，利用绿色投融资方面的丰富经验和专业知识，大力支持马来西亚绿色金融项目建设，项目旨在通过发展绿色伊斯兰金融市场，积极鼓励投资绿色或可持续项目，最初可以在马来西亚初步实施，之后将发展至东盟地区。

在该计划的支持下，马来西亚于 2017 年 6 月 27 日发行了全球首个绿色伊斯兰债券（Green Sukuk）。该债券收益用于资助特定可持续环境效益的基础设施项目，如可再生能源发电设施的建设等。当年 7 月，Tadau 能源发行了价值 2.5 亿以马来西亚林吉特计价的债券，并将其用于沙巴古达的工程。①

伊斯兰债券所筹集的资金必须用于可识别的资产或风险投资项目，如果一个伊斯兰债券结构是为一个特定的基础设施项目（如可再生能源项目）提供资金，则投资者的资金几乎不可能被转移或用于其他目的，这就为伊斯兰债券的投资者提供了高度确定性。同时，在资本市场上，资产端注重环境的投资产品比固定收益产品更多。绿色伊斯兰债券就像传统的固定收益证券一样，不仅可以帮助弥补环境投资者的固定收益缺口，提高伊斯兰债券收益，而且有利于环境治理。

四、越南——EVN Finance 绿色债券

《东盟可持续金融市场 2021 年状况报告》（ASEAN Sustainable Finance – State of the Market 2021）显示，越南是东盟第二大绿色债券发行国，发行规模达 10 亿美元，仅次于新加坡。越南的可持续债务资本市场在 2021 年 GSS 总价值达到 15 亿美元，是 2020 年 3 亿美元的近 5 倍，并连续三年保持稳定增长，其中大部分绿色债券和贷款来自交通和能源领域。②

---

① 中国金融信息网绿色金融频道：《绿色伊斯兰债券为全球绿色金融发展提供新选择》，http：//www. greenfi-nance. org. cn/displaynews. php？ id＝2017，2016－03－20。

② 资料来源：《东盟可持续金融市场 2021 年状况报告》。

越南拥有丰富的风能、波浪能和太阳能等可再生能源，在发展绿色能源、可再生能源方面具有很强的比较优势，这些能源可以替代煤、石油、汽油等化石能源，将有助于促进绿色资本动员，以减少碳排放和可持续发展。电力股份金融公司（EVN Finance）是越南最早向市场发行绿色债券的金融机构之一，也是东盟绿色债券 Guarant Co. 在越南为绿色债券提供的第一家部分担保。EVN Finance 一直以发展绿色能源、可再生能源和投资可持续发展为目标，属于越南最早建立环境和社会管理体系的组织之一，该公司还发布了绿色债券框架，服务于公司的绿色债券发展路线图，以符合国际资本市场协会（ICMA）2021 绿色债券原则并自愿遵守东盟绿色债券标准。

2022 年 7 月，EVN Finance 发行了价值 17250 亿越南盾的绿色债券，以满足越南机构投资者的可持续投资需求。[①] 这是 EVN Finance 首次发行绿色债券，也是第一次根据 ICMA 2021 绿色债券原则和自愿遵守东盟绿色债券标准的绿色债券发行交易，为越南市场的投资者融资。同时，EVN Finance 副总经理 Dao Le Huy 先生表示"越南的绿色债券市场仍然很新，但肯定具有巨大的潜力，我们希望本次交易能为市场的发展创造一定的推动力。"

五、泰国——气候相关绿色债务

东盟有三个国家拥有与气候变化相关的绿色债务，分别是泰国、马来西亚和印度尼西亚。其中泰国是与气候变化相关的债务来源最多的国家，截至 2021 年末，泰国 9 家气候相关实体累计发行了 28 亿美元的气候债券，共交易 55 笔，占东盟气候相关债券总量的 96%[②]（见表 16 - 6）。同时，源自东盟的与气候相关的债务有 95% 为泰铢，美元发行量约占交易量的 3%。

表 16 - 6　　　　　　　　　2021 年东盟国家气候债券累计发行情况

国家	发行机构数量（家）	累计发行金额（万美元）	累计交易次数（笔）
泰国	9	280000	55
马来西亚	1	4420	6
印度尼西亚	1	4690	3

资料来源：Climate Bonds Initiative，https：//www. climatebonds. net/。

近年来，泰国气候变化莫测，特别是雨季变得更加不稳定，农业生产计划容易被搅乱。此外，运河城市曼谷每年下沉多达 2 厘米。因此，应对气候变化是泰国未

---

① 掌上财经说：《越南绿色债券市场潜力巨大》，https：//baijiahao. baidu. com/s? id = 1738931227123720017&wfr = spider&for = pc，2022 - 07 - 21。

② 资料来源：Climate Bonds Initiative（https：//www. climatebonds. net/）。

来几年将面临的一个重大挑战，也为适应气候变化的实体提供了运用标签债券为其债务进行再融资的机会。

始于 2018 年、总部位于泰国的大型金融机构 TMB Bank 发行了泰国首只绿色债券，资金将专用于资助气候智能型项目，特别是可再生能源项目，世界银行成员国际金融公司成为该价值 6000 万美元债券的唯一投资方。该债券发行的总目标是扩展与气候变化相关的私营行业投资融资渠道，有助于泰国实现在 2030 年前无条件降低 20% 温室气体排放量的目标。① 随后，泰国公司 B. Grimm Power 在亚洲开发银行（ADB）的帮助下发行首只 5 年和 7 年绿色债券，其中 ADB 投资 50 亿泰铢（约合 1.55 亿美元），这是首批在泰国发行的经认证的气候债券，所得款项将专项用于 9 座太阳能发电厂以及在建 7 座太阳能发电厂。② 截至 2021 年末，只有总部位于泰国的与气候变化相关的公司发行了绿色债券，包括 BTS Group Holdings PCL 和 Energy Absolute PCL，其中 BTS Group Holdings PCL 是与气候相关的最大发行人，拥有东盟 40% 以上与气候相关债务。③

此外，来自东盟国家的与气候相关债务中，近 60% 将于 2025 年到期。大多数与气候相关的发行人都以可再生能源为主题开展业务，但却只占未偿付额的 16%；交通运输则占据 65% 的未偿付额，几乎完全来自曼谷高速公路和地铁系统（BTS Group Holdings PCL）。其中，四家公司主要从事水务业务，东部水资源开发与管理 PCL 占水务主题的 13%（见表 16 – 7）。④

表 16 – 7　　　　　　　　　2021 年东盟气候债券发行人未偿付情况

发行人	未偿付额（百万美元）	交易数量（笔）	Uop	国家
Bangkok Expressway & Metro PCL	1220	21	能源	泰国
BTS Group Holdings PCL	682	8	交通运输	泰国
Eastern Water Resources Development and Management PCL	66	2	能源	泰国
Edra Solar Sdn Bhd	44	6	能源	马来西亚
Energy Absolute PCL	70	3	能源	泰国
Pabrik Kertas Tjiwi Kimia Tbk PT	47	3	能源	印度尼西亚

资料来源：Climate Bonds Initiative，https：//www. climatebonds. net/。

---

① Tom Kenning：《泰国发行首只绿色债券，为可再生能源融资 6000 万美元》，https：//www. sohu. com/a/235050510_ 465917，2018 – 06 – 11。

② 电缆网：《亚行投资公司绿色债券以资助泰国太阳能项目》，https：//solar. in – en. com/html/solar – 2324028. shtml，2018 – 12 – 12。

③ 资料来源：《东盟可持续金融市场 2021 年状况报告》。

④ 资料来源：《东盟可持续金融市场 2021 年状况报告》。

第三节　东盟绿色金融：机遇与挑战并存

一、发展的机遇

（一）东盟绿色投融资需求巨大

后疫情时代，海平面上升、干旱等气候风险仍是东盟地区面临的最大难题，气候债券倡议组织（CBI）发布的《2020 年东盟可持续金融市场状况》中预测，如果东盟各国不积极应对环境问题，预计到 2100 年自然灾害将会导致东盟 GDP 总量损失7%，甚至 11%。[①] 因此，东盟各国将会持续建设绿色基础设施，采取绿色复苏政策进行疫后重建。与此同时，为完成《巴黎协议》的目标，东盟各国仍将加大脱碳工作力度。截至 2022 年，东盟在"脱碳"上的投资资金仅有 0.02 万亿美元，距离到2030 年减少 2.6 亿～3.2 亿吨二氧化碳排放量的目标，存在着巨大的融资缺口（实现到 2030 年向绿色经济转型所需的 1.5℃ 目标为 3 万亿美元的累计投资，建设能源、废物、工业和建筑行业可持续基础设施所需约 2 万亿美元）。[②] 由此可见，东盟的绿色融资需求巨大，一定程度上将会大力助推东盟绿色金融发展。

（二）东盟碳汇市场发展基础良好

东盟绿色金融发展除了拥有本土的绿色投融资机遇外，国际间碳市场的发展或为东盟带来碳汇投融资的发展新机遇。当前，全球平均森林覆盖率为 31%，而东南亚地区森林覆盖率高达 47%，高于全球平均水平。[③] 东盟丰富的森林、湿地等绿色资源，具备良好的吸碳和固碳能力，其碳汇资产在国际上得到越来越高的评估价值，这必将会给东盟国家绿色金融发展带来良好的前景。另外，印度尼西亚、马来西亚等五个临海的海洋国家，具备丰富的海洋碳汇资源。2021 年 11 月，联合国第 26 次气候大会允许成员国开展全球通行并经联合国认可的碳排放权国际交易，碳排放权国际交易规则日益完善的环境，有助于东盟探索建立区域性跨国碳排放权市场交易体系。东盟国家可凭借碳汇资源丰富的优势，借助碳汇价值的市场转化机制，通过开展热带雨林森林防护与海洋碳汇开发等活动，引入国际碳交易市场形成投资回报，并发挥碳汇价值的抵押融资作用，推动区域绿色融资体系的模式创新，实现将潜在的生态价值优势转化为金融信贷优势。

---

① 资料来源：《2020 年东盟可持续金融市场状况》。
② 资料来源：《东南亚 2022 年绿色经济报告》。
③ 资料来源：《中华人民共和国森林法实施条例》。

（三）东盟可再生能源开发极具潜力

东盟正处在快速发展的阶段，经济发展的各方面都会产生更高的能源需求，填补能源需求缺口是东盟发展能源技术的首要事项之一。国际能源署（IEA）在《东南亚能源展望2022》中指出，"东南亚依靠化石燃料来满足不断增长的能源需求，这点已经在当今的能源危机中被证实是地区发展的最大弱点之一。"因此，东南亚亟须加快其能源转型的进程。

东盟地区极具可再生能源资源开发利用潜力，各国都具有可再生能源资源开发的优势。显然，东盟地区拥有世界上最好的水电开发潜力，特别是印度尼西亚、缅甸和几个湄公河下游的国家，据经济合作与发展组织（OECD）估计，仅老挝一国的水电潜力就达到约26GW，该国具有极高的光照辐射水平，平均每年为1.5兆~2兆瓦每平方米，与中国宁夏、新疆地区的太阳能光照水平相当。① 此外，东盟国家在风能、地热、海洋能、生物质能等方面的可再生能源也具有优质的资源储备，未来东盟的可再生能源发展前景可谓一片光明。同时，世界范围内可再生能源的成本正在不断降低，可再生能源也已成为多数东盟国家内最便宜的电力来源，开发成本的降低将会进一步激发东盟可再生能源的开发利用。据国际可再生能源署（IRENA）估计，2021年东南亚地区的光伏平准化度电成本（Levelized Cost of Energy，LCOE）水平在每千瓦时0.05~0.075美元内，已经低于G20国家化石燃料平均价格。较低的能源价格和新能源发展潜在的经济社会效益，使得越来越多的东盟国家愿意采取实际行动推动新能源发展，新能源领域将会逐渐显现资本集聚现象，必将助推绿色金融的嵌入式发展。

二、面临的挑战

（一）经济复苏任务优先于绿色发展

东盟大部分国家属于发展中国家，发展经济仍是第一要务。东盟国家的经济社会发展在疫情期间均遭受到了不同程度的破坏，后疫情时代，经济增长尤为迫切。回顾疫情期间，仅2020年一年，东盟GDP同比下降3.3%，其中多数东盟国家GDP均下降，只有越南和文莱实现正增长（2.9%和1.2%）。同时，受限于各国采取较为保守严密的防疫政策，让对外依存度很高的东盟国家遭受前所未有的困境，货物贸易总额同比下降5.5%，吸收外商直接投资同比下降24.5%。此外，旅游、运输和物流、零售贸易和服务及制造业等重要领域也受到不同程度的冲击。② 国际劳工组

① 资料来源：《东盟国家新能源发展的机遇和挑战》，https://baijiahao.baidu.com/s? id = 1751115318983261807&wfr = spider &for = pc，2022 – 12 – 02。

② 资料来源：《东盟2020年经贸主要情况和今年经济预期》。

织（ILO）报告显示东盟国家因疫情影响遭受失业人口大增，2020 年，东盟国家就业人数比预期减少 1060 万，2021 年、2022 年的就业缺口分别维持在 930 万个和 410 万个。^① 缺乏稳定的收入和充分的社会保障，可能会迫使东盟国家数千万民众陷入极端贫困。

因此，现阶段对于东盟国家而言，经济增长相比绿色发展的需求更为迫切，东盟大部分国家仍以恢复经济增长作为国家的首要任务，不同程度上放弃或降低绿色发展。新加坡研究员莎伦·西（SharonSeah）更是直言："东盟的恢复计划还是以拯救生命和维持生计为前提，而非气候行动或环境保护。事实上，东盟国家一直将发展置于可持续发展之上。"以印度尼西亚为例，印尼政府于 2021 年 9 月宣布在 2060 年实现净零碳排目标，计划中提出要停建新的燃煤电厂，但并未明确表示要停止煤炭开采。并且印尼政府明确表示，要确保经济增长和人口规模保持 5%～7% 的增速，不会以牺牲经济增长为前提追求更为激进的气候目标。甚至印尼仍在推动新建燃煤电站项目，计划在现有 33 吉瓦煤电装机的基础上，再增加 31 吉瓦的装机量，与 2060 年实现净零碳排目标背道而驰。全球能源监测组织汇编的数据显示，印尼已经占到南亚和东南亚地区规划燃煤发电能力的 75% 以上。^② 同样高度依赖燃煤发电的东盟国家还有菲律宾，2020 年燃煤发电量占菲律宾总发电量的 56%，为重振经济，菲律宾政府于 2021 年 12 月解除了实施 4 年的露天开采禁令，允许采矿业者开采会对生态环境造成广泛破坏的露天煤矿。^③ 这些现实事例表明，东盟国家短期内很难完全放弃那些破坏环境行业所带来的巨大经济收益，绿色发展举措的落实将举步维艰。

（二）绿色发展激励机制相对单一

现阶段，东盟国家的绿色发展刺激方案大多致力于短期经济收益，对于长期影响并未加以充分考虑，主要体现在两个层面：一方面，对增加碳排放的产业实行直接补贴和税收减免，将对环境造成直接的负面影响。根据东盟国家刺激方案，现金援助被直接或间接地用于补贴电力部门。如文莱、印尼、马来西亚、缅甸、泰国和越南等国家正通过大幅折扣电费，向国有电网公司提供直接补贴，所提供的直接补贴金额因国家而异，从马来西亚的 1.25 亿美元到越南的 4.71 亿美元不等。^④ 但东盟国家目前的发电结构又以煤炭为主，且印尼政府也降低了化石燃料和工业天然气发

① 资料来源：《COVID‐19 and the ASEAN Labour Market：Impact and Policy Response》。
② 全国能源信息平台：《碳减排当前，印尼仍难舍煤炭》，https：//baijiahao.baidu.com/s? id = 1699062611837568998&wfr = spider&for = pc，2021‐05‐07。
③ 中国东盟自贸区：《菲政府为重振经济 解除露天开采禁令》，http：//www.cafta.org.cn/show.php? contentid = 96052，2022‐01‐05。
④ Monika Merdekawati："ASEAN's Road to a Green Economic Recovery"，https：//www.eco‐business.com/opinion/aseans‐road‐to‐a‐green‐economic‐recovery/，2023‐04‐12。

电的国内电价，并对低收入居民免除 3 个月电费，电力补贴不仅没有达到减排效果，还会增加碳排放。①马来西亚政府完全免除国产汽车的销售税，也变相鼓励了增加温室气体排放的高排放汽车生产。

另一方面，提供税收优惠但并未附加任何绿色条款，刺激行业复苏的同时造成潜在环境负面影响。例如，2020 年 2 月，印尼政府通过印尼国家石油公司（Pertamina），为国内航空公司提供价值 200 万美元的航空燃油折扣，以刺激国内旅游业，未附加任何绿色条款。统计数据显示，印尼、马来西亚、菲律宾和新加坡，对高排放企业的无绿色附加条件的援助已超过 500 亿美元。②由此可知，东盟国家正在通过直接或间接方式鼓励碳排放行业复苏的行为，成为绿色发展的重要阻碍。

（三）绿色金融监管体系尚未成熟

相较于欧盟等其他发达国家，东盟的绿色金融监管法律制度尚未健全，仅有部分政策性规定，但专门的立法规定仍是空白。然而，政策和法律是绿色金融体系的重要组成部分，政策是立法的基本前提，法律又为政策的正确实施提供了重要保障，并能够有效地规范金融市场主体行为，建立良好、有序的绿色金融秩序。目前，大部分东盟国家已制定了与绿色金融有关的政策，但均未明确规定绿色金融监管的内容，且各国之间的政策差异性明显，目前甚至很长一段时期内都未能形成统一性的绿色金融监管规范。

在大数据时代，各类金融信息的获取成为金融监管的重要方面，因此，信息披露制度逐渐也成为完善绿色金融制度的关键。但是，除了新加坡以外，东盟大部分国家绿色金融发展的时间较短，金融数字化、信息化发展也相对落后，其在信息披露制度方面存在着诸多问题。一是绿色金融立法与绿色金融政策发展并未同步，现有的部门规范性文件则存在强制力不足和执行力偏弱问题，对于金融机构、投资企业的指引规范相当有限。二是绿色金融的国际规则采用较少。截至 2022 年 7 月，38 个国家的 134 家金融机构正式采用赤道原则，占项目融资全球总交易的 80% 以上，③除新加坡外，东盟国家以此为准则的金融机构数量较少。该原则对金融机构交易内容和交易类型等数据信息的披露均作出具体规定，已成为全球管理项目融资环境和社会风险的行业标准。三是缺失绿色金融信息共享平台，造成信息传送渠道不畅通、信息不对称和数据缺乏可靠性等问题频繁发生，监管机构无法有效地掌握企业的碳

① David Fickling："Indonesia Can't Afford the Luxury of Australia's Carbon Habit, https：//www. bloomberg. com/o-pinion/articles/2021 - 05 - 31/why - indonesia - can - walk - away - from - fossil - fuels - but - richer - australia - can - t, 2021 - 05 - 31。

② 资料来源：《"Building Back Better"：Southeast Asia's Transition to a Green Economy after COVID - 19》。

③ 新浪财经：《绿色金融国际化征程 | 全球气候自愿机制约束力尚可 违反原则将被除名，https：// baijiahao. baidu. com/s? id = 1738786139693517818 &wfr = spider&for = pc，2022 - 07 - 19。

足迹、碳排放量等关键环境信息，最终导致出现监管失灵现象，对绿色金融领域的未来国际合作发展带来巨大挑战。

本章小结

自《巴黎协定》签订以来，东盟各国已逐步达成绿色发展共识，八个国家相继制定了净零排放目标，推出了支持绿色金融发展的相关政策，并不断加强国家之间的绿色金融合作，特别是中国与东盟的绿色金融合作逐渐密切起来。在多重政策支持下，东盟绿色金融市场获得快速发展，绿色债务的主要投资领域为建筑和能源行业、大部分绿色债券以本币计价、各国债务交易规模呈现多样化等是东盟绿色金融发展的典型特征。

从东盟各国的债券市场来看，新加坡的绿色金融发展领先于东盟其他国家，甚至是领先于全球，自2022年发布首只绿色主权债券开始，就吸引了世界各地投资者的兴趣，不仅超额完成融资目标，更是助力其成为东盟的金融中心。印度尼西亚在热带雨林基金的基础上，于2018年发行了热带雨林基金债券，在修复和保护热带雨林的同时，循序渐进地通过金融手段为农户解决融资问题，增强可持续性发展。马来西亚作为世界首个发行绿色伊斯兰债券的国家，其依靠伊斯兰债券特有的性质，为环境治理注入了一个确定的、有收益性的投资，值得其他伊斯兰国家参考借鉴。2021年，越南成为东盟第二大绿色债券发行国，发展绿色能源、可再生能源方面优势显著，其中电力股份金融公司（EVN Finance）成为越南最早向市场发行绿色债券的金融机构之一，为越南绿色金融市场发展提供推动力。极易受到气候的影响的泰国，其与气候相关的绿色债务在东盟地区处于领先地位，目前已有两个总部在泰国的大型金融机构发行与气候相关的绿色债券，未来将会进一步推广至东盟各个国家或地区。此外，其余东盟国家（菲律宾、老挝、缅甸、柬埔寨、文莱）绿色金融市场发展则相对滞后，绿色债券发行总量明显偏小。

未来，东盟绿色金融发展存在着诸多机遇，如巨大的投融资需求、丰富的碳汇资源和可再生能源的无限潜力等。然而，现阶段东盟绿色金融发展仍面临着一些阻碍：后疫情时代，东盟各国不得不以牺牲绿色发展为代价，实现恢复经济增长的目标；绿色发展激励机制不足，导致企业绿色改革的积极性不高，甚至助长了环境有害型行业（如煤炭、石油）的发展；东盟绿色金融监管不健全，无法为绿色金融提供一个可靠、安全、良好的发展环境。东盟各国应尽快地着力解决现阶段绿色金融发展中存在的一些问题，紧紧抓住自身发展的良好机遇，助推绿色金融发展，实现国家经济发展和环境保护的双赢局面。

［ 参考文献 ］

［1］黄达，张杰. 金融学（第五版）［M］. 中国人民大学出版社，2020.

［2］李健，黄志刚，董兵兵. 东盟十国金融发展中的结构特征［M］. 中国社会科学出版社，2017.

［3］范若兰. 东盟十国基本国情及投资风险评估［M］. 中国社会科学出版社，2016.

［4］徐瑜. 中国对东盟直接投资的政治风险问题分析［D］. 广西大学，2012.

［5］谢翠，黄丽君. 中新金融业合作进展、制约因素及政策建议［J］. 当代经济，2021（01）：38－43.

［6］李公辅. 新加坡离岸人民币市场的当下与机会［J］. 中国外汇，2020（11）：78－79.

［7］胡颂. 新加坡内外分离型离岸金融市场的有效性研究［D］. 复旦大学，2011.

［8］王晓静. 新加坡离岸金融市场发展状况及启示［J］. 价格月刊，2007（04）：69－71.

［9］祁晓霞，唐海龙. 新加坡金融市场和金融机构［J］. 河南金融管理干部学院学报，2000（04）：86－89.

［10］吕宙. 新加坡的金融市场与金融政策［J］. 计划经济研究，1993（03）：67－73.

［11］曹庆锋. 马来西亚伊斯兰金融体系初探［J］. 中国穆斯林，2015（04）：17－20.

［12］龚晓辉. 马来西亚概论［M］. 世界图书出版广东有限公司，2012.

［13］李健. 中国金融发展中的结构问题［M］. 中国人民大学出版社，2004.

［14］梁淑红. 马来西亚投资环境分析报告［M］. 广西师范大学出版社，2004.

［15］薛毅. 马来西亚的金融改革及其成效［J］. 南洋问题研究，2005（03）：43－47.

［16］张秋. 浅析马来西亚公司债券市场［J］. 亚太经济，2002（05）：

25 – 27.

［17］赵洪．马来西亚的金融体系与货币政策［J］．亚太经济，1995（03）：25 – 29.

［18］曹素娟．泰国金融稳定研究［D］．厦门大学，2014.

［19］胡建生．东盟四国保险业发展研究［D］．厦门大学，2007.

［20］娄飞鹏．大银行服务小企业的国际经验及启示——以美国富国银行、泰国开泰银行为例［J］．武汉金融，2013（09）：48 – 50.

［21］李峰．亚洲金融危机以来泰国的金融部门改革［J］．东南亚研究，2009（03）：11 – 16.

［22］李峰．金融发展、金融结构变迁与经济增长研究［D］．西北大学，2010.

［23］李孟菲．泰国外资银行发展现状及监管研究［J］．时代金融，2014（29）：86 + 88.

［24］唐莉．泰国：保险市场着眼发展提升竞争力［N/OL］．中国保险报 – 中保网，2015 – 11 – 19.

［25］唐铁强．亚洲金融危机后的泰国债券市场发展观察［J］．经济前沿，2006（09）：22 – 25.

［26］吴元作．金融深化过度——泰国金融危机成因探析［J］．国际金融研究，1998（02）：26 – 29.

［27］张军果．泰国金融危机的渊源性分析［J］．中央财经大学学报，1998（06）：44 – 48.

［28］周桑蓬，李红庆．浅谈中泰金融合作动因及制约因素分析［J］．时代金融，2016，No.619（09）：280 – 281.

［29］李健，黄志刚，董兵兵．东盟十国金融发展中的结构特征［M］．中国社会科学出版社，2017.

［30］申韬，莫一兰，覃圣睿．老挝银行业：发展历程、现状和前景探析［J］．区域金融研究，2018（02）：60 – 68.

［31］申韬，梁海森．印度尼西亚银行业：现状、障碍性因素和发展趋势［J］．东南亚纵横，2017（02）：79 – 86.

［32］徐晶，杨甜．缅甸金融业的发展历程（1948年至今）［J］．时代金融，2017（03）：41 – 42.

［33］刘方，侯丽．缅甸金融行业发展的现状、特征与问题［J］．商业经济，2018（05）：129 – 130.

［34］高志．俄罗斯银行业发展现状、问题及措施［J］．对外经贸，2014

（07）：21 – 23.

［35］陆峰．中国—东盟区域银行业金融机构合作分析［J］．创新，2010（04）：30 – 33.

［36］徐晶，李灿松．缅甸金融业研究的综述与展望［J］．时代金融，2017（24）：50 – 51.

［37］申韬，王新元．缅甸银行业发展现状与中缅银行业合作探究［J］．云南大学学报（社会科学版），2017（06）：113 – 121.

［38］何曾．越南银行业改革及启示［J］．区域金融研究，2014（02）：46 – 49.

［39］潘永，邹冬初．越南银行业改革：措施、成效、启示［J］．区域金融研究，2011（09）：27 – 31.

［40］曲秋芳．越南银行业不良贷款的影响因素研究［D］．湖北大学，2021.

［41］蒋愉．越南银行体系稳定性研究［D］．广西大学，2015.

［42］潘达万．老挝国有商业银行改革研究［D］．广西大学，2019.

［43］萨琳．老挝银行业监管制度发展研究［D］．苏州大学，2017.

［44］陆峰，杨冬妮．东盟保险市场国别特征研究之老挝：从始至终依靠外资力量的发展路径［J］．老字号品牌营销，2023（03）：56 – 58.

［45］白松．老挝金融发展对经济增长影响的实证研究［D］．苏州大学，2018.

［46］宁夏．老挝与中国金融合作研究［D］．广西大学，2020.

［47］郭勇，彭强华，毕家新等．老挝金融改革与发展研究［J］．区域金融研究，2011（05）：21 – 27.

［48］白松．老挝证券市场发展的回顾和展望［J］．时代金融，2017（18）：129 – 130.

［49］张洪斌，韩燕，税毅强．老挝中资企业融资现状分析及前景展望［J］．国际融资，2018（09）：55 – 59.

［50］陆峰，邢晓卫．东盟保险市场国别特征研究之柬埔寨：独立发展的小额保险业务［J］．沿海企业与科技，2022（06）：3 – 8.

［51］周南成．柬埔寨金融结构与经济增长关系研究［D］．广西大学，2017.

［52］刘美琪．柬埔寨去美元化研究［D］．广西大学，2019.

［53］刘方，王仕婷，李杰．基于 DSGE 模型的美元化对宏观经济影响分析——以柬埔寨、老挝、越南为例［J］．财经理论研究，2018（03）：86 – 98.

［54］李婧，杨硕．柬埔寨美元化惯性之谜及其对人民币国际使用的启示［J］．区域金融研究，2022（01）：24 – 33.

［55］徐新．中国与柬埔寨金融合作研究［J］．中国市场，2016（24）：246－247.

［56］李瑞华．中国对柬埔寨直接投资与双边贸易的互动关系研究［D］．江西师范大学，2021.

［57］申韬，张一弛．东盟十国证券市场共性和异质性研究［J］．东南亚纵横，2020（05）：71－82.

［58］程成，李雪，洪铠邦．文莱金融发展与经济增长的关系研判——基于资源依赖型国家视角［J］．区域金融研究，2020（03）：34－40.

［59］刘磊．关于伊斯兰金融发展的理论初探［J］．武汉金融，2019（04）：72－75＋87.

［60］李文君．伊斯兰资本市场研究——以马来西亚为例［J］．区域金融研究，2018（01）：54－57.

［61］杨海燕．马来西亚伊斯兰金融债券的发展［J］．时代金融，2016（15）：160.

［62］刘磊，谢成锁，易凡平．印尼风险投资发展概况［J］．全球科技经济瞭望，2020，35（11）：20－24.

［63］熊琦．印度尼西亚 FinTech 生态圈的发展及机遇［J］．电子科技大学学报（社科版），2018，20（01）：96－104.

［64］林梅，周漱瑜．印尼数字经济发展及中国与印尼的数字经济投资合作［J］．亚太经济，2020（03）：53－64＋150.

［65］谢成锁，刘磊．印尼金融科技发展及监管措施综述［J］．全球科技经济瞭望，2019，34（06）：21－27＋41.

［66］张天桂．中国－印尼经贸合作：机制与进展［J］．投资与创业，2022，33（14）：64－66＋166.

［67］云倩．"一带一路"倡议下中国—东盟金融合作的路径探析［J］．亚太经济，2019（05）：32－40＋150.

［68］曾好，彭利．挑战与机遇并存——亚洲金融风暴下的印尼保险业［J］．内蒙古保险，1999（02）：46.

［69］文莱：值得关注的合作商机［N］．国际商报，2005/01/31.

［70］赵付文，刘志鸿，许华，等．文莱渔业发展概况及中国—文莱渔业合作前景［J］．热带农业科学，2021，41（04）：117－124.

［71］申韬，谢菲，钟碧兰．文莱银行业特征、障碍性因素与未来展望探究［J］．区域与全球发展，2018，2（04）：73－85＋157－158.

［72］马静，马金案．文莱：2014 年回顾与 2015 年展望［J］．东南亚纵横，2015（03）：14－19.

［73］马静，马金案．文莱：2010～2011 年回顾与展望［J］．东南亚纵横，2011（03）：9－15.

［74］张天桂．中国与文莱的经济贸易合作［J］．现代商业，2022（18）：71－73.

［75］庄懿．菲律宾金融业发展与经济增长关系的实证研究［D］．厦门大学，2020.

［76］范祚军，刘昕晰，闫鹏．菲律宾金融供给缺口分析及其缓解路径［J］．广西财经学院学报，2011，24（01）：7－11＋48.

［77］张彩虹．"一带一路"背景下中国与菲律宾金融合作的制约因素及优化策略［J］．对外经贸实务，2020（06）：50－53.

［78］刘才涌，林建坤．国际金融危机下的菲律宾银行业［J］．东南亚纵横，2010（08）：40－44.

［79］何军明．菲律宾金融体系改革的进展与趋势［J］．石家庄经济学院学报，2008，31（06）：23－26.

［80］张来明，赵昌文，蒋希蘅，等．携手应对危机　共享发展机遇——亚洲金融危机 25 年来中国—东盟经济金融合作的启示和未来重要方向［J］．管理世界，2023，39（01）：1－14＋40＋15.

［81］蔡琦．金融支持"双循环"发展赋能中国—东盟经贸合作的路径［J］．广西社会科学，2022（08）：55－61.

［82］于淼．东盟数字经济发展及对外合作研究［D］．外交学院，2022.

［83］潘玥．金融安全视角下的中国—东盟金融科技监管合作［J］．东南亚纵横，2022（02）：81－88.

［84］马近朱．中国金融科技企业在泰国［J］．中国信用卡，2021（06）：47－48.

［85］蔡琦．数字经济背景下中国—东盟金融科技合作机遇、挑战及对策［J］．市场论坛，2021（05）：53－59.

［86］马近朱．中国金融科技应差异化布局东盟［J］．中国信用卡，2020（08）：41－42.

［87］吴崇伯，姚云贵．东盟的"再工业化"：政策、优势及挑战［J］．东南亚研究，2019（04）：50－71＋154－155.

［88］张瑞萍，贾佳．欧盟碳边境调节机制对中国—东盟绿色低碳发展的影响及

应对 [J]. 国际贸易，2023（03）：18-28.

[89] 郭艳. 低碳环保开启中国与东盟间百万亿级绿色商机 [J]. 中国对外贸易，2022（11）：29-30.

[90] 王海全，唐明知，赵鹏. 中国—东盟绿色金融合作路径 [J]. 中国金融，2022（14）：73-74.

[91] 潘玉，陈燕和，兰佳佳. 东盟可持续金融分类方案及对我国的启示 [J]. 区域金融研究，2022（07）：60-66.

[92] 王琳琳. 多层治理视角下东盟气候治理研究 [D]. 北京外国语大学，2022.

[93] 王文，刘锦涛. 碳中和视角下中国与东盟绿色金融合作路径分析 [J]. 学术论坛，2021，44（06）：36-47.

[94] 韦静，翟宏敏. 绿色金融改革"加速跑" 保险创新建设"马力足" [N]. 南宁日报，2021-08-14（001）.

[95] 钱昆. 东盟绿色债券市场发展研究 [D]. 厦门大学，2020.

[96] 金乾伟. 21世纪海上丝绸之路与东盟绿色金融安全建设构想研究 [J]. 湖北经济学院学报（人文社会科学版），2017，14（05）：36-38.

[97] 申韬，梁海森. 印度尼西亚银行业：现状、障碍性因素和发展趋势 [J]. 东南亚纵横，2017（02）：79-86.

[98] 谭春枝，金磊. 中国与印度尼西亚商业银行发展比较研究 [J]. 广西大学学报（哲学社会科学版），2014，36（01）：1-7.

[99] 刘棋智. 印度尼西亚实施银行业务分级政策 [J]. 金融博览，2016（07）：46-47.

[100] 赵婧. 印度尼西亚银行间市场系统风险传染效应研究 [D]. 广西大学，2016.

[101] 陆峰，梁玉. 东盟保险市场国别特征研究之印度尼西亚：后发优势突出的塔卡福业务 [J]. 商展经济，2022（09）：50-53.

[102] 申韬，赵敏. 中菲银行业合作：现状和制约因素分析 [J]. 中国—东盟研究，2017（04）：120-140.

[103] 沈红芳. 金融自由化条件下的菲律宾新中央银行对银行业的监管与改革 [J]. 南洋问题研究，1999（03）：42-48.

[104] 刘才涌，林建坤. 国际金融危机下的菲律宾银行业 [J]. 东南亚纵横，2010（08）：40-44.

[105] 陆峰. 东盟保险市场国别特征研究之菲律宾：商业保障体系中多元化的

"类保险"业态［J］. 沿海企业与科技, 2022（04）: 3 – 9.

［106］谷景志. 美国、日本、菲律宾 3 国农业巨灾保险法律制度比较［J］. 世界农业, 2013（12）: 81 – 85.

［107］刘效梅. 菲律宾对外经贸政策和制度研究［J］. 东南亚纵横, 2004（02）: 41 – 45.

［108］蔡臻欣. 放宽外汇管制 菲律宾央行"降压"比索［N］. 第一财经日报, 2007 – 02 – 26（B01）.

［109］马誉誉. HY 石化公司文莱 PMB 项目的风险评价与防范策略研究［D］. 广西大学, 2022

［110］陆峰. 东盟保险市场国别特征研究之文莱: 王室直接支持的塔卡福业务［J］. 商展经济, 2022（11）: 59 – 62.

［111］庄礼伟. 文莱经贸状况述评［J］. 东南亚研究, 1996（06）: 10 – 12 + 9.

［112］陈臻. 文莱金融初探［J］. 南洋问题研究, 1989（02）: 87 – 94.

［113］赵瑞娟. "一带一路"倡议下中国—东盟金融中心建设研究［D］. 广西大学, 2021.

［114］李冬冬. 中国与文莱经贸关系研究［D］. 华中师范大学, 2017.

［115］Almekinders G, Mourmouras M A, Zhou M J, et al. ASEAN financial integration［M］. International Monetary Fund, 2015.

［116］Shimizu B S. ASEAN financial and capital markets: Policies and prospects of regional integration［J］. Pacific Business and Industries, 2014, 14（54）: 1 – 36.

［117］Ahmed N, Areche F O, Sheikh A A, et al. Green finance and green energy nexus in ASEAN countries: A bootstrap panel causality test［J］. Energies, 2022, 15（14）: 5068.

［118］Sangsubhan K, Basri M C. Global Financial Crisis and ASEAN: Fiscal Policy Response in the Case of T hailand and I ndonesia［J］. Asian Economic Policy Review, 2012, 7（2）: 248 – 269.

［119］Kim H T, Chu L K, Nguyen P M. Vietnamese banking system in the context of ASEAN financial integration［J］. International Journal of Financial Research, 2017, 8（1）: 155 – 165.

［120］Plummer M G, Click R W. Bond market development and integration in ASEAN［J］. International Journal of Finance & Economics, 2005, 10（2）: 133 – 142.

［121］Click R W, Plummer M G. Stock market integration in ASEAN after the Asian financial crisis [J]. Journal of Asian Economics, 2005, 16 (1): 5 – 28.

[122] Lamberte M B. Structure and prospects of the ASEAN financial and banking systems: a perspective from the Philippines [J]. 1991.

[123] Hamdan M, Anshari M. Paving the Way for the Development of FinTech Initiatives in ASEAN [M] //Financial technology and disruptive innovation in ASEAN. IGI Global, 2020: 80 – 107.

[124] Ngo Q T, Tran H A, Tran H T T. The impact of green finance and COVID – 19 on economic development: capital formation and educational expenditure of ASEAN economies [J]. China Finance Review International, 2022, 12 (2): 261 – 279.

[125] Azman – Saini W N W, Azali M, Habibullah M S, et al. Financial integration and the ASEAN – 5 equity markets [J]. Applied Economics, 2002, 34 (18): 2283 – 2288.

[126] Skully M T. ASEAN Regional Financial Cooperation Developments in Banking and Finance: Developments in Banking and Finance [M]. Institute of Southeast Asian, 1979.

[127] Banna H, Alam M R. Impact of digital financial inclusion on ASEAN banking stability: implications for the post – COVID – 19 era [J]. Studies in Economics and Finance, 2021, 38 (2): 504 – 523.

[128] Khan H, Bashar O K M R. Islamic Finance: growth and prospects in Singapore [J]. 2008.

[129] Hew D. Singapore as a regional financial centre [J]. Capital Markets in Asia: Changing Roles for Economic Development. Singapore: Institute of Southeast Asian Studies, 2005.

[130] Fan P S. Singapore approach to develop and regulate FinTech [M] //Handbook of Blockchain, Digital Finance, and Inclusion, Volume 1. Academic Press, 2018: 347 – 357.

[131] Kubo Koji, Sam Vichet, Chea Yuthan. Currency exchange under payments dollarization: converting a source of efficiency loss into a catalyst for financial development in Cambodia [J]. Journal of the Asia Pacific Economy, 2023, 28 (1).

[132] Stronger Financial Markets Needed to Boost Lao PDR's Resilience to Shocks [J]. M2 Presswire, 2022.

[133] Doina BANCIU, Benedict Valentine ARULANANDAM, Trymore MUNHENGA, Larisa IVASCU. Digital financial literacy and microfinancing among underprivileged

communities in Cambodia ［J］. Romanian Journal of Information Technology and Automatic Control （RRIA）, 2022, 32 （4）.

［134］Irie Katsunori. The Reform for Secured Transactions Regime with the Doing Business Indicator：A Case of Laos ［J］. Law and Development Review, 2022, 16 （1）.

［135］Grimes Paul W., Lopus Jane S., Amidjono Dwi Sulistyorini. Financial life － skills training and labor market outcomes in Indonesia ［J］. International Review of Economics Education, 2022, 41.

［136］Ahmed Nihal, Areche Franklin Ore, Sheikh Adnan Ahmed, Lahiani Amine. Green Finance and Green Energy Nexus in ASEAN Countries：A Bootstrap Panel Causality Test ［J］. Energies, 2022, 15 （14）.

［137］Myanmar Financial Sector Reforms ［M］. World Bank：2022 － 07 － 08.

［138］Karim Sitara, Naz Farah, Naeem Muhammad Abubakr, Vigne Samuel A.. Is FinTech providing effective solutions to Small and Medium Enterprises （SMEs） in ASEAN countries? ［J］. Economic Analysis and Policy, 2022, 75.

［139］International Monetary Fund. Monetary and Capital Markets Department. Philippines：Financial Sector Assessment Program － Technical Note on Risk Assessment of Banks, Non － Financial Corporates, and Macro － Financial Linkages ［J］. IMF Staff Country Reports, 2022 （155）.

［140］Franciskus Antonius Alijoyo. The use ISO 31000：2018 in Indonesian Fintech Lending Companies：What Can We Learn? ［J］. Journal of Business and Management Studies, 2022, 4 （1）.

［141］International Monetary Fund. Statistics Dept. Philippines：Financial Soundness Indicators ［J］. IMF Staff Country Reports, 2021 （247）.

［142］FinTech firms in Indonesia：Identifying appropriate strategies ［J］. Strategic Direction, 2021, 37 （5）.

［143］Ho ManhTung, Le NgocThang B., Tran HungLong D., Nguyen QuocHung, Pham ManhHa, Ly MinhHoang, Ho ManhToan, Nguyen MinhHoang, Vuong QuanHoang. A Systematic and Critical Review on the Research Landscape of Finance in Vietnam from 2008 to 2020 ［J］. Journal of Risk and Financial Management, 2021, 14 （5）.

［144］Sapphasak CHATCHAWAN. Do Words in Central Bank Press Releases Affect Thailand's Financial Markets? ［J］. The Journal of Asian Finance, Economics and Business （JAFEB）, 2021, 8 （4）.

［145］Marziana Madah Marzuki，Abdul Rahim Abdul Rahman，Ainulashikin Marzuki，Nathasa Mazna Ramli，Wan Amalina Wan Abdullah. Issues and challenges of IFRS 9 in Malaysian Islamic financial institutions：recognition criteria perspective［J］. Journal of Islamic Accounting and Business Research，2021，12（2）.

［146］Pham Thanh Nga. Impacts of the New － generation Free Trade Agreements on Vietnam's Finance and Banking Sector［J］. International Journal of Management and Fuzzy Systems，2020，6（4）.

［147］Technology；Research from Mulawarman University Has Provided New Data on Technology（The Investigation of financial inclusions，financial literation，and financial technology in Indonesia）［J］. Journal of Engineering，2020.

［148］Pg Md Hasnol Alwee Pg Hj Md Salleh，Roslee Baha. Retirement concerns and financial literacy in Brunei［J］. International Journal of Sociology and Social Policy，2020，40（3/4）.

［149］W. Nathan Green. Financial landscapes of agrarian change in Cambodia［J］. Geoforum，2020（prepublish）.

［150］［22］Mark Kam Loon Loo. Enhancing Financial Inclusion in ASEAN：Identifying the Best Growth Markets for Fintech［J］. Journal of Risk and Financial Management，2019，12（4）.

［151］Ali Hassnian，Abdullah Rose，Zaki Zaini Muhd. Fintech and Its Potential Impact on Islamic Banking and Finance Industry：A Case Study of Brunei Darussalam and Malaysia［J］. International Journal of Islamic Economics and Finance（IJIEF），2019，2（1）.

［152］Irwan Shah Zainal Abidin，Muhammad Haseeb. Malaysia － GCC Bilateral Trade，Macroeconomic Indicators and Islamic Finance Linkages：A Gravity Model Approach［J］. Academy of Accounting and Financial Studies Journal，2018，22.

［153］Infrastructure of Great Silk Road North Branch in Areas：Western Kazakhstan － Lower Volga region － Don region － North Caucasus. Research on the Financial Development in Laos and China - Laos Financial Cooperation［J］. Organic Chemistry：An Indian Journal，2018，14（3）.

［154］Haslinda Yusoff，Nor Khadijah Mohd Azhari，Faizah Darus. Effects of Financial Performance and Governance on Corporate Social Responsibility Disclosure：Evidence from Islamic Financial Institutions in Malaysia［J］. Global Journal Al － Thaqafah，2018，8（1）.

［155］ Tsai Laura Cordisco. Family financial roles assumed by sex trafficking survivors upon community re – entry: Findings from a financial diaries study in the Philippines ［J］. Journal of Human Behavior in the Social Environment, 2017, 27 （4）.

［156］ FinTech Crowdfunding of Thailand 4. 0 Policy ［J］. The Journal of Private Equity, 2017, 21 （1）.

［157］ Puah Chin Hong, Kuek Tai Hock, Arip M. Affendy. Assessing Thailand's financial vulnerability: An early warning approach ［J］. Business and Economic Horizons, 2017, 13 （4）.

［158］ Umar A. Oseni. The Law and Regulation of Franchising in Malaysia's Islamic Finance Industry: Problems, Prospects and Policies ［J］. Global Journal Al – Thaqafah, 2016, 6 （2）.

［159］ James Eberlein, Kameshnee Naidoo. Myanmar and financial inclusion: A leapfrog in development ［J］. OECD observer, 2015 （303）.

［160］ Banking and Financial Regulation and Reform in Myanmar ［J］. Journal of Southeast Asian Economies, 2014, 31 （2）.

［161］ Jalilian Hossein, Kem Sothorn, Reyes Glenda, Tong Kimsun. Surviving the Global Financial and Economic Downturn: The Cambodia Experience ［M］. ISEASYusof Ishak Institute: 2014 – 01 – 01.

[后　　记]

　　《东盟国家金融业：纵横与演进》基于东盟各国银行业、证券业、保险业以及其他金融业态，全面展示了复杂多样、各具特色的东盟国家金融业的纵横与演进，同时展望中国—东盟金融合作发展前景，希望读者们在阅读之旅中能有所收获并引发思考。

　　本书整体可分为三大部分。第一部分为第一章至第三章，从整体上概括东盟十国基本情况。第二部分为本书的主体部分，包括第四章至第十三章，从新加坡、马来西亚、泰国、印度尼西亚、菲律宾、文莱、越南、柬埔寨、缅甸和老挝十个东盟国家视角，由远及近地介绍了东盟国家金融业的演进路径，同时结合东盟各国的基本国情、宗教信仰、风俗文化等情况，全面地掌握东盟国家金融业的优势特色，以期能为读者们在了解东盟国家金融业演进发展的同时，领悟兼具多样性、创新性、独特性的国别金融业特色。在了解东盟各国金融业的演进与优势特征后，结合当前全球金融业发展前沿，总结凝练出东盟国家在未来金融业发展的三大发展方向——伊斯兰金融、金融科技和绿色金融，形成了本书的第十四章至第十六章。该部分主要以三大金融前沿领域为发展背景，横向比较了解东盟国家的全球发展地位，以及东盟各国之间发展差距，充分展示出东盟国家金融业的纵横发展。

　　当然，本书撰写过程中也不可避免地遇到一些困难和挑战。一是东盟各国金融业特色内容的选取难度大。由于东盟各国在基本国情、宗教信仰、风俗文化等各异，各国金融业发展的路径和重点各不相同，如何精准地把握东盟各国金融业的优势、特色，又能进行适当地对比分析，探究共同性和差异性，成为撰写小组前期工作的主要任务。二是部分国家相关资料和数据的收集存在一定困难。由于东盟部分国家经济发达程度有限，金融业发展较为落后，发展历程相对缓慢，再加上信息披露制度尚未建立或欠缺完善，相关资料、数据获取的难度较大，需要国内相关单位提供支持以及定期前往国外相关网站进行细致地搜集和梳理，以确保资料和数据的真实、准确，同时兼顾权威性和时效性。

　　在此，要再次感谢课题组所有成员对本书的辛勤付出和艰难努力，他们在有限的时间、资料数据和能力范围之内，已尽最大可能地将东盟各国金融业发展的诸多细节贡献于本书中，如存在疏漏、缺憾之处，恳请读者们批评指正。

随着 2022 年 1 月 1 日，《区域全面经济伙伴关系协定》（RCEP）正式生效，中国与东盟各国作为 RCEP 重要成员迎来新的制度红利。近年来，中国和东盟陆续通过了《中国—东盟战略伙伴关系 2030 年愿景》等一系列战略性对接文件，中国与东盟合作前景十分广阔。未来，我们将继续深入地探索东盟国家金融业领域的最新进展，期待为国家战略、为区域经济社会发展、为国内金融市场繁荣和社会可持续发展、为未来中国—东盟金融深化合作、为跨境金融合作发展贡献一份绵薄之力！

最后，感谢您对本书的支持！祝您诸事顺利！

《东盟国家金融业：纵横与演进》编写组
2023 年 12 月